# ICT职业素养训练

## ICT Professional Quality Training

## （出道篇）

主　编　王真文　向　艳　冯正中
副主编　赵克林　周生斌
　　　　高　云　亢　震
主　审　耿　兵

 大连理工大学出版社

**图书在版编目(CIP)数据**

ICT 职业素养训练. 出道篇 / 王真文，向艳，冯正中
主编. -- 大连：大连理工大学出版社，2023.2
ISBN 978-7-5685-4179-4

Ⅰ. ①I… Ⅱ. ①王… ②向… ③冯… Ⅲ. ①信息产
业－高等职业教育－教材 Ⅳ. ①F49

中国国家版本馆 CIP 数据核字(2023)第 010400 号

**ICT ZHIYE SUYANG XUNLIAN(CHUDAO PIAN)**

**大连理工大学出版社出版**
地址：大连市软件园路 80 号  邮政编码：116023
发行：0411-84708842  邮购：0411-84708943  传真：0411-84701466
E-mail：dutp@dutp.cn  URL：https://www.dutp.cn
大连市东晟印刷有限公司印刷  大连理工大学出版社发行

| 幅面尺寸：185mm×260mm | 印张：15.75 | 字数：364 千字 |
| 2023 年 2 月第 1 版 | 2023 年 2 月第 1 次印刷 | |

责任编辑：齐　欣                         责任校对：孙兴乐
封面设计：对岸书影

ISBN 978-7-5685-4179-4                    定　价：59.80 元

# 编委会

# 内容提要

　　《ICT 职业素养训练(出道篇)》可作为高校 ICT 专业的职业素养或专业课程的教学用书,也可作为新人职前职后培训的参考用书,还可作为教师、培训师备课的参考手册来使用。

　　本教材是"ICT 职业素养训练"系列教材的第四册,编者基于多年的 ICT 行业项目管理经验、人力资源管理经验和高校就业工作经验,查阅大量研究资料编写而成。

　　本教材聚焦大学生就业指导。首先,引导学生了解就业形势和政策,合理客观定位自我,做好就业心理准备;其次,建议学生珍惜难得的岗位选择机会,尽量做到"爱一行,干一行",并从多渠道获得就业机会;再次,在具体求职面试的环节,提示学生应提前准备的事项、面试的知识和技巧,并进行多项模拟面试和自我演练,以帮助其找到心仪的工作岗位;最后,入职后大学生都有个心理适应的过程,也有初入职场的一些困难和疑惑,相关内容能帮助学生尽快实现从大学生到职场人的转变。

　　未经许可,不得以任何方式复制或抄袭本书内容。版权所有,侵权必究。

随着我国经济转型的不断加速,ICT 作为产业经济结构转型的新动能,价值日益凸显。ICT 行业保持着较为快速的发展,新一代信息技术已全面融合、渗透到经济社会的各个领域,改变着社会的生产、生活和思维方式,成为推动经济发展的重要引擎。我国 ICT 产业面临着人才供给绝对量小、人才错位、企业招不到合适的新人等问题,严重制约了 ICT 产业的健康、快速发展。为此,寻求破解 ICT 产业人才入门困境的方法,快速、高质量地训练 ICT 产业人才的职业认知与职业可迁移能力成为刻不容缓的研究课题。

虽然 ICT 领域存在巨大的人才需求缺口,但这一需求在供给端并未形成人才抢手的反馈。这种供需结构性错位问题的存在有两方面原因:一方面,ICT 应用要求专业人才具有一定的工作和实践经验,且伴随着诸多新岗位的诞生,这一要求将日益凸显;另一方面,行业新人往往只有技能型基础学习能力,在职业认知、团队协作、解决问题和企业文化理解等诸多应用层面有所欠缺,导致就业难,招聘更难,新人找不到合适的工作,企业同样难以找到适合公司发展的求职者。

从 ICT 企业对新人的希望来看:

"应知应会是不够的,我们需要心智成熟的人。"

"知识转化为生产力的确需要一点时间,但最好别超过一个月。"

"最希望看到的是新人的实操经验和诸多发展的可能。"

······

因此,结合现代 ICT 企业对职业素养应用层面的用人需求,从大学生体验式学习的趣味性出发,编者编写了"ICT 职业素养训练"系列丛书。该套教材共分为四册,第一册《ICT 职业素养训练(基础篇)》旨在促进大学生做好职业规划,扎实地修炼"内功",认识自我,切实提升、磨炼自己的行业素养;第二册《ICT 职业素养训练(心态篇)》旨在帮助大学生提高认识社会和自身定位的高度及转换角度的能力,指导大学生正确看待各种社会和职场现象,帮助其以良好的心态选择做正确的事,正确对待学习和工作中可能出现的各种状况;第三册《ICT 职业素养训练(职场篇)》通过培养职业化的习惯和思维,保证大学生在今后工作中能正确地做事,并在职场中迅速脱颖而出;第四册《ICT 职业素养训练(出道篇)》则通过学习求职过程的相关知识和技能,使得大学生自信从容地找到心仪的工作岗位,从心理和实操上解答入职前后可能遇到的问题,帮助大学生实现从学生到职业人的快速转变,在大有可为的 ICT 领域茁壮成长,聚焦岗位基础素质,在未来形成一个可以自生长的 ICT 人才生态环境。

本教材具有以下突出特点:

(1)理论体系完整且系统性强。本教材的重点在于培养学生重视职业生涯规划的理念,积累实践经验,执行自己的规划以提升职业综合素质。全书逻辑清晰,体系完整。纵观"ICT 职业素养训练"系列教材,第一册是奠定大学生"做成事情的基础",也是个人的成长基石；第二册是培养大学生的世界观，选择"做正确的事情"；第三册是锻炼大学生的方法论，选择"正确地做事情"；第四册是进入职场前后的训练、演练和实战，也是大学生自我完善的过程。因此，整套教材的理论体系是完整而严密的。

（2）融入思政元素。为响应教育部全面推进高等学校课程思政建设工作的要求，本教材融入思政元素，将思政教学润物细无声地融入案例，逐步培养学生正确的思政意识，树立肩负建设国家的重任，从而实现全员、全过程、全方位育人，指引学生树立爱国主义情感，积极学习，立志成为社会主义事业建设者和接班人。

（3）编写注重新颖性。本教材把课堂活动和知识讲解结合起来，以活动引入新概念，以活动思考和体会加深对新知识的理解；以方法参考或建议参考的方式，形成知识和技能落地应用、转化为能力的切入点，学以致用，引导学生完成章节任务。

（4）具有现实针对性。本教材丰富的ICT案例和分析聚焦ICT行业岗位，对于该行业所覆盖专业的学生来说针对性和实用性都较强，能充分发挥对大学生ICT行业职业素养认知的指导作用。

（5）内容夯实。除正文外，扩展内容以扫描二维码查看或指导利用互联网进行查询的方式扩展学习广度，辅以第二课堂来加深记忆和巩固所学。

在本教材的使用过程中，教师授课时可以先让学生了解本节的"任务"，并分析如何完成任务；在"实现准备"环节，以活动为主、讲解为辅的方式展开，引导学生接受新知识并启迪思考；在"实现参考"环节，结合给出的参考观点和参考建议提升学生解决问题、完成任务所需的能力；在"任务实现"环节，基于本节学到的知识，指导学生完成本节任务；在最后的"任务总结"环节，或启发学生思考，或提炼本节的思想精华，或承上启下，引入后面的相关内容。

参照学校的课时安排，可以根据学生需求和具体教学情况有选择地开展实训和知识讲解，要以学生为中心，促进师生间和学生间的互动，有效激发学生的学习兴趣，挖掘学生的潜力。在提升学生职业素养的同时，使其体验到学习知识的乐趣和课内外活动带来的快乐。

本教材由四川长江职业学院王真文、杭州喜马拉雅信息科技有限公司向艳、四川准达信息技术股份有限公司冯正中任主编，四川信息职业技术学院赵克林、四川长江职业学院周生斌、中国通信建设第一工程局有限公司高云、成都连帽衫科技有限公司亢震任副主编。四川长江职业学院耿兵审阅了全书并提出了宝贵意见。

在编写本教材的过程中，编者参考、引用和改编了国内外出版物中的相关资料以及网络资源，在此表示深深的谢意！相关著作权人看到本教材后，请与出版社联系，出版社将按照相关法律的规定支付稿酬。

限于水平，书中仍有疏漏和不妥之处，敬请专家和读者批评指正，以使教材日臻完善。

**编　者**

2023 年 2 月

所有意见和建议请发往：dutpbk@163.com

欢迎访问高教数字化服务平台：https://www.dutp.cn/hep/

联系电话：0411-84708445　84708462

# 目录

Contents

# 第一章　正确面对就业

学习目标

➤面对就业形势的挑战与机遇,大学生该从哪些方面做好充分的准备,需要每个人都思考清楚。

➤收集、整理、共享现行就业政策、法规,做到对就业政策、法规心中有数。

➤大学生择业时,要提升心理承受能力,才能正确地去面对各种状况。

## 任务安排

➤面对就业形势的挑战与机遇,我们该怎么做?

➤收集,并在班内共享现行就业政策、法规。

➤测试你的心理抗打击能力。

## 学习指南

➤通过参与课堂的案例分析、小组讨论分享或自学"实现准备"等方式来理解知识点。

➤课堂外扫描书上二维码进行扩展阅读,加深对知识的理解;并通过"实现参考"掌握一定的方法、技巧,支撑完成本节任务。

➤"任务总结"环节,则引导我们思考或升华认识水平。如:理性认识就业形势,更早提升技能水平和就业能力,了解就业政策,今天不能抱着昨天的就业观念去面对明天的就业局面等。

# 第一节　理性认识就业形势

## 📖 任务：面对就业现状，应该怎么准备？

### 1.任务名称

面对就业现状，应该怎么准备？

### 2.任务分析

了解大学生就业现状和就业难的原因，立足自身，选择适合自己的就业机会，并做好充分的就业准备。

| 实现准备 | 课堂活动 | 活动一：执着地朝着"公务员梦"努力的小张有错吗？ |
| --- | --- | --- |
| | 课堂讲解 | 大学生就业现状和就业难的原因分析 |
| 实现参考 | 课堂活动 | 活动二：找工作并没有那么难！ |
| | 课堂讲解 | 给大学生就业的建议 |
| 任务实现 | 课堂实训 | 面对就业形势的挑战与机遇，该怎么做？ |
| 任务总结 | 课后思考 | 理性认识就业形势，更早提升技能水平和就业能力 |

### 一、实现准备：大学生就业现状和就业难的原因分析

（一）活动一：执着地朝着"公务员梦"努力的小张有错吗？

1.活动目的

分析案例，思考并认识到选择适合自己的就业目标的重要性。

2.活动流程

（1）阅读案例

小张是本科毕业生，考研的时候，专业成绩不错，但外语差了1分。

于是，小张下决心考公务员，第一年和第二年，自己感到考得不错，但就是理论考试分数没上线；第三年倒是获得了面试机会，但面试没有获得好成绩，最终，公务员的梦还是没实现。

可小张还是不甘心，不肯脚踏实地去找工作，就这样不停地考公务员，但屡战屡败，将自己"吊在半空中"，不上不下，考上公务员不知何年有望，"啃老"倒是已成现实。

（2）同学们分组，快速讨论

• 案例中小张的就业目标选择合理吗？为什么？

• 请给小张提提建议，帮助他尽快改变目前的"啃老"状况。

（3）课堂分享

各小组安排1人分享小组讨论结论，其他成员可以补充，也可以分享不同观点。

3.观点参考：避免盲目跟风

把事情理想化，追求高薪资或跟风选择就业目标是年轻人择业的盲点。了解更多的参考观点内容，请扫描二维码阅读。

### (二)大学生就业现状和就业难的原因分析

#### 1.毕业生就业现状

根据教育部的统计,2022年我国高校毕业生人数首次突破1 000万,达到1 076万(图1-1),比上年增长167万人,规模和数量史无前例! 再加上80万海归留学生,300万考研失利者,百万考编落选者,就业竞争十分激烈!

择业避免盲目跟风

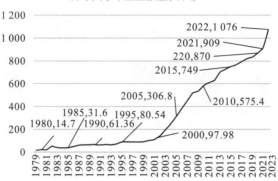

历年大学毕业生数量(万人)

图1-1 1979—2022年大学生毕业人数

在1 076万毕业生的学历构成中,本科以上学历达422万,占比约4成,专科毕业生人数达654万,占比约6成。

(1)大学生毕业人数基数不断增长

当前,我国大学生毕业人数基数大,大学毕业生的就业压力非常大,大学生就业已经成为社会关注的热点问题。近年来,伴随着中国对教育的重视与发展,大学教育普及,高校大规模扩招使大学生毕业数量一直处于一个递增的趋势。大学毕业生越来越多,大学毕业生群体的就业问题将会变得更加突出。

大学生就业现状最大的特点就是就业基数大,就业人数增长迅速。目前,就业市场的供给能力不足,就业岗位竞争大,大学生群体的几何式增长与就业岗位数量之间的关系失衡,更多的大学生无法走上就业岗位,大学生的就业率下降,大学生就业形势很不理想。大学生就业人数的增长使我国的就业形势更加严峻。

(2)大学毕业生升学比例持续上升,但竞争依然激烈

升学在对大学生就业起到分流与缓冲作用的同时,将持续为中国产业链稳定发展提供人才支撑。大学毕业生升学比例持续上升。应届本科生选择考研的人数越来越多,2022研究生招生考试报考人数达到了457万人,创历史新高,比2021年增加了80万。但是各大院校的研究生总招生人数是110万人左右,这意味着将有超过300万人考研落榜!

这两年各省专升本配合国家政策进行了扩招,然而扩招的人数,赶不上专升本报名人数的剧烈增加。据统计,2021年全国22个省份的专升本招生人数约63.5万,而2022年专科生人数有654万人,从数据来看,2022年专升本报名人数极有可能突破往年新高,未来竞争将更加激烈。

（3）就业供求关系分析

上面我们分析了竞争的严峻形势。那么,有人可能会有这样的想法:公司足够多就好!可惜的是,可供就业的公司似乎也不够。2021年夏季,智联招聘持续监测全国38个核心城市招聘求职竞争变化趋势,并根据企业的招聘需求与求职者简历投递情况,分析得出《2021年夏季中国雇主需求与白领人才供给报告》。图1-2是简历投递数量与职位发布量的比率,数据显示2021年第二季度求职竞争情况是,全国平均41.9人竞争一岗。

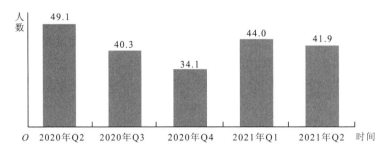

图1-2 简历投递数量与职位发布量的比率

智联校园发布的一项报告显示,2022年春节后毕业生整体简历量同比增长223.6%,与之对比的是,总体职位量的同比增幅为21.2%。这些数据从侧面显示出了一个非常不乐观的结果,也是就业者非常不愿意承认的事实:这个工作你不干,有的是人愿意干。

（4）大学生对国企、机关单位、外企的青睐形成新的"独木桥"现象

2022年国家公务员考试报名人数首次突破了200万,最热门岗位的报录比例达到了20 000∶1。教师资格证、特岗教师、在编教师的报考人员直线上升。

这些年选择"编制"的应届生越来越多,华图教育发布的数据显示,2019年—2022年,国考仅面向应届生的岗位占比,从39.71%提升到67.3%;仅面向应届生的人数占比,从42.02%提升至67.3%。

国企单位竞争也十分激烈,很多应届生将目光投向如中国烟草、国家电网、中化石油等单位,2021年国家电网总报名人数超过85万人,报考人数上涨了59.1%。

应届、往届大学生都对这三类用人单位感兴趣,三者所占比例接近70%。大学生就业选择上"扎堆"现象突出。

（5）毕业生和企业对大学生应具备的能力素质中,对"品德素质"认知差异最大

在应具备的能力素质中,"品德"被大学生排在非常靠后的位置,而对企业来说,对"品德"的重视仅次于"专业水平"及"沟通能力"。"德才兼备"是企业用人的标准。企业对毕业生"品德"的重视程度远远比毕业生对自身"品德"的重视程度高得多。

企业选人的标准是德才兼备,而毕业生更倾向于表现"才"的方面,对"德"的方面重视不足。

（6）有就业意愿但未能就业的大学生群体最值得关注

未就业的高校毕业生,社会上有人称之为"毕业漂族"。其具体情况有以下三类:

· 复习考研者

为提高自身的就业条件,获得更好的工作职位,毕业后没有找到合适工作而选择考研

的毕业生迅速增多,这部分人约占"毕业漂族"的30%。他们中的不少人在大中城市的大学附近租房住,以便及时获得考试信息,参加学校组织的考研培训。这批人若能考上研究生,则在三年后进入就业市场;若考不上,当年就会加入失业行列。

· 边看边干者

有些人是毕业后到处打短工,频繁变换工作岗位;有些人是因用人单位或个人原因,时而应聘,时而解约。这些人约占"毕业漂族"的20%。

· 就业困难者

他们没有考研的打算,仍将户口、档案放在学校,虽然有就业的意愿但难以就业,他们约占"毕业漂族"的50%。其中不少人通过各种方式多次求职,但仍找不到工作,心理上受到较大的打击。

在上述三类未就业的大学毕业生中,第一类人有明确的目标,他们一般集聚在一起,互相鼓励,如无大的变故,属于相对稳定的群体。第二类人虽然边看边干,但能逐步融入市场,适应市场就业。但第三类人市场就业能力相对不强,心理较脆弱,而其数量在今后还会成倍增加,需要特别关注。

(7)大学生自主创业主要集中在新一代信息技术和互联网或移动互联网

2022年3月正式发布的《2021中国大学生创业报告》显示,96.1%的大学生都曾有过创业的想法和意愿,14%的大学生已经创业或正在准备创业。

报告显示,新一代信息技术(5G、区块链、云计算、大数据)和互联网或移动互联网是大部分大学生看好的创业领域。大学生创业者倾向于先积累资金再去创业,比例达到54.8%。对于风投资本,八成左右的大学生表示了解并不深入,且仅有20.7%的受访者认为创业应该寻求风险投资机构的投资,而符合风投机构眼中"准备好的创业者"的仅有2.12%。可见,大学生对创业的热情很高,但真正深入了解的仍占少数。

此外,大学生对待创业的态度趋于理性是一大重要趋势。虽然大学生创业的热度并没有显著减退,但是越来越多的大学生正在更理性地看待创业。

### 2. 毕业生就业情况

(1)大学生就业关注的行业

根据智联招聘2022年4月27日发布的《应届毕业生就业力调研报告》,IT/通信/电子/互联网以超过四分之一的选择占比成为毕业生最期待从事的行业,排在其后的是房地产/建筑业(10.9%)、文化/传媒/娱乐/体育(8.7%)、金融业(7.2%)。随着AI、大数据、人工智能的兴起,泛IT行业成为就业热门,如图1-3所示。

受疫情影响带来的变化,除IT/互联网一如既往持续得到大学生的关注外,交通、物流、医疗、制药、培训教育等行业也逐渐获得大学生更多的青睐。

(2)新一线城市对大学毕业生的吸引力不断增强

新一线城市2021年毕业生留存率最高,为73.54%,传统一线城市优势不再,毕业生留存率为72.68%,与新一线城市相差0.86个百分点;二线城市毕业生留存率也相对较高,为61.24%;反观三、四、五线城市,毕业生留存率则相对较低。综合来看,毕业生留存率基本与城市线级呈正相关态势,即城市线级越高,毕业生留存率越高。

其主要原因是新一线城市吸引力不断增强。大学生在选择城市发展时,69%看重薪

图 1-3　应届生期望就业的行业

酬因素,43%看重福利待遇,32%看重培训和发展,约 13%关注是否解决户口。不难看出,年轻人在其所处的人生阶段主要目标是提升收入和实现个人发展,在目标城市定居的目的性不是很强,有"试错"的心态。新一线城市针对以应届生为代表的年轻人才制定的优惠政策,购房优惠、落户、现金补贴等手段不拘一格,有效地吸引了人才的目光。

成都、重庆作为成渝双城经济圈的重要组成部分,因不断升级人才政策与较低的生活压力,成为毕业生就业热门城市。成都更是成为毕业生心目中的就业新胜地,毕业生岗位薪酬为 10 787 元,在新一线城市中位列第一。杭州毕业生岗位薪酬位列新一线城市第二,为 10 580 元。近年来杭州互联网产业发展迅猛,行业龙头集团带动作用明显。从薪资来看,由于疫情后互联网企业营收增长,营销及运营预算配比回调,杭州互联网各岗位薪资在疫情后迎来全线大涨;此外,杭州的文化和旅游行业发达,国民压抑的文化娱乐需求在 2021 年春节期间呈现出"补偿式"反弹,文化娱乐产业回温,也给行业重振带来新的信心,人才的薪资水平自然水涨船高。

(3)逾七成数字化人才在一线和新一线城市就业

智联招聘 2021 年 2 月 22 日发布《2021 年互联网产业求职指南》(下称"报告")。报告对互联网产业技术人才需求的地域差异进行了探究,指出 77%人才需求集中在一线、新一线城市。

数据显示,2020 年,一线城市对互联网产品技术人才招聘需求更旺盛,占比 43.8%;其次是新一线城市,占比 33.1%。报告称,北京、上海和深圳以高需求、高供给、高薪资成为三大热门城市,杭州薪酬紧追深圳。具体来看,招聘职位数最高的 20 个城市中,北京占据近两成,深圳与上海各占 10.5%和 8.5%,广州以 4.8%紧随其后,与成都、杭州接近,仅差 0.2 个百分点。

报告称,从企业招聘对学历的要求看,互联网产业产品技术核心岗位的招聘需求中,55.8％的求职门槛为本科,其次是占比 34％的大专,要求候选人学历达到硕士或以上的占比 1.7％。

(4)IT 业持续领跑行业薪酬榜

2022 年 6 月 13 日,由麦可思研究院主编的 2022 年版就业蓝皮书(包括《2022 年中国本科生就业报告》和《2022 年中国高职生就业报告》)正式发布。其中的不少内容值得我们关注和参考。

IT 业持续领跑行业薪酬榜,但涨幅偏低。从国家统计局发布的 2021 年全国平均工资来看,不管在城镇非私营单位还是私营单位,IT 业薪酬水平均为最高。就业蓝皮书数据显示,应届毕业生在信息传输、软件和信息技术服务业就业月收入持续较高(2021 届本科:6 781 元,高职:5 023 元),但 2021 届毕业生起薪涨幅(本科:5％,高职:4％)低于全国平均水平(本科:7％,高职:6％)。

本科计算机类、高职铁道运输类专业月收入较高。2021 届本科计算机类、高职铁道运输类专业月收入分别为 6 886 元、5 280 元,但是其起薪涨幅较小(较 2020 届的起薪涨幅分别为 1％、3％)。本科食品科学与工程类、材料类、矿业类、电气类专业(较 2020 届的起薪涨幅分别为 9.0％、8.8％、8.5％、8.0％),以及高职食品工业类、自动化类、通信类、农业类专业(较 2020 届的起薪涨幅分别为 9.2％、8.3％、8.3％、8.0％)月收入增长较快。

(5)汽车产业转型创造就业机会

《2021 年夏季中国雇主需求与白领人才供给报告》数据显示,2021 年第二季度交通运输服务竞争指数仍排在首位,达到 190.8,财务/审计/税务(115.9)、行政/后勤/文秘(78.8)、高级管理(76.6)位列其后。

从招聘端来看,汽车销售与服务、汽车制造岗位的招聘需求分别同比扩张 71.5％和 61.9％,在全行业中拔得头筹。汽车产业的电动化与智能化发展,改变岗位结构并增加更多复合型、跨界人才需求,外加各汽车企业也在注重专业人才引进,从生产到销售人才需求都水涨船高。

(6)民企是雇用大学生的主力军,是支撑就业的中坚力量

根据智联招聘 2022 年 4 月 27 日发布的 2021 届《应届毕业生就业力调研报告》,对比已签约毕业生的期望与实际签约情况,43.5％的签约毕业生都流向民营企业,远高出期望占比的 21.4％。国有企业因体量大、用人需求高,在签约情况上以 35.5％排在第二,低于期望占比一成左右。

而 2019 届本科毕业生在民营企业就业的比例(53％)最高,其次是国有企业、政府机构/科研或其他事业单位(均为 20％)。

2019 届高职毕业生在民营企业就业的比例(68％)最高,其后是国有企业(16％)、政府机构/科研或其他事业单位(10％)。民企是雇用大学毕业生的主力军,民营经济带动就业增长。

超半数毕业生到民营企业就业,民营企业发展关系国计民生,解决就业问题需要充分

发挥民企作用。

从不同学科门类/专业大类来看，文化艺术大类（85％）、新闻传播大类（83％）、财经商贸大类（80％）、电子信息大类（79％）高职毕业生在民企就业比例明显更高（图1-4），这可能与不同学科/专业毕业生从事的主要职业、行业特点有关。

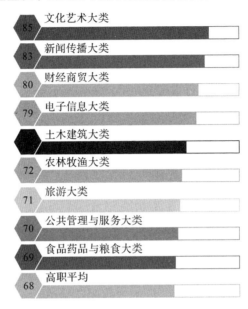

图1-4　2019届高职毕业生中，在"民营企业/个体"就业比例较高的专业大类（％）

### 3.大学生就业难

（1）找不到工作是一种什么样的体验

这个时候心理脆弱的人，可能就会陷入自卑的情绪，开始怀疑自己，甚至失去了斗志，开始自暴自弃。

智联招聘《应届毕业生就业力调研报告》显示：截至2022年3月，53.3％的2022届应届毕业生尚未获得任何入职通知（Offer），如图1-5所示。53.3％是什么概念？也就是说每两个人里面，就有一个人拿不到Offer。连一份Offer都如此艰难，更别说拿到满意的Offer了。

图1-5　2021/2022年应届毕业生获得Offer和签约比例

那些没有拿到Offer的同学到底是输在了哪里？

根据分析，那些没有获得Offer的同学，出现的最大问题如图1-6所示，其中"太迷茫，不知道选择什么样的工作""未满足用人单位要求"是最重要的两条原因。

为什么大学生无法满足用人单位的要求？通过调研，发现他们大多有着这样的困惑。

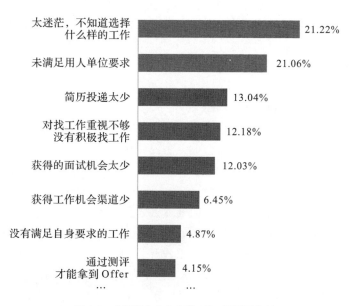

太迷茫，不知道选择什么样的工作 21.22%

未满足用人单位要求 21.06%

简历投递太少 13.04%

对找工作重视不够没有积极找工作 12.18%

获得的面试机会太少 12.03%

获得工作机会渠道少 6.45%

没有满足自身要求的工作 4.87%

通过测评才能拿到 Offer … 4.15%

图 1-6　应届毕业生未获得 Offer 的原因分析

• 对企业招聘情况和标准不够了解

因为不知道到底有哪些企业会开启秋招，又有哪些企业会开启春招，不了解每个目标公司的招聘要求、面试官的评判标准，所以，很多同学直到被拒了之后，都不明白为什么被拒，更别说在求职之前怎么准备了。

• 对自己不够了解

不知道自己的水平如何，哪些企业是自己一定没戏的，哪些是努力一下能申请得上的，更不知道自己的薄弱之处在哪里。

• 时间紧，任务重，准备不充分

不知道怎么在短时间之内提升自己的薄弱之处，比如，如何在一个月内增加实习经验，拿到面试机会，如何在三天内提升面试技巧等。

所以，接下来，要做的就是反思、总结自己没有被录用的原因：

➢是否对自己的定位有误？

➢是否申请了与自己能力需求不匹配的公司？

➢是否完全没有章法到处乱投简历，结果心力交瘁？

➢是否面试技巧不足，准备不够充分？

找到这些原因，就可以客观地看出自己的弱项在哪。只有及早发现问题，才能重点解决问题。

（2）就业难的原因分析

就业是民生之本，是人们获得收入、维持生计和进一步改善物质、精神生活的基础途径，解决就业就是解决民生的根本问题。解决好民生问题为构建社会主义和谐社会增添希冀，更是为促进经济社会的全面发展奠定了坚实基础。

目前，我国正处于经济转型的机遇期和挑战期，为保持就业形势的稳定和社会的和谐发展，坚持就业优秀战略有着更加现实的意义。

当前，大学生就业形势十分严峻，用工市场已经出现了供过于求的局面，大量毕业生"飘浮"于社会。

大学生就业形势出现不乐观的局面，是什么原因导致大学生就业困难呢？下面从以下几个方面来谈谈：

• 大学教育与企业需求匹配度不高

当前的大学教育在专业设置、人才培养、教育方式等方面与企业的需求和市场经济发展形势有些不太对接。有些专业在社会上无法找到相应的工作岗位，或者是供过于求；有些专业在学科设置、知识更新方面严重滞后市场需要，无法跟上企业对人才的知识结构需求。

概括起来就是：专业设置不合理，有的专业人才需求不大，导致大学毕业生扎堆、找工作难度大；有的专业市场需求小，但是报考的人还是一样多，导致很多大学生毕业后还是找不到工作；还有就是，有些大学的教育过于浅显、走形式，没有真正为大学生的就业、未来发展方向考虑，导致很多大学生毕业之后也感觉很迷茫，不知所措。

• 经济形势影响就业机会

2020 年高校应届毕业生新增岗位同比降幅达 49%，而 100 人以下的小微企业对应届毕业生的需求同比降幅更达到了 60%。雪上加霜的是，在之前疫情时失业的大军也加入了与上千万应届毕业生一起抢工作的大战中。

智联招聘《应届毕业生就业力调研报告》显示，2021 届毕业生中，过半数都表示自身的就业期待有所改变，其中表示"期望薪酬下降""期望行业变化"分别占比 23.9%、18.4%。该报告的调研中发现，55% 有就业计划的毕业生表示，过去一年疫情对求职有所影响。其中，60.7% 受访者表示招聘会变少了，54.1% 则表示企业针对大学生的招聘变少了。

在经济低迷和疫情的双重夹击下，就业市场对应届生的需求急剧下降。企业对应届生需求的降低对这几年高校应届生就业产生了重大影响，成为高校应届毕业生就业形势异常严峻的直接原因。

• 很多大学生对自己的未来不确定

高中时期，学习具有规律性，目标也具有明确性。在进入大学之后，很多人找不到学习的动力，过度放松自己，甚至出现厌学、逃课等情况，严重的出现因为挂科拿不到毕业证、学位证的情况。

对于这种情况，每个大学生还需要自己去寻找自己的问题，冷静思考自己的大学生活和经历，重要的是要找到自己的目标或者兴趣方向，走出一条适合自己的道路，尽快脱离迷茫期。

"谁的青春不迷茫?"也许迷茫是每个人都需要经历的，甚至每个阶段人都会出现迷茫，因此，迷茫不可怕，可怕的是自己放弃自己。所以，大学生们，加油！我的青春，我做主！

• 就业地区选择上，大城市成为很多大学生的选择，加剧竞争态势

大学生大多集中到发达地区、高薪单位就业，愿意到欠发达地区工作的较少。其中，广州、上海、北京成为应届大学毕业生的首选，很少人愿意到西部地区就业。

有一项对 3 000 余名本科毕业生的调查表明，首选到北京工作的高达 74.8%，首选去

中西部地区的仅有 2%。

这样就造成了重东部、轻西部的不合理分布。如果大学生就业空间分布合理的话,就业问题就不会如此严峻,也许就不会存在就业难的问题。把就业转向西部是我们解决就业难问题的关键,也有利于实现社会发展水平的均衡和国家的共同富裕。大学生就业问题在某种程度上表现为相对的过剩,这与大学生的就业观念与选择造成就业空间布局不合理密切相关。

- 就业方向上,大学生不愿意到基层去就业

据调查,接近 90% 的大学生认为基层就业项目的吸引力不大或一般,85% 左右的大学生对基层就业项目了解程度低或一般,不愿意参与基层就业项目和无奈参与基层就业项目的大学生比例高达 84%。

可见,大学生不愿到基层去工作,有业不就也是造成大学生就业问题的一个突出原因。

- 求职技能欠佳

求职技能包括信息收集与处理能力、准确定位能力、抓住机遇能力、表达能力、决策能力、自我推销能力、自我保护能力等。求职技能的高低是决定大学生能否实现与生产资料结合,达到人职匹配的重要因素。但是,不少大学生缺乏这样的能力,在应聘时没有运用相应的应聘技巧与策略。

## 二、实现参考:给大学生就业的建议

### (一)活动二:找工作并没有那么难!

1. 活动目的

从案例分析,找工作什么情况下难,什么情况下容易。

2. 活动流程

(1)阅读案例

本人毕业于普通一本院校,学财务。从大四那年九月中旬开始找工作。

第一次去面试的是个国企建设单位,简历才递到 HR(人力资源)面前,因专业不匹配而被拒绝。

第二个面试的是离自己家很近的某集团分公司,面试流程简单。但第一次真正意义上的面试,我说话吞吞吐吐、过度紧张,最后也没被录取。

后来,我每天跑宣讲会,笔试、初试、复试被刷,抱着巨大的希望去,结果无功而返,每天都穿梭在校园里,回寝因为过度担心工作这回事,总是要到一两点才睡……其间,我哭过,一个人蹲在阳台,默默地哭;也大喊大叫过,像个神经病一样。

但我想说,最终我的工作还是定下来了,选择了深圳的一个高新技术企业。其实找工作并没有那么难,只要自己肯用心,好好准备,选择自己认定的方向,努力就好。在求职过程中,我的简历改过数十遍;我的自我介绍写了整整 3 页纸,最后选择了自我认为最好的一种;在面试之前,我都会做准备工作,我已经写了大半个笔记本了,也参考学习了很多别人的面试经验。

（2）同学们快速思考

• 案例中的"我"找工作中遇到了很多失败和困难，但他还是说找工作其实不难，为什么？

• 从案例中，我们可以得到哪些启发？对还没经历就业季的大学生，又有哪些提示？有哪些事情可以提前准备？

### （二）给大学生就业的建议

#### 1. 大学生看待就业的误区

（1）低估自己，严重缺乏自信心

大部分毕业生因为社会承认度、学历等原因，自卑心理非常严重，认为自己在专业知识和综合素质上不如重点高校毕业生，从而过低地估计了自己。

建议：理性看待就业问题，寻找个性化突破，使自己的亮点最大化，请记住：自信比机会更重要。

（2）成绩好就能找到好工作

成绩好确实有利于毕业生就业，但它对就业的促进作用是有限的。

建议：求职的过程本身也是一种社会经验的积累，而并不是把自己的求职变成机械发简历和等面试的过程。

（3）薪资要求降低就会更容易就业

假如你去一家折扣商城，里面卖的东西很便宜，你一定会挑最便宜的东西买吗？

建议：把每一次的求职看作一次获取信息和结识业内人士的过程和聆听专业意见的过程，不要盲目主动降低薪资要求去求职。

（4）到中小企业就是埋没人才

大企业有优势，知名度高、工作环境好、福利好，但大企业也有劣势，人才济济、关键岗位人多，更难以进入核心技术岗位。

而中小企业同样有优势，缺乏人才，急需人才，有机会独当一面。

建议：不要先入为主拒绝一类或几类企业的机会，找到合适的岗位才更重要。

（5）到经济欠发达地区就业难以实现自身价值

经济发达地区的硬环境和软环境建设普遍都优于欠发达地区，但不少经济发达地区出现人才"高消费"现象，个人长处得不到发挥。

建议：到欠发达地区就业，以自身的知识和能力为当地优势产业、特色经济的发展做出积极贡献；现在，到中西部和基层就业越来越多成为应届毕业生的选择。

（6）在面试过程中过度自我表现

在高校贴吧上，各类企业的面试题目和应答方式汇集成信息库，大学生可以琢磨出外企、国企、民企等各类企业的面试特点。大学生面试时表现太过"专业"，对很多问题的回答像背书一样，谈到对企业的看法时，也是侃侃而谈、头头是道。

建议：通过内外兼修，把自己打造成企业眼中货真价实的人才，而不是过度表现，流于表面。

（7）求职面试过程中过度包装

比如，购买价格不菲的套装，拍摄职业照并加以修饰，本人与照片存在较大反差。

**建议:**大学生应聘主要是展示自己的素质和实力,个人形象是企业考虑的一个方面,但如果过分注重外表,就会错位于自己大学生的身份。

(8)到经济效益差的单位就业吃亏

经济效益好的单位对人才的需求也是有限度的。

**建议:**初次就业主要是积累实践经验,增强自身素质,提高工作本领,为今后重新择业打下基础。要创造条件,不要太在意眼前的利益,着眼长远更重要。

### 2.给大学生就业的建议

高等教育由精英化向大众化转变,是社会发展和国民素质提高的要求和重要标志之一。与此相适应,大学生就业方式和就业格局上也必然要经历一个由精英化向大众化转变的过程,即作为一个普通社会成员去求职和就业。因此,大学生有必要消除自己的主观理想预期与社会客观实际之间的差距,主动地转变就业观念、调整自身素质,以充分适应社会。

(1)正确认识就业形势与择业困难之间的关系,并理性地做出择业意向

在一个社会中,如果就业适龄人口的数量大于社会所能提供的就业岗位数量,这种情况对于该社会而言便构成了就业绝对困难情景。可以说,就业绝对困难主要存在于社会层面。

实际上,由于社会所能提供的就业岗位数量基本上是一种趋势性估算,而且主要是以常规化就业岗位计算的,所以,对社会就业结构中的"弹性"系数以及对个体化就业岗位数量,一般很难做出精确的预测,其结果势必导致对就业绝对困难系数的计算难以达到高度精确。这便为社会争取从就业绝对困难向相对困难的转变留下可能的空间。

基于这一缘由,处在现实社会背景下的个人,择业时对自身就业意向的恰当定位和及时调整,将会有助于促进其就业难度的减小。具体而言,在择业的同一个时间段上,如果人们在择业标准中对就业地区、从业机构、职业类型等的选择都过于集中化,那么,势必导致在这些就业地区、从业机构、职业类型上的集中竞争,形成就业绝对困难情况并加大就业绝对困难系数。

相反,如果面对这种情势而及时进行调整,选择目前被暂时忽视或"冷落"的就业地区、从业机构、职业类型等,实际上等于主动选择了一种就业相对困难,甚至减小了就业相对困难系数,换言之,这种调整便可能意味着就业机会的形成。

(2)从自身寻找原因

事物的产生、发展和灭亡都是内因、外因共同作用的结果。外因是变化条件,内因则是事物变化发展的根据,外因通过内因起作用。

是金子在哪里都会发光,所以大学期间,大学生一定要重视自身能力的全面培养,调整心态,降低择业标准,先就业再择业,不要过分高估自己,也不要妄自菲薄。充实和丰盈自己,为未来做好准备,机会总是留给有准备的人。

从大学生个人来看,应该改变高中时期那种已有的学习模式,要更加主动积极地去学习,去发挥自己的兴趣爱好,找到自己的优势和将来的奋斗方向。大学生除了学习好本专业知识外,还应该拓展自己的社交圈,多与人交流,在交流当中了解社会,了解同龄人的想法,互相学习,取长补短。也许,当你不想从事本专业工作的时候,可以选择自己的第二专

业或者其他擅长的方向。技多不压身，多学习一门技能，在就业市场就更有优势。

（3）端正态度，积极主动，抓住机会

首先，要树立自信，保持冷静，不要被就业难吓倒，积极充电，坚信自己一定能找到适合的企业和岗位。

其次，抛去自己身上天之骄子的光环，自己仅仅是即将走出校门的大学毕业生，前面是一条不平的工作之路，学为了用，大学毕业仅仅是职业生涯的开始，学无止境，不要认为自己已经拥有无数的知识，仅等着用就行。社会和市场在不断变化，知识需要不断地学习、更新，要适应市场和环境的变化。

再次，充分响应国家给予的就业支持政策，拓宽就业途径，包括"预征入伍""部队士官招聘""西部计划""大学生村官计划""三支一扶"等。

另外，多参与就业讲座，建立双方更流畅、有效的沟通交流渠道。大学生对用人单位不了解，用人单位的人才需求不能畅通、有效地被大学生了解，这其中缺乏有效沟通的平台。

（4）正确认识就业入职薪资

从智联招聘所提供的《2022大学生就业力调研报告》中可以看出：2022届毕业生的平均期望月薪6 295元，比去年的6 711元下降约6%，如图1-7所示。其中，4 000元以下期望月薪的占比12.8%，高于2021年的8.9%；6 000元以上期望月薪的占比44.6%，低于2021年的50.8%。无论从平均值，还是分段薪酬来看，本届毕业生降低月薪期望值都具有普遍性，这也表明毕业生愿意降低薪资要求以适应就业市场。

**求职毕业生的平均期望月薪(元)**

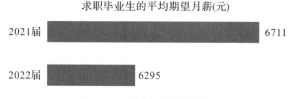

图1-7 大学生期望月薪范围

建议发达地区和不发达地区的薪资不要相互比较；不同行业，同一岗位也不能相互比较；同一岗位，不同公司的薪资相比同样不合适。

（5）不怕吃苦

一个刚刚毕业的大学生，在适应社会的前三年，不要一味考虑解决财富自由的问题，不要考虑高薪、高福利，考虑的是这三年能不能使自己的价值倍增。

比如说一个月拿三千块钱开始起步，三年以后，能不能拿到九千、三万乃至十万。所以，高工资是在五年左右后的时间拿，而不是第一个月我要拿八千、拿九千、拿一万，对自己的估值一定要放到三年以后。

如果一出来就开始对自己过高估值了，很多人、很多公司根本不能接纳。一开始就谈到各种条件，要达到各种要求，这指导思想就错了。开始是来学东西的，只要有长本事的机会，就值了。

学生毕业后找工作的前三年，本事才是最珍贵的东西，一定要在工作中提升能力。所以，不要怕吃苦，有点苦头的工作，会使人生增加更大的厚度。也别怕暂时的"不公平"，其实有时在公司里被施压,对初入职场的人来说是"好事",说明自己创造了价值,"有用了"!

(6)自主创业,可以成为个人层面上降低就业难度的一种主动性的现实选择方案

在个人层面上,降低就业难度的方法大致有两类:一是被动选择,如对自己原先的就业意愿进行调整。具体而言,降低择业标准,就可能意味着获得就业机会。二是主动选择,如自主创业。

自改革开放以来,中国的就业方式经历了以下重要转变:

- 从最初主要是体制内就业,到出现了更多的体制外就业。
- 从原先主要是机构化就业,到出现了更多的个体化就业。
- 从最初主要是占据现有的就业岗位,到出现了更多的创造就业岗位。

这种变化与体制改革以及市场经济进程是一致的。后期出现的就业形式,对个体自主性的要求越来越高,自主创业则是这一方面的集中体现,它成为个体在解决就业问题上发挥主观能动性的重要形式。

但是,不鼓励大学生低层次创业,例如,经验小饭馆、小商业服务、小网店、小型租赁服务等。要根据大学生年轻、接受新事物快的特点,在信息服务业、新传媒、艺术与动画设计、软件开发、网络技术、信息技术与传统产业融合、移动互联网产业等方面创新和发挥。

(7)提升应聘能力

大学生通过面试获得工作岗位的能力并非自然形成的。大学生要实现顺利就业,不仅需要实力,也需要广泛意义上的求职技能。它包括发挥自身优势能力的能力、收集和处理信息的能力,也包括与人沟通的能力、心理调适能力等。

### 三、任务实现:面对就业形势的挑战与机遇,该怎么做?

#### 1.任务内容

有一个段子:"学历就像是一张火车票,博士是软卧,硕士是软座,本科是硬座,专科是站票。火车到站,都下车找工作,才发现老板并不太关心你是怎么来的,只关心你会干什么。"

分组讨论下面的两个问题,将答案进行汇总。

- 就业形势是挑战与机遇并存,分别体现在哪些方面?
- 成功的机会只青睐于那些准备充分的人,我们该从哪些方面做好充分的准备?

#### 2.课堂分享

- 各小组安排1人分享小组讨论结论,其他成员可以补充,也可以分享不同观点。
- 将有用的观点落实到每个人的学习和就业计划中。

### 四、任务总结:理性认识就业形势,更早提升技能水平和就业能力

一个客观事实是,每年的大学毕业生人数都在增加,这代表的是中国高等教育发展的不断完善,中国人受教育水平的不断提升,整体经济实力的不断增长,最终将会带动整体中国经济向着一个更好的方向发展,这是大势所趋。

在看到大学毕业生人数越来越多的时候,实际上要保持一个相对理性的认识,即伴随

着中国经济的增长,实际上中国各行各业对于大学毕业生的需求量也在越来越大,越来越需要更多的大学毕业生加入中国的创新创业大潮。其实,看到当前大学生就业难问题,的确有中国大学生的人数增加的原因,但是大部分情况下依然是结构性的不匹配:主要表现在一些非常需要大学生的,比如制造业企业由于其本身的工作环境较差,收入水平并不高,其实非常难以吸引到大学生;而大学生由于本身对于就业的挑剔程度也在提高,最终的结果,就是很难找到自己匹配的就业岗位。如果双方都能适当调整,对于当前整个就业市场来说,会呈现供需两旺的格局:一方面是很多企业需要大量的人才为其服务,另外一方面则是大量的大学生在整个市场上不断地寻找着工作的机会。

对于当代大学毕业生来说,真正要找到合适自己的岗位,其实需要的是更早地了解市场。但对于很多大学生来说,在上大学阶段,往往就是在象牙塔中,两耳不闻窗外事。实际上,大学教育所教授你的东西和真正职场所需要的技能之间,存在一定差距,这就需要大学生有足够的技能水平,在技能的提升方面可能需要更加接轨市场,同时,及时提升自己的就业能力,只有让自己的业务能力和就业能力不断提升,才有可能真正找到一个让自己满意的工作。

# 第二节　了解就业政策、法规

## 任务：收集现行就业政策、法规

### 1.任务名称

收集现行就业政策、法规。

### 2.任务分析

认识到收集现行就业政策、法规的重要性，并找到收集现行大学生就业政策、法规的方法，之后，再去完成本节任务。

| 实现准备 | 课堂活动 | 活动一：小赵错过了什么？ |
|---|---|---|
| | 课堂讲解 | 了解大学生就业政策、法规 |
| 实现参考 | 课堂活动 | 活动二："幸运的"小张 |
| | 课堂讲解 | 通过相关部门官网了解现行大学生就业政策、法规 |
| 任务实现 | 课堂实训 | 收集并共享现行就业政策、法规 |
| 任务总结 | 课后思考 | 了解就业政策，开始大学生就业准备 |

## 一、实现准备：了解大学生就业政策、法规

### (一)活动一：小赵错过了什么？

#### 1.活动目的

通过案例，认识到了解就业政策、法规的重要性。

#### 2.活动流程

(1)阅读案例

**案例1-1**

### 小赵错过了什么？

小赵是上海某大学软件工程专业2002届毕业生，他来自安徽，毕业后想留在上海发展。大学四年，他成绩优秀，凭着过硬的专业功底，上海一家著名的软件公司向他发出录用通知。

到公司报到后，公司老总对他很器重，在大四的最后一学期的6月就开始上班了，先实习三个月，三个月后到了9月底，小赵如愿以偿地拿到了该公司与他签订的就业协议和劳动合同，接着他就忙于负责公司交给他的新项目。

到了12月，他无意中从同学处得知，外地毕业生在上海就业落户需要办理"蓝表"审批手续，他这才模模糊糊地记起学校还有一些手续，由于忙于公司项目，一直拖着没办。于是他请假，回学校办理相关手续。

学校老师告诉他按照当年的政策规定，进上海审批已经在10月底截止，也就是说，他

再不能通过毕业生留上海这条途径解决上海户口,而以后若想解决上海户口则需要通过办理复杂的人才引进手续。对于只有本科文凭,又没经验的毕业大学生来说,人才引进是很难的。

（资料来源:根据某校毕业生就业案例整理）

（2）同学们分组,快速讨论

• 小赵错过了落户上海的时机,其原因是什么?

• 你从小赵的失误中得到了什么教训? 对你有什么启发?

（3）课堂分享

各小组安排1人分享小组讨论结论,其他成员可以补充,也可以分享不同观点。

3.观点参考:多留意就业政策

小赵品学兼优,找到一个好工作是应该的,但是他对相关的就业政策和毕业落户程序不够重视,这样就错过了办理毕业生进沪的审批时间,要多走很多弯路。

在此要提醒同学们,求职就业并不仅仅就是找一个接收单位,平时要多留意就业政策,特别是想进北京和上海等大城市的同学,要特别关注外地毕业生进这些城市的一些政策规定,进这些大城市对毕业生都有特别的要求,不是每一个同学都能满足的。

进入社会,毕业生的身份要发生转变,要拥有一个独立户口了,必须做好所有的思想准备。因此,我们必须搞清相关的就业政策,走正确的择业道路,少走弯路,提高自己处理就业、档案保管、落户等一系列事宜的技能和成功率。

### （二）了解大学生就业政策、法规

大学生就业是一个涉及面非常广、任务艰巨复杂的工作,为保证它的顺利进行,我国出台了一系列的政策、法规。

就业政策、法规是指国家和各级地方政府及高等院校,为促进大学毕业生就业工作而制定的基本原则、具体的实施程序、实施办法、权益和义务等方面的规定等。主要包括教育部及其他有关部委、各级地方政府、培养学校为大学生就业工作颁布的有关文件。

有了这些为大学毕业生制定的政策、法规,我们就应该学会用政策、法规保护自己,使自己在求职时少走一些不必要的弯路,少遭受一些不必要的损失。令人遗憾的是,毕业生往往对这方面的信息不够重视,只有在就业过程中出现争议或者自己受到伤害时,才想起有关的政策、法规条文。今天,让我们一起来学习大学生就业政策、法规的相关知识。

1.就业政策、法规的作用

（1）少走弯路,提高就业成功率

我们在求职之前,应先掌握就业政策、法规,它可以指导我们按正确的方向去求职,减少失误,节约时间、精力和财力,也可以帮我们了解国家的相关奖励或优惠政策,让我们更理性地选择。这样,毕业生就能在就业政策、法规许可的范围内求职择业,保证就业的有效性,提高就业的成功率。

（2）维护权利,确保就业公正性

毕业生在求职择业过程中,由于缺乏相关的工作经验和社会经历,相对来说,处于弱势地位。因此,有些就业政策和法规条款就是针对以前就业市场中存在的一些不规范、对毕业生不公正的现象制定的,以保护大学毕业生的合法权益。

当然,就业政策、法规对供需双方都是公正的,毕业生自己违反了相应的政策、法规,也要受到相应的处罚,承担相应的责任。比如说,双方签订协议,如果公司违反协议,工资数低于规定,或者私自解雇毕业生,毕业生可以提出劳动仲裁维护自己的权益,得到相应的赔款;如果毕业生自己违约,那也得支付违约金,这方面的案例较多。

那么,大学生就业政策、法规有哪些呢?

### 2.大学生就业政策、法规

高校毕业生就业实行的是中央和地方两级管理、以地方管理为主的工作体制。国家制定的就业政策是针对全国的毕业生就业工作进行宏观调控的,它虽然会随着时间的推移而不断调整变化,但在相当长的一段时间内,具有较高的稳定性。近年来,随着大学毕业生人数的大幅增加,我国对高校毕业生就业工作越来越重视,制定了很多相关的政策、法规。

(1)主要政策、法规

• 《中华人民共和国劳动法》(1994 年 7 月 5 日第八届全国人大常委会第八次会议通过,以下简称《劳动法》)

• 《中华人民共和国合同法》(1999 年 3 月 15 日第九届全国人大第二次会议通过,现已废止)

• 《中华人民共和国劳动合同法》(2007 年 6 月 29 日第十届全国人大常委会第二十八次会议通过,2008 年 1 月 1 日起实施,以下简称《劳动合同法》)

• 《中华人民共和国就业促进法》(2007 年 8 月 30 日第十届全国人大常委会第二十九次会议通过,2008 年 1 月 1 日起实施)

• 《中华人民共和国民法典》(2020 年 5 月 28 日第十三届全国人大第三次会议通过,2021 年 1 月 1 日起施行)

➢大学生没毕业能签劳动合同吗?

还未毕业的学生出来实习只要不在《劳动法》第十五条和《劳动合同法》第二十六条规定的禁止之列,都能与企业签劳动合同。《劳动法》第十五条规定,禁止用人单位招用未满十六周岁的未成年人。文艺、体育和特种工艺单位招用未满十六周岁的未成年人,必须遵守国家有关规定,并保障其接受义务教育的权利。

此处要正确理解《关于贯彻执行〈中华人民共和国劳动法〉若干问题的意见》(劳部发〔1995〕第 309 号,以下简称《意见》)第 12 条的立法精神。《意见》第 12 条是考虑工作时间较为零星而设立的,并非禁止签合同。《意见》第 12 条规定,在校生利用业余时间勤工俭学,不视为就业,未建立劳动关系,可以不签订劳动合同。

大学生实习期间,只是未拿到毕业证而已,是文凭问题,法律对就业并没有文凭限制,实习期已经不用再上课了,所以不再属于勤工俭学的范畴,而且即使还未到实习期,如果与用人单位签了合同,也并没有违反《意见》第 12 条的规定,因为该条规定是"可以不签",不是"应当不签",所以这种情形签了只要不违反《劳动法》第十五条和《劳动合同法》第二十六条规定的情形,都是有效的,而且司法实践中也是这样做的,当然,如果已领到"大学生就业推荐表"就更有资格就业了。

《劳动合同法》第二十六条规定,下列劳动合同无效或者部分无效:(一)以欺诈、胁迫的手段或者乘人之危,使对方在违背真实意思的情况下订立或者变更劳动合同的;(二)用人单位免除自己的法定责任、排除劳动者权利的;(三)违反法律、行政法规强制性规定的。对劳动合同的无效或者部分无效有争议的,由劳动争议仲裁机构或者人民法院确认。

(2)各类毕业生就业政策

➤统分毕业生的就业政策

教育部规定高校毕业生就业政策的基本原则是:毕业生在国家就业方针政策指导下,依据《普通高等学校毕业生就业工作暂行规定》,通过"供需见面"和"双向选择"在一定范围内落实就业单位。

在规定时间内,落实工作单位的毕业生国家负责派遣,未落实工作单位的毕业生,学校可将其档案和户籍关系转至其家庭所在地,由当地毕业生就业指导机构帮助推荐就业。委托培养与定向生按合同就业。

➤结业生的就业政策

结业生是指没有拿到毕业证的学生。结业生由学校向用人单位一次性推荐或自荐就业,找到工作单位的,可以派遣,但必须在"报到证"上注明"结业生"字样,在规定时间内无单位接受的,由学校将其档案、户籍关系转至其家庭所在地,家居农村的保留非农业户口,自谋职业。

已被录用的结业生,在国家财政拨款单位就业的,其工资待遇按照国务院有关文件规定,比国家规定的普通高校毕业生工资标准低一级。结业生在一年内补考及格换发毕业证书的,国家承认其毕业资格,工资待遇从补发证书之日起按毕业生对待。

➤肄业生的就业政策

大学肄业的学生由学校发给肄业证书,国家不负责其就业派遣,并将其档案和户口转回其生源所在地,自谋职业。

➤生病毕业生的就业政策

学校应在派遣前认真负责地对此类毕业生进行健康检查,不能坚持正常工作的,让其回家休养。一年内治愈的,须经学校指定的县级以上医院证明能坚持正常工作,可以随下一届毕业生就业。

一年后仍未治愈或无用人单位接收的,学校将其档案、户籍关系转至其家庭所在地,按社会待业人员办理。

毕业生报到后,发生疾病不能坚持正常工作的,应按在职人员有关规定处理,不得把上岗后发生疾病的毕业生退回学校。

➤毕业生到私营、个体等非公有制企业就业应注意的问题

毕业生到各种非公有制经济性质的企事业单位就业,该单位的人事档案关系应当挂靠在政府人事部门所属的人才服务机构。经挂靠的人才机构盖章同意接收该毕业生人事档案后,学校才能为该毕业生办理就业有关手续。

➤考研毕业生的就业政策

多数考研的毕业生在择业时,考研的结果还未确定,因此这类毕业生就业时,应在协议中向用人单位声明,双方取得一致意见。如果毕业生被录取为研究生,则就业协议无效,若用人单位不愿接受此条款,则毕业生不应与该用人单位签订就业协议。

（3）鼓励高校毕业生到基层、到中西部地区就业

落实立德树人根本任务,积极引导毕业生到基层一线就业创业。认真落实基层就业学费补偿代偿等政策,继续组织实施"教师特岗计划"等中央基层项目。推动毕业生服务乡村振兴战略。

• 对到农村基层和城市社区公益性岗位就业的,给予社会保险补贴和公益性岗位补贴;对到农村基层和城市社区其他社会管理和公共服务岗位就业的,给予薪酬或生活补贴。

• 对到中西部地区和艰苦边远地区县以下农村基层单位就业并履行一定服务期限的,由政府补偿学费,代偿助学贷款。

• 对有基层工作经历的,在研究生招录和事业单位选聘时优先录取。

• 对参加"选聘高校毕业生到村任职"、"三支一扶"(支教、支农、支医和扶贫)、"大学生志愿服务西部计划"、"农村义务教育阶段学校教师特设岗位计划"等项目的,给予生活补贴,按规定参加社会保险;项目服务期满并考核合格的,报考硕士研究生初试总分加10分,高职(高专)学生可免试入读成人本科;今后相应的自然减员空岗全部聘用参加项目服务期满的高校毕业生。

（4）鼓励高校毕业生应征入伍,服义务兵役

• 由政府补偿学费,代偿助学贷款。

• 在选取士官、考军校、安排到技术岗位等方面优先。

• 退役后参加政法院校为基层公检法定向岗位招生考试时,优先录取。

• 具有高职(高专)学历的,退役后免试入读成人本科;或经过一定考核,入读普通本科。

• 退役后报考硕士研究生初试总分加10分;荣立二等功及以上的,退役后免试推荐入读硕士研究生。

（5）积极聘用优秀高校毕业生参与国家和地方重大科研项目

引导高校主动向重点地区、重大工程、重大项目、重要领域输送毕业生,引导毕业生到高技术产业、战略性新兴产业、先进制造业和现代服务业等新兴领域就业创业,鼓励毕业生到国际组织实习任职。

高校毕业生在参与项目研究期间,享受劳务性费用和有关社会保险补助,户口、档案可存放在项目单位所在地或入学前家庭所在地人才交流中心。聘用期满,根据需要可以续聘或到其他岗位就业,就业后工龄与参与项目研究期间的工作时间合并计算,社会保险缴费年限连续计算。

（6）鼓励和支持高校毕业生到中小企业就业和自主创业

• 对企业招用非本地户籍的普通高校专科以上毕业生,各地应取消落户限制(直辖市按有关规定执行)。

• 为到中小企业就业的高校毕业生提供档案管理、人事代理、社会保险办理和接续等方面的服务。

• 在国家积极鼓励高校毕业生自主创业的大形势下,我们可以在一定的条件下,瞄准商机,发挥一技之长,走自主创业道路,在解决自己就业的同时,为社会提供新的就业

渠道。

- 登记失业并自主创业的，如自筹资金不足，可申请5万元小额担保贷款；对合伙经营和自主就业的，可按规定适当提高贷款额度。
- 参加创业培训的，按规定给予职业培训补贴。
- 从事个体经营符合条件的，免收行政事业性收费并享受国家相关扶持政策。
- 灵活就业并符合规定的，可享受社会保险补贴政策。

（7）选聘高校毕业生到村任职

2008年，中组部、教育部、财政部、人力资源和社会保障部出台了《关于印发〈关于选聘高校毕业生到村任职工作的意见（试行）〉的通知》（组通字〔2008〕18号），计划用5年时间选聘10万名高校毕业生到农村担任村党支部书记助理、村委会主任助理或团支部书记、副书记等职务。从2010年开始，扩大选聘规模，逐步实现"一村一名大学生村官"计划的目标。选聘的高校毕业生在村工作期限一般为2到3年。

选聘对象为30岁以下应届和往届毕业的全日制普通高校专科以上学历的毕业生，重点是应届毕业和毕业1至2年的本科生、研究生，原则上为中共党员（含预备党员），非中共党员的优秀团干部、优秀学生干部也可以选聘。基本条件是：

- 思想政治素质好，作风踏实，吃苦耐劳，组织纪律观念强。
- 学习成绩良好，具备一定的组织协调能力。
- 自愿到农村基层工作。
- 身体健康。

此外，参加人力资源和社会保障部、团中央等部门组织的到农村基层服务的"三支一扶""志愿服务西部计划"等活动期满的高校毕业生，本人自愿且具备选聘条件的，经组织推荐可作为选聘对象。

（8）强化对困难家庭高校毕业生的就业援助

- 就业困难和零就业家庭的高校毕业生，享受公益性岗位安置、社会保险补贴、公益性岗位补贴等就业援助政策。
- 机关、事业单位免收招聘报名费和体检费。
- 高校可根据实际情况给予适当的求职补贴。
- 对离校后未就业回到原籍的高校毕业生，由各地公共就业服务机构免费提供就业服务并组织就业见习和职业技能培训。

## 3. 现行国家、省市就业政策

（1）国务院办公厅关于进一步做好高校毕业生等青年就业创业工作的通知

国务院办公厅关于进一步做好高校毕业生等青年就业创业工作的通知

国务院办公厅2022年5月5日发布关于进一步做好高校毕业生等青年就业创业工作的通知（详细内容请扫描二维码了解），指出高校毕业生等青年就业关系民生福祉、经济发展和国家未来。我国经济发展环境的复杂性、严峻性、不确定性上升。2022年3月以来特别是4月部分经济指标明显转弱，一些重点地区更为突出，物流不畅，部分行业和企业困难加剧，经济新的下行压力进一步加大。显然，高校千万毕业生就业面临严峻挑战。所以，高校毕业生就业工作面临的挑战前所未有。

**· 就业补贴、社保补贴政策**

只要企业聘用应届毕业生或两年未工作的毕业生,符合条件的,就给予就业补贴和社保补贴:一是为了促进大学生就业;二是为了减少企业成本,鼓励企业聘用大学毕业生,提高青年就业率。

**· 不用"持证上岗"**

以前很多教师上岗,必须持有"教师资格证书",否则没有资格上岗就业,由于近几年疫情影响,"资格证"考试一直延期,很多等待就业的教师因没有"教师资格证书",只能处于待业状态。

现在国家支持"先上岗,再考证",这一政策令大家拍手叫好,2022年年底之前都可以"无证上岗"。

**· "公益性"就业**

为了落实大学生就业,还有特殊人群就业(如残疾高校、贫困家庭、低保家庭),使其得到精准就业服务,通过"公益性"兜底服务,为每人提供3～5个岗位信息,保障符合他们个人条件的岗位能得以匹配。

**· "多渠道"招聘**

以往,企业招聘都会从各大招聘网站和学校招生部等途径进行匹配、招聘。

现在,为了提高就业率,企业可以通过线上失业登记,求职小程序等各种渠道进行招聘。且给每个大学生都提供了就业指导、职业指导、岗位推荐、职业培训,通过各种手段保证就业顺利进行。

**· 取消"就业报到证"**

从2023年起,不再发放就业报到证。以前,大学生就业需要办理"就业报到证",不仅如此,大学生落户、转移档案等很多事情都需要用到"就业报到证",对于大学生来说,无形中增加了很多复杂手续,取消"就业报到证"后,大学生就业、落户、档案转移等事宜,不再需要提供该证,大大提高了办事效率。

**· "网上签约"服务**

以往的就业服务都是在招聘公司进行面签,因为受到疫情的影响,很多企业无法与毕业生见面,只能通过网络联系,通过"网上签约"服务,提高办事效率,减少等待期,使得用人单位和就业大学生能快速办理完各种就业手续,直接进入工作状态。

**· "百万就业"招募计划**

以往,大学毕业生,想进入事业单位、科研单位或者其他政府项目单位非常困难,需要各种条件,有一项不符合,就失之交臂,甚至有的毕业生为进入事业单位、科研单位,准备很久时间,都没机会进入。

实施"百万就业"招募计划后,我国支持各个事业单位在单位以及社会各组织单位设立"见习岗位",按照各单位和各个部门的规定,给予见习生"见习补贴",不仅可以促进大学生就业,还可以让他们有更多的社会工作、实践经验,大大推动了社会的就业稳定。

（2）教育部印发《普通高校毕业生基层就业政策公告》《普通高校学生自主创业政策公告》《普通高校学生应征入伍政策公告》《普通高校毕业生就业服务公告》

2022年3月，为促进高校毕业生更加充分更高质量就业，进一步加大就业创业政策宣传力度，帮助更多高校毕业生知晓各项促就业政策，根据教育部"全国普通高校毕业生就业创业促进行动"统一安排，教育部印发《普通高校毕业生基层就业政策公告》《普通高校学生自主创业政策公告》《普通高校学生应征入伍政策公告》《普通高校毕业生就业服务公告》，各地教育行政部门和各高校要结合实际编制本地本校就业政策公告，采用翻印、张贴海报、编发手册等方式做好国家和地方毕业生就业政策公告的宣传。

➤ 税收优惠政策

持人社部门核发"就业创业证"的高校毕业生在毕业年度内创办个体工商户的，可按规定在3年内以每户每年12 000元为限额（最高可上浮20％，具体由各省、自治区、直辖市人民政府根据本地区实际情况确定）依次扣减其当年实际应缴纳的增值税、城市维护建设税、教育费附加、地方教育附加和个人所得税。

对高校毕业生创办小微企业的，可按规定享受小微企业普惠性税费政策；创办个体工商户的，对其年应纳税所得额不超过100万元的部分，在现行优惠政策基础上减半征收个人所得税。

➤ 担保贷款和贴息政策

创业担保贷款和贴息支持：可在创业地申请创业担保贷款，最高贷款额度为20万元，对符合条件的个人合伙创业的，可根据合伙创业人数适当提高贷款额度，最高为总额的10％。对10万元及以下贷款、获得设区的市级以上荣誉的高校毕业生创业者免除反担保要求；对高校毕业生设立的符合条件的小微企业，最高贷款额度提高至300万元，财政按规定给予贴息。

创业担保贷款申请程序：申请创业担保贷款贴息支持的个人和小微企业应向当地人力资源社会保障部门申请资格审核，通过资格审核的个人和小微企业，向当地创业担保贷款担保基金运营管理机构和经办银行提交担保和贷款申请，符合相关担保和贷款条件的，与经办银行签订创业担保贷款合同。

➤ 资金扶持政策

免收有关行政事业性收费：毕业2年以内的普通高校毕业生从事个体经营的，3年内，免收管理类、登记类和证照类等有关行政事业性收费。

求职创业补贴：对在毕业学年有就业创业意愿并积极求职创业的低保家庭、贫困残疾人家庭、原建档立卡贫困家庭和特困人员中的高校毕业生，残疾及获得国家助学贷款的高校毕业生，给予一次性求职创业补贴。

一次性创业补贴：对首次创办小微企业或从事个体经营，且所创办企业或个体工商户自工商登记注册之日起正常运营1年以上的离校2年内高校毕业生，试点给予一次性创业补贴。

受培训补贴：对大学生在毕业年度内参加创业培训的，按规定给予培训补贴。

➤ 工商登记政策

简化注册登记手续：创办企业，只需填写"一张表格"，向"一个窗口"提交"一套材料"，登记部门直接核发加载统一社会信用代码的营业执照,"多证合一"。

➤户籍政策

取消落户限制:高校毕业生可在创业地办理落户手续(直辖市有关规定执行)。

➤创业服务政策

免费创业服务:可免费获得公共就业和人才服务机构提供的创业指导服务。

技术创新服务:各地区、各高校和科研院所的实验室以及科研仪器、设施等科技创新资源可以面向大学生开放共享,提供低价、优质的专业服务。

创业场地服务:鼓励各类孵化器面向大学生创新创业团队开放一定比例的免费孵化空间。政府投资开发的孵化器等创业载体应安排30%左右的场地,免费提供给高校毕业生。有条件的地方可对高校毕业生到孵化器创业给予租金补贴。

创业保障政策:加大对创业失败大学生的扶持力度,按规定提供就业服务、就业援助和社会救助。毕业后创业的大学生可按规定缴纳"五险一金"。

➤学籍管理政策

折算学分:各高校要设置合理的创新创业学分,建立创新创业学分积累与转换制度,探索将学生开展自主创业等情况折算成学分。

弹性学制:学校可以根据情况建立并实行灵活的学习制度,可放宽学生修业年限,保留学籍休学创新创业。

在教育部和相关部委指导文件下发后,各省市一般会出台相关的政策执行措施,下面收集的是四川省出台的就业措施。

(3)四川省人民政府关于印发进一步稳定和扩大就业十五条政策措施的通知

如何减轻企业负担,进一步稳定和扩大就业?2022年4月15日,四川省人民政府印发《进一步稳定和扩大就业十五条政策措施》(以下简称《措施》),从保市场主体稳定就业、推动经济社会发展扩大就业、创新创业带动就业、稳定重点群体就业、优化就业培训和服务等五个方面提出了十五条具体举措。详细内容请扫描二维码了解。

四川省人民政府关于印发《进一步稳定和扩大就业十五条政策措施》的通知

• 部分中小微企业可享一次性减免1至3个月房租

在保市场主体稳定就业方面,《措施》提出要加大援企稳岗力度、减免企业和个体工商户房租,以及加强对企业的金融支持。其中包括,延续实施阶段性降低企业用人失业保险单位缴费费率至0.6%的政策。对不裁员或少裁员的企业给予稳岗返还。对承租省属国有房屋用于生产经营,经营暂时有困难但产品有市场、项目有前景、技术有竞争力的中小微企业,以及劳动力密集、社会效益高的民生领域服务性中小微企业,一次性减免1至3个月房租。对承租省属国有房屋用于生产经营的个体工商户,一次性减免1至3个月房租。

同时,支持省级小型微型企业创业创新示范基地减免入驻中小微企业的厂房租金,省级财政对示范基地按不超过租金减免总额的50%给予最高200万元补助。推动降低小微企业融资担保费,引导融资担保机构将担保费率降低至1.5%,财政部门给予保费补贴。

- 招用毕业年度大学生等给予 1 000 元/人一次性吸纳就业补贴

在推动经济社会发展扩大就业方面，《措施》提出扩大投资创造就业、鼓励引导企业吸纳就业、支持多渠道灵活就业和购买基层服务岗位拓展就业等举措。其中，对中小微企业招用毕业年度大学生、登记失业半年以上的人员就业并签订 1 年以上劳动合同且按规定缴纳社会保险费的，给予 1 000 元/人一次性吸纳就业补贴。落实企业吸纳脱贫人口、就业困难人员给予岗位补贴政策。支持企业招用脱贫人口、失业人员，按实际招用人数每人每年 7 800 元的定额标准对企业扣减有关税费。

- 全省扶持 100 家省级创业孵化基地，每家给予 90 万元一次性补助

在创新创业带动就业方面，《措施》鼓励脱贫人口、失业人员、高校毕业生等重点群体从事个体经营，按每户每年 14 400 元的限额标准扣减有关税费。继续实施疫情期间困难中小企业免征房产税、城镇土地使用税优惠政策。落实月销售额 15 万元以下（以 1 个季度为 1 个纳税期的，季度销售额 45 万元以下）的小规模纳税人免征增值税，小型微利企业减征所得税、研发费用加计扣除、固定资产加速折旧、支持科技创新进口等税收优惠政策。同时，全省扶持 100 家省级创业孵化基地，每家给予 90 万元一次性补助。扶持自主创业 15 万人，带动就业 40 万人以上。

- 符合条件的就业见习基地吸纳见习人员给予 50 万元一次性奖补

在稳定重点群体就业方面，《措施》明确要稳定重点群体就业，重点解决高校毕业生就业，加大机关事业单位招录（聘）力度。设立疫情防控应急岗位。扩大科研助理岗位聘用规模，对公办高校新增设置科研助理岗位且聘用期不低于 12 个月的，每聘用 1 名高校毕业生给予高校 1 万元奖补。开发 3 万个就业见习岗位。对年度吸纳见习人员超过 200 人、留用率超过 60% 并稳定就业 1 年以上的就业见习基地，给予 50 万元一次性奖补。稳定农民工就业。脱贫人口通过有组织劳务输出到户籍所在县以外地区就业的，给予不超过 400 元/人一次性求职创业补贴。对中小微企业招用当年退役的军人就业并签订 1 年以上劳动合同且按规定缴纳社会保险费的，给予 1 000 元/人一次性吸纳就业补贴。

此外，在优化就业培训和服务方面，《措施》提出，深入实施职业技能提升行动，围绕重点产业、重点项目、重点群体开展各类补贴性培训 70 万人次。对经营性人力资源服务机构、劳务经纪人组织脱贫人口到企业就业，并协助签订 1 年以上劳动合同、参加社会保险的，按 300 元/人的标准给予就业创业服务补助。

（4）四川省就业工作领导小组办公室、四川省人力资源和社会保障厅关于印发进一步促进高校毕业生等青年就业创业十三条政策措施的通知

2020 年 6 月 30 日，四川省人力资源和社会保障厅发布消息，四川省就业工作领导小组办公室、四川省人力资源和社会保障厅印发《进一步促进高校毕业生等青年就业创业十三条政策措施》，要求各有关部门把高校毕业生等青年就业作为就业工作重中之重，同向发力打好政策组合拳，积极促进高校毕业生等青年成功就业创业。

十三条政策措施涉及的方面包括鼓励企业吸纳就业、稳定政策性岗位规模、拓宽基层就业空间、支持自主创业、支持灵活就业、提升职业技能水平、开展困难帮扶、提升招聘质效、简化求职就业手续、加强不断线服务、扩大就业见习规模、维护就业权益、压紧压实工作责任等。

•简化高校毕业生求职手续,开展困难帮扶

在简化求职就业手续方面,要求推进体检结果互认。高校毕业生近6个月内已在合规医疗机构进行体检的,用人单位应当认可其结果,原则上不得要求其重复体检,法律法规另有规定的从其规定。取消高校毕业生离校前公共就业人才服务机构在就业协议书上签章环节,取消高校毕业生离校后到公共就业人才服务机构办理报到手续。从2023年起,不再发放、补办、改派就业报到证,高校毕业生凭学历证书直接办理城镇落户手续,高校及相关部门按规定转递档案。

在开展困难帮扶方面,符合条件的困难高校毕业生,按规定享受一次性求职创业补贴、公益性岗位兜底安置等政策。免除当年及以前年度毕业生当年应偿还的国家助学贷款利息,本金可申请延期1年偿还,不计复利,毕业生因疫情影响当年未及时还款的,不影响征信。

四川还将不断扩大就业见习规模,组织高校毕业生、青年参加就业见习,按当地最低工资标准给予用人单位就业见习补贴。离校未就业高校毕业生到基层实习见习基地参加见习或者到企事业单位参加项目研究的,视同基层工作经历。对新评定为国家级、省级就业见习基地的,给予一次性奖补。

•鼓励高校毕业生创业,支持灵活就业

鼓励符合条件的高校毕业生创业实体和创业项目,给予每个1万元的创业补贴,领创多个创业项目的,累计补贴最高不超过10万元。高校毕业生创办企业吸纳就业的,按规定享受一次性创业吸纳就业奖励。

高校毕业生、登记失业青年自主创业且符合条件的,可申请贷款额度最高为20万元、贷款期限最长为3年的创业担保贷款,按规定享受贴息政策。政府投资开发的创业载体要安排30%左右的场地免费向高校毕业生创业者提供。

2024年12月31日前建设900个"天府微创园",持续实施"青创计划",延伸创业服务体系。加大青年创业项目支持力度,对评审通过的四川科技英才培养计划创新创业苗子工程培育项目给予1万元至5万元资金支持,重点项目给予10万元资金支持;对新建的国家和省级科技企业孵化器和大学科技园,给予不超过100万元奖补;对新建的国家和省级众创空间、国家级专业化众创空间,给予不超过50万元奖补。

支持灵活就业。鼓励毕业年度内高校毕业生、登记失业半年以上青年从事个体经营,在3年内按每户每年14 400元的限额标准扣减有关税费,政策实施期限截至2025年12月31日。对毕业年度和离校2年内未就业高校毕业生实现灵活就业的,按规定给予社会保险补贴。

## 二、实现参考:如何了解现行大学生就业政策、法规?

(一)活动二:"幸运的"小张

1.活动目的

及时收集相关政策、法规和信息,并采用灵活的方法达成自己的目标。

2.活动流程

(1)阅读案例

小张是某校经济管理专业毕业生,但他对行政管理有浓厚的兴趣,所以在大三期间就

27

开始注意有关公务员考试方面的信息，并买了一套公务员考试用书自学。早就听说公务员考试通过的机会少，其竞争之激烈绝不亚于高考，但他坚信：功夫不负有心人，早准备，多留意，机会总是会有的。

有一次，他从报上获悉，国家将在近几年内有计划地从高校选拔一批优秀毕业生充实基层，他预测不久肯定会组织招考，因而准备得更积极。上学期末，尽管复习紧张，但他坚持每天搜集信息。有一天，当他获悉国家机关公开招考公务员的信息时，感到十分兴奋，在点击该网站时，却怎么都进不去，于是想到了学校就业指导中心。凑巧，学校就业指导中心刚把这次招考的所有信息下载下来，连报名表、报名须知全都打印出来了，以供查阅。

最后，小张在没有耽误正常学校期末考试的情况下，及时办理了报考公务员手续，由于平时准备充分，在笔试、面试过程中均表现出色，被国家某机关正式录用为公务员。

（2）同学们，快速思考

• "幸运的"小张仅仅是因为幸运吗？

• 你是否认识到了坚持准备、自律执行的重要性？

• 你从中得到了什么启示？是否要结合自身情况，尽快做些准备了？

**（二）通过国家相关部门官网了解现行大学生就业政策、法规**

作为大学生，在毕业的时候怎么了解国家有什么政策可以支持我们找工作或者创业呢？下面的方法可以让我们主动去收集、了解现行大学生就业政策、法规。

**1. 中华人民共和国中央人民政府官网**

登录中华人民共和国中央人民政府官网，单击网页上的"政策"按钮，再单击上面的"政府信息公开"按钮，如图1-8所示。

图1-8 中华人民共和国中央人民政府官网

单击左侧菜单的"按主题分类"，单击其下的"科技、教育"，选择"教育"，就可以看到国家有关教育的政策文件，如图1-9所示。

可以看到2022年5月13日发布的《国务院办公厅关于进一步做好高校毕业生等青年就业创业工作的通知》（国办发〔2022〕13号）等文件。

**2. 国家相关部委官方网站**

登录中华人民共和国人力资源和社会保障部官方网站，单击网页上的"政策法规"按钮，再单击上面的"政策文件"按钮，即可打开相关网页，可以按年份查找相关文件内容，如图1-10所示。

打开网页后可以看到2022年的新政策文件，包括2022年3月15日发布的《人力资源社会保障部 教育部 科技部 工业和信息化部等十部门关于实施百万就业见习岗位募集计划的通知》、2022年6月7日发布的《人力资源社会保障部办公厅 财政部办公厅关于做好2022年高校毕业生"三支一扶"计划实施工作的通知》、2022年6月10日发布的《人力资源社会保障部办公厅关于开展2022年离校未就业高校毕业生服务攻坚行动的

图 1-9 中华人民共和国中央人民政府教育相关政策文件

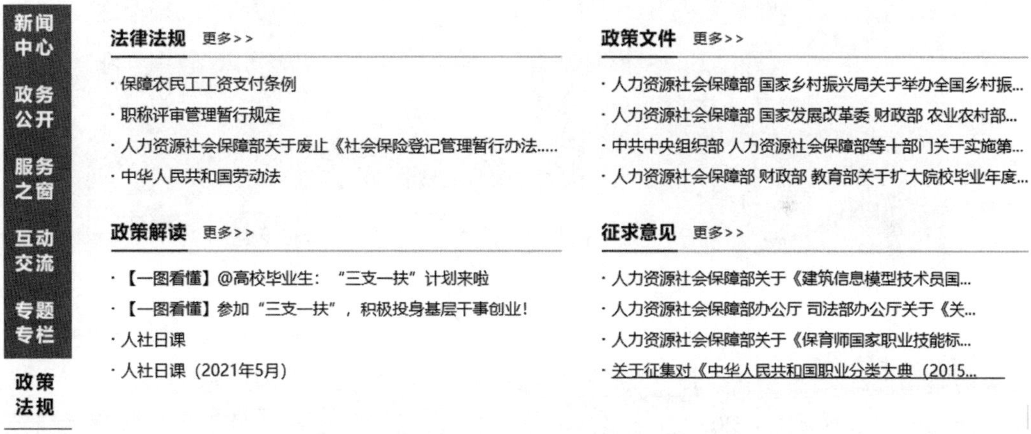

图 1-10 中华人民共和国人力资源和社会保障部官网

通知》、2022 年 6 月 12 日发布的《人力资源社会保障部办公厅　教育部办公厅　民政部办公厅关于做好高校毕业生城乡基层就业岗位发布工作的通知》等。

登录中华人民共和国教育部官方网站，单击网页上的"文献"按钮，再单击上面的"教育部公报"按钮，打开网页，可以按年份查找各年度教育部相关公报内容，如图 1-11 所示。

比如，可以找到 2006 年 5 月 15 日发布的《教育部 财政部 人事部 中央编办关于实施农村义务教育阶段学校教师特设岗位计划的通知》等。

从教育官方网站首页单击网页上的"公开"按钮，再单击上面的"教育部文件"按钮，还可打开新网页，可以查询相关文件内容，如图 1-12 所示。

图1-11　中华人民共和国教育部官网

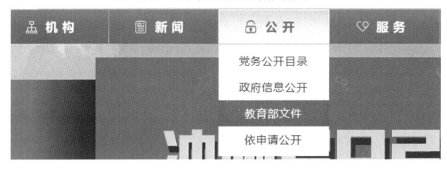

图1-12　"教育部文件"查找路径

比如,可以找到2022年5月5日发布的《教育部关于举办2022年全国职业院校技能大赛的通知》、2022年4月8日发布的《教育部关于举办第八届中国国际"互联网+"大学生创新创业大赛的通知》、2022年6月3日发布的《关于做好全国高校学生离校返乡新冠肺炎疫情防控工作的通知》等内容。

### 3.省、市相关厅局官方网站

在中华人民共和国人力资源和社会保障部官方网站首页的下端有各个省市人社厅的官网链接,比如选择"四川",会打开四川省人力资源和社会保障厅官网的首页。

单击首页中部"政策文件"右边的"＞＞"按钮,即可查找历史"政策文件",如图1-13所示。比如,可以找到2022年1月19日发布的《四川省人力资源和社会保障厅等3部门关于转发〈人力资源社会保障部关于职业院校毕业生参加事业单位公开招聘有关问题的通知〉》、2021年9月24日发布的《中共四川省委组织部 四川省人力资源和社会保障厅等十部门关于实施第四轮高校毕业生"三支一扶"计划的通知》、2020年5月22日发布的《关于印发〈进一步促进高校毕业生就业十条措施〉的通知》等。

| | | |
|---|---|---|
| ⌂ 首页>政府信息公开>政策文件 | | |

| | | |
|---|---|---|
| 🏠 公示公告 | · 关于印发进一步促进高校毕业生等青年就业创业十三条政策措施的通知 | 2022-06-30 |
| 👥 人事任免 | · 关于转发《人力资源社会保障部 财政部国家税务总局关于做好失业保险稳岗位提技能防失业工作... | 2022-06-10 |
| 📑 信息公开指南 | · 转发《人力资源社会保障部办公厅 国家税务总局办公厅关于特困行业阶段性实施缓缴企业社会保... | 2022-05-07 |
| 📂 信息公开年报 | · 四川省人力资源和社会保障厅8部门关于印发《四川省学术和技术带头人选拔管理办法》《四川... | 2022-04-22 |
| 📋 依申请公开 | · 四川省人力资源和社会保障厅等4部门关于印发《关于加快博士后工作创新发展的九条措施》的通... | 2022-04-21 |
| 📊 机构职能 | · 四川省人力资源和社会保障厅等6部门关于进一步推进新时代四川人力资源服务业高质量发展的实... | 2022-03-28 |
| 🖼 领导简介 | · 四川省人力资源和社会保障厅 四川省邮政管理局关于做好基层快递网点优先参加工伤保险工作... | 2022-01-27 |
| 🏛 内设机构 | · 四川省人力资源和社会保障厅等3部门关于转发《人力资源社会保障部关于职业院校毕业生参加事... | 2022-01-19 |
| 🏦 直属机构 | · 关于统一全省企业职工基本养老保险缴费政策的通知 | 2022-01-12 |
| 📄 政策文件 | · 关于公布规范性文件清理结果的通知 | 2022-01-06 |

图 1-13　四川省人力资源和社会保障厅"政策文件"查找路径

　　四川省人力资源和社会保障厅官网首页的下端能找到各"市(州)人社局网站"链接，比如选择"成都市人力资源和社会保障局"就能打开相应的官网。单击首页上部"政务公开"里面的"政策文件"按钮，如图 1-14 所示，即可查找历史"政策文件"。比如，可以找到2021 年 9 月 8 日发布的《成都市引进培育急需紧缺技能人才实施办法》、2020 年 5 月12 日发布的《成都市促进 2020 年高校毕业生就业创业十条措施》等文件。

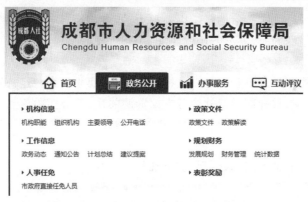

图 1-14　成都市人社局"政策文件"查找路径

### 4.各大学官方网站等渠道

　　通常各大学官方网站会转载重要的大学生就业文件，大家可以上去收集、了解。另外，中国就业网、中国国家人才网或人力资源市场网等官网都可以作为我们收集相关信息的渠道。

## 三、任务实现：收集并在班内共享现行就业政策、法规

### 1.任务背景

　　每年，国家相关部委、职能部门，都会根据当年大学生的整体就业形势出台相应的就业政策，宏观上调节就业市场，指导就业状况的整体发展。各省(直辖市)、市(自治区)在

中央文件的指导下,结合本地特殊情况,出台相关地方政策。

因此,大学生就业的相关政策具有时效性、指导性和实用性,是党和国家为解决广大大学生的就业工作而出台的具体政策。按种类分,可以分为中央政策和地方政策两类。

比如,2022 年 5 月 5 日《国务院办公厅关于进一步做好高校毕业生等青年就业创业工作的通知》(国办发〔2022〕13 号)和 2019 年教育部、财政部、人事部、中央编办下发《关于实施农村义务教育阶段学校教师特设岗位计划的通知》就属于中央和部委政策;而《2019 年重庆市选派大学生到乡镇基层工作简章》和 2008 年省教育厅、省财政厅、省人事厅和省编办制定的《广东省高校毕业生到农村从教上岗退费实施办法(试行)》则属于地方政策。

### 2.任务内容

同学们分组,收集大学生就业政策、法规文档,包括过去的重要就业政策、法规,摘出主要内容。

### 3.课堂分享和整理

- 各小组安排 1 人分享小组讨论结论;其他同学可以补充,也可以分享不同观点。
- 综合各小组的输出,每班整理出完整的文档,共享给每一名同学。
- 每月跟踪有无新的就业政策、法规发布,如有,更新新的版本共享给每一名同学。

---

## 四、任务总结:了解就业政策,开始大学生就业准备

政策是具有主导性的,政策的影响也是很大的,我们可以结合政策选择合适的对策。因此,了解就业政策的同时,就要开始就业准备了。

### 1.思想和心理上的准备

第一,把就业提到议事日程上加以重视,关心国家就业政策和经济形势的发展。依托优势资源如亲朋好友、教师同学等社会各方面资源关系,关心招聘信息,了解就业市场。

第二,以平和的心态,充分了解就业形势的严峻性,把困难多想一点,不怕受挫折,坚定自己的信心。

第三,树立正确的世界观、人生观、价值观和择业观。

### 2.时间上的准备

上课、求职、考试、实习、撰写论文,要安排好自己的时间,更应抓紧时间求职。

### 3.行动上的准备

(1)分析自己的定位:爱好、所需和核心竞争力

➤高目标定位:

你的爱好、所需和核心竞争力,三者答案统一,就有很强的竞争力。或有爱好,有核心优势;或者无竞争力,但有社会资源也可以是高目标定位。

➤低目标定位

你的爱好、所需和核心竞争力,三者答案不统一,有矛盾,但目标明确,可以坚持,执着,从基层做起,以后逐渐发展。

➤无目标定位

对自己认识不足、了解不深,无法定位,看运气,这就需要加强自我了解后再选择机

会了。

➢调整目标

有层次定位,通过实践难以达到目的时,要调整心态、调整定位。

(2)持续加强对形势政策的了解和把握

• 要从新闻媒体(官网、App 微信公众号等)、报纸等渠道了解全国的就业形势、各用人单位的情况和职业特点。

• 要把握就业有关政策,如《就业促进法》《劳动合同法》,以及国家和地区当年的有关就业政策等(创业的扶持、科研院所资助、公务员招录政策、就业促进政策等)。

• 自我学习并演练求职知识、求职技巧等,做好求职各方面的条件准备。

• 向往届毕业生了解、学习求职经验。

# 第三节 正确面对就业

## 📖 任务：你的心理抗打击能力如何？

### 1.任务名称

测试你的心理抗打击能力。

### 2.任务分析

重视大学生择业和就业现状，提升自己的心理抗打击能力，用正确心态面对就业。

| 实现准备 | 课堂活动 | 活动一：大学生起薪零工资，能找到工作吗？ |
|---|---|---|
| | 课堂讲解 | 大学生择业是人生的重要选择 |
| 实现参考 | 课堂活动 | 活动二："我"的求职经历分享 |
| | 课堂讲解 | 正确面对就业 |
| 任务实现 | 课堂实训 | 测试你的心理抗打击能力 |
| 任务总结 | 课后思考 | 今天不能抱着昨天的就业观念去面对明天的就业局面 |

### 一、实现准备：大学生择业，人生的重要选择

#### (一)活动一：大学生起薪零工资，能找到工作吗？

#### 1.活动目的

了解大学生就业遇到的问题及其解决方法。

#### 2.活动流程

(1)阅读材料

尽管各城市居民平均工资呈上升趋势，但大学毕业生首份工作的工资水平并不高，更有学生迫于无奈提出"零工资就业"。

在参与调查的5 296名大学生中，69.2%都表示如果暂时找不到工作，愿意在一家相对理想的单位零工资就业。谈到原因，主要还是集中在积累经验上。在这近七成愿意暂时零工资就业的大学生中，又有近八成表示之所以可以接受"零工资就业"是想先积累工作经验，"骑驴找马"。也有一成的人寄希望于能够在工作中体现自己的价值，使雇主看到自己的长处，从而获得该单位宝贵的工作机会。

(2)同学们分组，快速讨论

• 企业会录用"零工资就业"的大学生吗？

• 大学生"零工资就业"会带来哪些问题？

• 大学生"零工资就业"的策略，你会采用吗？原因是什么？

(3)课堂分享

各小组安排1人分享小组讨论结论；其他同学可以补充，也可以分享不同观点。

#### 3.观点参考：大学生"零工资就业"不可取

"零工资就业"绝不是大学生解决就业问题的捷径，大学生就业问题的解决还是需要

政府、社会、企业、学校以及大学生自身的共同努力。政府、社会、企业应该给大学生创造更好的就业环境,学校应该给学生提供更多的就业信息和就业推荐,大学生自己更是要从读书期间开始,一方面为自己制定好职业规划,另一方面积极参与社会实践,为职场人生切实做好准备。

更多分享观点,请扫描二维码阅读。

大学生"零工资就业"不可取

### (二)大学生择业是人生的重要选择

#### 1.如何理解大学生择业是人生的重要选择

人生面临许多重要选择,择业便是其中之一。职业生涯在人的生命周期中所占的时间最长,职业对人意义重大。职业与事业紧密相连,职业是生存的保证,而事业则意味着生存的意义。离开职业谈事业,只能是想入非非。人的价值是靠劳动体现的,因而工作与职业便是个人实现自我价值的基本途径。职业期望伴随着人生的职业生涯,不同的人会有不同的选择。职业理想人人都有,期望高低因人而异。

选择职业不是一厢情愿的事情,制约它的因素很多。想去的地方未必要你,需要你的地方你又不一定愿意去。"双向选择"像一把双刃剑,在给你自由选择的同时,也把这个权利赋予了对方。

了解形势、了解政策、了解用人单位、了解自己,这是每一个毕业生在选择职业时都应做的准备。任何职业都有利有弊,"热门职业"不见得适合你,盲从和趋众除了增加竞争的激烈程度外,还有可能忽略了自己的能力、特长和兴趣,并丧失了其他好机会。

乐观者常认为别人的"葡萄"没有自己的甜,这种心态在择业时会使你认定自己选择的职业是最好的。相反,"这山望着那山高"的择业者却始终怀有一种无法摆脱的遗憾和痛苦。初次就业不等于终身"厮守",职业生涯充满着变化,今后变换工作的机会还很多。因此,我们要从小事做起,才能成就大事。

不要拒绝做小事。注意每一个细节,这对一个人的一生都很重要。影响我们的生命和成功的往往并不是大事。在人生旅途中把我们搞得狼狈不堪、精疲力竭的往往不是高山大河,而是我们鞋里的一粒沙子或者是松开的鞋带。从细微之处着手,这是成功的保证。

同时,社会需要是每个人择业时务必要考虑的大前提,有需要才会有发展。国家和社会的需要为我们今后施展才华提供了广阔的空间。人是要有点精神的,青春年少,血气方刚,指点江山,何计小我,切不可有在安乐窝里混吃混喝的俗念。

#### 2.正确择业,需要"谨思慎行"和"择心所爱"

正确择业,需要"谨思慎行"。年轻人习惯将一种职业美化,缺乏理智思考。大学生对职业的了解程度大多还属于粗略模糊的浅层观察,缺少深入的近距离接触和观察,这样容易被感情欺骗,受幻想蒙蔽。很多毕业生不了解自己的专业前景,不明确自身的发展方向,临近毕业随大流走向劳动市场,遇见一个招聘单位便将自己的简历投向它,没有做进一步的了解和考察便感觉良好、草草签约。这不是就业,而是听天由命,是对自己不负责任的行为。

为了避免这种情况,青年人择业时应有自己的规划,有针对性地塑造自己,提高个人素质;理智思考并实践考察,仔细去分析和衡量这份职业,并近距离感受或亲身体验。例如,反复了解与查询专业需求及人才招聘信息,认真研究国家及各省市地就业政策。

当然,谨思慎行不代表踟蹰不前、犹豫不决,过分谨慎有时会丧失机遇,而且也不是一次择业定终身。只是大学生在择业时应该要学会当机立断而不是优柔寡断,清醒思考而不是盲目浮躁。只有当大学生通过冷静的研究,认清所选择职业的全部分量,了解它的困难以后仍然对它充满热情,认为这是合适的职业,那时自己才不会受热情的欺骗,不会仓促从事。

正确择业,需要"择心所爱"。"理想"和"面包"的矛盾始终是横亘在大学生心头的一道坎,而个别父母"用几十年换来的宝贵建议"让入世尚浅的青年人离心之所爱愈行愈远。人生的道路需要自己去摸索,最了解自己的人还是自己,尽早地了解自己内心的诉求,才能让自己走得更坚定。虚荣心和名利不会使人始终保持热情和坚定,就如马克思所说:因为它不是那种使我们长期从事而始终不会感到厌倦、始终不会松动、始终不会情绪低落的职业,相反,我们很快就会觉得,我们的愿望没有得到满足,我们的理想没有实现,我们将怨天尤人。我们相信,一个选择了自己所珍视职业的人,一想到可能不称职时他会惴惴不安,这种不足之感能够激励他一直向前开拓。

一个正确、适合、热爱、能让自己有坚定的信念且不忘初衷地工作下去的职业是多么重要。因为一旦选择这样的职业,将会使自身无比珍惜这样的职业岗位,并且感到自豪,才华可尽情施展,竭尽全力。反之,则会得过且过、尸位素餐,当过客,当看客,当一天和尚撞一天钟。这对于自身来说是一种极不负责任的行为,对于人类和社会来说也是一种资源上的浪费。这归根结底还是在于错误地选择本不适合自身的职业,不是真的发自心底地热爱它,没有怀着敬畏而又崇高的敬意去从事它,那么如此将会彻底丧失前进的动力,丧失责任感,抱怨不断。

机会总是留给有准备的人。愿每个大学生都能对自己的职业进行严谨、慎重的思考和了解,听从内心的召唤,做好规划,提升自己。珍惜自己大学几年宝贵的光阴,在未来给自己一个坚定而又美好的毕业季。

### 3.影响大学生择业的因素

选择职业,选择一份有发展的职业,选择一份适合自己的职业是当代大学生遇到的急迫问题。因为择业要考虑很多因素,择业是一个过程,并需要一定的了解分析、深思熟虑、社会实践等步骤才有可能找到合适的职业。

（1）薪资福利

薪资福利及职业的潜在收入空间将影响个人的职业转换和生活满意度。毕竟,大学生的独立生活是基本完全依靠工作所带来的收入的,所以薪资收入空间也是大学生择业务必要考虑的一个因素。

要说明的是,大学生要以岗位的收入空间为择业依据,而不能仅仅以岗位工资作为标准。一个岗位的收入具体来源于岗位本身的工资、公司的福利、岗位的补贴、岗位在公司的上升空间等,这些因素的综合才是收入空间。因为有的公司岗位工资很少,但岗位补贴、公司福利什么的很多,这也是一种薪酬制度。

一些毕业生更愿意选择给自己发展空间大的工作岗位,而不是单纯看薪资高低,其实这是比较长远的考虑,这种考虑是理性的。

（2）职业兴趣

职业兴趣决定的是这个职业你是否喜欢。职业兴趣是在主观上确定你喜欢什么，不喜欢什么。职业兴趣是影响人择业最主观的因素，也是判别一个职业是否适合自己的关键因素，所以大学生在择业时一定要充分考虑自己的兴趣。

要澄清的是，这里所指的兴趣特指职业兴趣，而并非你的生活兴趣、娱乐兴趣（可以用爱好来概括），不是说喜欢听歌、打篮球的兴趣，而是是否喜欢与人或物打交道的职业兴趣。职业兴趣是可以通过职业测评来认知的。

职业兴趣是转换工作的最大因素之一，人们可能会因为不喜欢而跳槽。

（3）职业能力

职业能力影响的是这个职业是否能够做好。能力包括职业能力和非职业能力，职业能力特指影响做好一份职业、影响在职业上发展的能力，而非指个人的所有能力。

如能很快地做好九宫格题，这就是运算能力，但这个能力不一定能转化为职业能力，只有当某个能力对所做的工作有影响时，才可以称作职业能力。职业能力是由具体的一个个职业所客观要求的，就是说做好这项工作必须要具备的、最起码的能力。而能力是个人在后天形成的，它会有很多选项。

职业能力的另一个来源是企业通用的商业运作能力，就是说，企业在经营运作中会形成一些必要的、基础的职业能力（通用职业能力），如团队协作能力、商务写作能力等。大学生在择业时应更多考虑自己具备的通用职业能力，只有当要在多个职业中具体选择职业时，专项职业能力才会派上用场。

（4）城市环境

城市行业发展环境及城市的生活环境将影响到行业发展和个人生活。处于不同区域的城市，其城市定位和发展战略是不一样的，这对大学生的影响直接表现为两个方面，一是你所选择的行业，二是你的生活。如北京的文化产业和上海的金融产业，一个城市的行业重视与否、战略布局，直接影响所在企业，而企业又直接影响着每个员工。这就是城市影响行业发展的道理。

另外，城市的文化、品位、城市居民的素质、城市市政环境的建设等都直接影响着生活舒适度和满意度。这里要尤其注意公司所在的周边环境，其对人的影响也是巨大的，比如在北京CBD（中心商业区）附近上班和在海淀上班所形成的风格是不一样的。考虑城市对大学生择业影响的意义在于，不能盲目地决定就去大城市工作，而要结合自己所在的行业和自己对生活的要求而综合地去选择。

（5）家庭和爱人

家庭和熟悉的环境因素对于大学生的就业选择也有着不可忽视的影响。对于很多大学生来说，家庭成员的意见或者建议对于他们有着重要的参考价值。熟悉的成长或者学习环境，对于大学生就业来说也很重要，因为在这个环境中，已经拥有了自己的朋友圈子，这样能够让自己更具幸福感，也对自己的工作生活有着一定的帮助，如果再换一个陌生的环境，又要重新开始，这对于很多大学生来说，是不可接受的。

家庭对大学生的影响还表现在，一是父母的职业对其的潜移默化的影响，导致大学生毕业时也会选择或不选择与父母相同的职业，如你的父母都是医生，那么你在上学时就很可能选择医学专业,那毕业时所从事的职业也就是医生;反之亦然。二是父母左右职业选择,如父母希望在家乡找工作,或工作地点离自己很近,或建议去他们认为有发展前景的地方工作等。

爱人的影响是对有未来结婚对象或已经结婚的大学生来说的。如果你决定和他(她)生活在一起,那么就要考虑爱人的意见,包括爱人的职业、爱人所在的城市等。这些问题虽然不是影响大学生择业的关键因素,但是如果考虑不周到、协调不好,那么将直接影响你的情感关系和生活。毕竟事业和家庭是人的两件大事,而从中的取舍就在于你的价值观。

(6)职业声望

大学生身处校园,并没有完全地进入社会生活和职业生活。社会对各类职业的评价常常是通过舆论、习惯等各种渠道渗透到大学生心里,尽管我们经常会听到关于"职业分工不同,职业没有高低贵贱"之类的强调,但是在现实社会中,人们实际普遍地存在着职业高低贵贱之分的偏见,这种认识即是职业声望。

职业声望受到社会的强有力制约,从而对大学生的职业心理产生直接或间接的影响。职业声望对大学生就业决策的影响是潜移默化的,它已经进入了大学生的职业认知和社会认知领域,成为在职业决策上的考虑因素之一,尤其是在大学生对工作世界的探索还不够全面时,职业声望的作用会尤其突出。随着大学生观念的更新、思想的变化和价值取向的调整,都会改变大学生职业认知的内容,以至重新对职业选项进行排序和组合。不过,不管怎样变迁,职业声望对大学生就业决策的影响是始终存在的,问题仅在于大学生受到影响的大或小。

### 4.大学生择业存在的主要问题

(1)就业心理准备不足

**·自我角色转换不够及时**

对于80％的学生来说,大学阶段过的是一种单纯而有保障的生活,学习、生活、交际都较有规律,这样的生活与现实社会自然存在一定的距离。

所以,对大学生来说,在大学生活结束之际,踏上岗位之前,最重要的就是能够迅速完成自我角色转换,做好就业心理准备,摆正自己的位置,客观、冷静地进入求职状态,认识社会,了解社会,以自身的实力积极主动地去适应社会需要。

**·自我认识、自我了解不够准确**

个性是个体的心理面貌,是指人的心理活动中那些稳定的、具有个人特色的心理特征与心理倾向组合成的有层次的动力整体结构,它以个体稳定的行为模式与态度体系表现出来。能力、特长应包括教育培训的程度,因为教育和培训可以转化为能力、特长。能力是求职择业以及事业成功的重要保证。能力包容的内容很多,主要有两个方面:思维能力和工作能力。

求职择业时必须正确认识到自己性别、年龄、身体健康、胖瘦、高矮等生理方面的因素。对自己充分了解,是每一个求职者进行职场定位的依据与前提,而大学生在面临巨大的就业压力时,往往很少能真正做到全面了解自己。

（2）择业过程中的心理素质参差不齐

• **焦虑心理**

当前激烈的就业竞争环境给大学生就业带来了较大的心理压力。面对职业选择，同学们可能会感到无所适从：或职业期望过高，只求好单位；或希望尽快落实就业单位，急于求成；或心存侥幸，幻想不付出努力而获得称心的工作；或为即将到来的困难忧心忡忡。不少大学毕业生时常焦躁、忧虑、困惑、恐慌等，这就是典型的焦虑心理。

大学生在就业过程中产生一些焦虑、抑郁的情绪是正常的，轻度的焦虑有一定的积极作用，可以激发潜能，使自己产生紧迫感，从而更努力地寻找就业机会。可是一旦焦虑过度，上升到"焦虑症"就应该及时给予关注和心理干预，以免病情加重，导致过度失望带来的郁闷和焦虑，产生过激行为。

• **矛盾心理**

大学毕业生在求职择业的过程中，面临着各种心理冲突，因而产生种种矛盾的心态：他们渴望竞争，又缺乏竞争的勇气；胸怀远大理想，却不愿正视眼前现实；重事业、才智的发展，但又在实际价值取向上重物质、利益；对自我抱有较充足的信心，但在遇到挫折之后，又容易自卑；既崇尚个人奋斗、自我价值实现，又有较强的依赖感等。许多大学生在择业时十分迷惘困惑，形成心理上的矛盾冲突。

• **自卑心理和自负心理**

一些大学毕业生自我评价偏低，过低估计自己的知识、能力等，对自己缺乏信心。在求职过程中表现得缩手缩脚、言行拘谨，甚至悲观失望、不思进取，不敢参与市场激烈竞争，从而错失良机。

而有的大学毕业生在择业过程中自我评价过高，择业条件苛刻，形成自负心理。他们高估了自己的知识和能力水平；有的大学毕业生好高骛远，眼高手低，给用人单位留下浮躁、不踏实的印象。

（3）开始求职时间延后

智联招聘发布的《2022 大学生就业力调研报告》中毕业生求职开始找工作的时间分布（图 1-15）显示，毕业生求职时间延后，近 26％毕业生毕业年 3 月后才开始求职。部分原因是考研热使得毕业生求职时间延后，推迟找工作的进程，部分毕业生等考研成绩公布后才进入求职市场；部分原因是有些毕业生没有求职目标，不愿承担就业压力，不思进取，"躺平"了事。

（4）应聘前对公司了解不够

大多数大学生并不了解自己想要进入的公司的发展前景、用人制度、企业文化、人际关系等，有一部分学生对自己即将在一个什么样的平台上迈出人生第一步只有模糊的概念，甚至根本没有目标。

不了解企业，是目前大学生求职的障碍，即便找到了工作，也会有一个不短的适应企业的过程。而企业需要有价值的人，一些企业人事经理表示，现在企业评价大学生已经不完全看重学校和专业，关注的焦点是个人的能力和素质，是否能为企业做出成绩，带来价值。

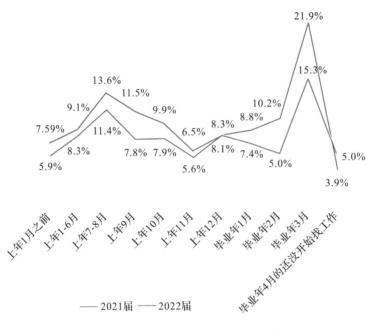

图 1-15　毕业生求职开始找工作的时间分布

（5）职业能力不足，知识结构相对单一

大学生在就业时表现出的职业能力不足主要反映在知识结构不健全，专业知识不系统、不扎实，综合技能水平不高（尤其是科研能力、创新能力和解决实际问题的能力低），缺乏一专多能的水平等方面。具体表现在：

➢没有很好地认知自我，缺乏对自我客观、系统、科学的认识，常出现高估自己能力的现象。

➢在选择就业单位的过程中，明显表现出被动和随意性，缺乏科学性和主动性。

➢获得职业信息的能力和职业目标的筛选能力还不强，虚荣心和侥幸心理往往使其改变原有的目标而采取不切实际的从众行为。

随着社会就业竞争压力的日益加剧，就业的"门槛"越来越高，"知识不够用"和"能力不足"已经成为导致大学生工作不适应的主要因素。面对这种形势，大学生应充分认识知识结构在求职择业中的作用，根据现代社会的发展需要，发展自己，建立合理的知识结构，以增加自己在就业时的筹码。

（6）职业素养缺乏

目前中国很多行业都存在不同程度的人才缺口，只要打开招聘网站，看看每天发布的岗位数量就知道了。一方面是找工作难，一方面却是企业招不到合适的人，这之间的矛盾不仅在于学生专业知识与社会的脱节，也在于职业素养的缺失。

很多学生在求职时简历制作不规范，面试时穿着举止不得体，这些都会给招聘公司留下很差的第一印象，甚至直接被淘汰出局。而即使通过了应聘这一关，在真正走上工作岗位后,工作态度、心态调整、对企业文化的了解和认同度等,都关系着职场新人能否有更好的发展。

多数应届生在初入职场时并不具备必要的职业素养,比如团队精神和独立处理问题的能力不足。职业素养的培养要尽早开始,等到毕业时甚至工作后就为时已晚了,这些能力的培养应该是贯穿始终的,而不是等到步入工作时才开始做准备。只有这样,才能在步入大学和职场时具备充足的基本职业素养,进而进行专业化的打磨。对职业素养的重视有利于培养出更优秀的学生、更有能力的工作者和更具有职业竞争力的公民。

## 二、实现参考:正确面对就业

(一)活动二:"我"的求职经历分享

1.活动目的

分析案例,思考如何正确面对就业。

2.活动流程

(1)阅读案例

我是 2019 届行政管理专业毕业生,预备党员,获得普通话水平测试二级甲等,英语四六级和计算机二级等证书。有着丰富的实习经验,多次利用寒暑假参与工作。曾任微博联合会组织部部长、体育委员、团委学生会干事等。爱好广泛,喜欢打篮球、踢足球和骑行,平时也注重锻炼。有着较强的社交能力,善于与人沟通交流。立足于校园,努力朝着综合型人才方向发展。

在十月中旬的组团招聘会前,我就了解到某福医药公司这家迅速发展的医药民营高科技企业,并对其十分满意。经过简历筛选我也获得了面试的机会,但是第一次求职注定不会一帆风顺,在面试官的多次考核中,由于回答问题的思路不对,对目标公司的组织架构与企业文化不了解,而与自己理想的公司擦肩而过。

某地集团的求职过程是我目前受益最大的一次求职经历,带给我的提升是全方位的。从简历筛选到当晚初面、后来的无领导小组讨论、HR 面、专业面、终面,到最后的体验之旅,整整一个多月,在武汉与宜昌两地穿梭多次。面对房地产前五的超级公司,面对 985、211 的硕士,面对一轮又一轮的面试,我最大的诀窍就是做好充分的准备,通过互联网这个最大的信息源,尽可能地收集到公司信息,全方位掌握自己投递的岗位,将自己想象成主考官模拟提问。同时,获取到一定的面试诀窍,可以多看看网上的经验。从无数的硕士中走到最后,我想机遇是留给有准备的人的。

我的心得体会是:

- 不要被就业地点束缚,优先选择企业。
- 平台和薪水,优先选择平台。人生中的第一份工作必须对自己负责,在大平台上,自己的眼光与视野都会不同,站在巨人的肩膀上看风景,那一定是与众不同的。薪水可以作为一个参考值,但作为初入职场的我们,要学习经验和技巧,我想这些不是能用钱来衡量的。脚踏实地地做好了工作，我想领导也不会吝惜薪水。

• 针对目标企业，做有针对性的简历，不要只用一份简历。针对不同企业不同岗位，写有关的突出经历，才能更好地过简历关。

• 面试前做好充分的准备，这是我最大的体会！

• 贵在坚持。不要怕被拒绝，不要怕失败，即使有多次考核，也要坚持不懈。

（2）快速思考

• "我"的求职经历，对你有什么启发？

• "我"在求职之前，哪些方面的准备值得你借鉴？比如不断地提升自己的能力、找一份对应的实习工作、丰富的校园工作经验、通过英语四六级、有计算机证书。

### （二）正确面对就业

每年的大学生就业季，作为庞大的就业队伍的一员，要有一个怎样的心态？你是否已经做好心理准备？做了哪些实际准备？校园招聘的机会你能抓住吗？直接抱着简历盲目"撞大运"吗？自己能很顺利地找到工作吗？而即将就业，又怎样开始面对强大的工作压力呢？

你需要的是正确面对就业。

#### 1. 要有一个正确的心态

大学生开始就业，首先就是要对自己有一个客观的评价，树立一个良好的就业心态。

（1）有正确面对就业的心理状态

正视自己的缺点，不断改进：要敢于面对现实，挫折并不可怕，可怕的是自己不能面对它。树立正确的就业观念：遇到困难要从自身找原因，要屡败屡战，从中积累经验，调整好自己的心态，直到成功为止。一个真正有知识储备和修养的毕业生是通过气质和能力透露出来的。

（2）正确的职业评价

职业只有分工不同，没有高低贵贱之分。大学生应根据社会的需要，选择适合自己的职业，最大限度地发挥才能。

树立"先就业，后择业，再创业"的观念。科学地进行就业形势分析，大学生有必要了解社会所急需的人才以及对人才的素质要求，以便根据社会需要来确立自己的职业目标。

（3）要敢于竞争，善于竞争

人们时常把当今的世界称为竞争的时代，大到国与国之间的对抗，小到人与人之间的竞争。竞争冲击着人们的事业和生活，冲击着人们的意识和思想，在求职择业上亦是如此。

• 敢于竞争

当今的时代，竞争机制已经渗入社会的各个领域和人生的整个过程。学习生活一开始，同学之间便开始了学习成绩的竞争，人人都希望得到好成绩。在大学阶段，竞争更为激烈，评三好学生、优秀毕业生，推荐研究生等，无一不和竞争联系在一起。

但是大学生自身的竞争意识并没有得到真正的强化，有的大学生面对竞争的挑战显得手足无措。深化改革的今天对大学生强化竞争意识提出了迫切要求，也提供了客观环境。迎接新的挑战、强化竞争意识是大学生在择业前最基本的心理准备。

• 善于竞争

要想在求职与择业中取得成功，仅仅敢于竞争还不够，还必须善于竞争。善于竞争体现在具备良好的心理素质、实力和良好的竞技状态。

在求职与择业竞争中，应注意期望值是否恰当。这就要求我们大学生在准备投出自己的简历之前一定要有充分的自我认识。在求职面试时情绪一定要轻松自如。在面试时要克服情绪上的焦虑和波动。如果一个人能够自始至终地以良好的情绪对待学习、工作和生活，那他就有可能在竞争中获胜。

(4)要正确对待求职过程中的挫折

人们在求职择业中遇到挫折是正常的，切不可因此而自卑。一个心理健康的人对人生总保持着自信心，如丧失了自信心，就失去了开拓新生活的勇气。顺境中有自信心不足为奇，逆境中更需要自信心的支持。

女大学生求职择业比男大学生挫折更多，这是现在一种普遍的社会现象。从某种意义上说，女生择业难，并不是社会对女生的需求量小。女生们要顺利地择业，从根本上说，在于发现自身的优势，并以其优势去参加竞争。

2.把握就业行情，抓住择业良机

所谓把握就业行情，一是政策行情，二是社会需求行情；而抓住择业良机，指的是每年的9月、10月开始到第二年的5月这段单位的校园招聘高峰(横跨春节，俗称"秋招""春招")。

3.客观认识自己，找准就业定位

由于高等教育将实现从"精英教育"到"大众教育"的转变，因此在现代社会，知识只是个人适应社会、成为社会合格成员而必须掌握的基本劳动技能和生存技能。大学生不应该是有优越感的特殊群体，而应该是就业劳动大军中的普通一员。

有了合理的自身角色定位，才能正视自己的身份，积极调适自己的职业意向与职业抱负，找到适合自己的位置。

人贵有自知之明，毕业生尤其要做到这一点，在应聘过程中，一定要结合所学专业、职业爱好、发展潜力等要素，选择相应的应聘企业以及所提供的岗位、职务和薪酬待遇，做到人事相宜、人职相宜和人薪相宜。因此，毕业生对自己的就业预期不宜过高，尤其对职务、薪酬的要求。

过高的就业预期，一是很难得到用人单位的认同，对于一个缺乏工作经验和业绩的毕业生，是缺乏向企业开口索取较高职务和薪酬待遇的资本的；二是容易走进"高不成、低不就"的就业心理误区，这种误区会令毕业生丧失就业机会。

在职业选择上不要过于理想化，名企、高职、高薪其实都是很表面的东西，不必刻意地去追求,关键是要适合自己,这个职业能否给你提供学习的空间和锻炼的舞台。眼光放长远,把自己的视角放平、放低,选择具有良好成长性和健全企业文化理念的中小企业,一方面可以施展你的才华,另外有足够的时间再充电和学习。

可以用"5W归零思考法"定位自己。

• "Who are you(你是谁)?"列出自己的优点和缺点、特长、性格类型等,对自己进行评估。

• "What do you want(你想干什么)?"检查自己职业发展的心理趋势。

• "What can you do(你能干什么)?"对自己的能力与潜力进行全面总结。

• "What can support you(环境支持或允许你干什么)?"考虑客观环境对自己职业发展的影响。

• "What you can be in the end(你最终的职业目标是什么)?"得出不利条件最少的、最适宜自己做的职业目标。

### 4. 增加诚信意识,奠定就业基石

具有浓厚诚信意识的毕业生,其就业的交易成本最低,也最能获得企业的青睐。毕业生在求职过程中,在撰写自荐材料时弄虚作假,有的同学向企业提供虚假论文、获奖证书等资信证明,无中生有,不是党员写成党员,英语只通过四级,谎称通过六级考试,甚至伪造各种证书等。这种欺世盗名的行为在往届毕业生中偶有发生,一旦败露将导致可悲的下场,同学们应引以为戒。

有的同学单方面毁约,这种匮乏诚信的行为最令企业头疼,因此毕业生在求职过程中务必增强诚信意识。一旦有丧失诚信的行为,其求职的基础就不会牢固,人为给自己的求职道路设置重重障碍。

### 5. 准备知识与能力,掌握应聘的技巧

成功始于心态,而后起于行动。

求职过程中,更需要的是解决工作问题的职业技能,而不全是在学校里学的理论知识和操作能力。作为应届生,要有谦虚好学的心态,如果求职遇到困难,建议通过自学或者报培训班等方式尽快掌握一些热门的职业技能,这样才能让求职变得更容易。

• 拓宽基础知识。

• 提升专业水准,尽可能围绕专业目标扩大自己的知识面。

• 培养科学的思维能力。

• 培养基本的实践能力,包括学习、表达、适应、动手、交际、决策、组织管理以及创新等能力。

掌握应聘的技巧和毕业生成功应聘的四原则:

• 简历要写得有重点,强调与职位相关的经验与特长,应届毕业生主要以成绩、实习等为重点。

• 不要被所学专业限制自己求职的目标。

- 更要注重自身职业素养的训练：沟通能力、表达能力、逻辑思维能力、团队精神、责任心等。
- 抓住机遇，抱定必胜的信心，做好"屡败屡战"的心理准备。

### 6.放平心态，不要急于求成

大学生在就业的过程中，需要不断地培养和提高自己的综合素质，更要适应就业过程中的各种问题，提高自己的适应能力。只有这样，才能在就业择业的重要关头，始终保持积极向上的精神状态和健康的心理，不至于在困难面前退缩。

大学生开始寻找工作，一定要放平自己的心态，不要太急于求成，也不要太高估自己，要实事求是，从客观出发，同时还要学会不断地提高自己，这样才能在严峻的就业过程中寻找到自己适合的工作。

注重锻炼提高自己，要从容地选择，不能太过挑剔，但是也不能饥不择食地将就和委屈自己。第一份工作最好是能提高和锻炼自己的工作。

因此，要做好打持久战的准备，克服心浮气躁、盲目攀比的心理，保持豁达平和，充分认清自己的处境，明确知道自己处于一个怎样的环境中，要奋发图强，不可懈怠。

### 7.求职从基层职位开始

大学生早已不是当年的"天之骄子"了，学历高并不代表你就能做企业的管理层，大学毕业生求职应该从基层岗位开始，多积累工作经验，为以后晋升到中高层职位做好铺垫。

我们在求职时不要总是觉得那些月薪几千的小职员岗位是很卑微的，每个高管都是从基层做起，一步一步晋升上去的。

### 8.设想进入岗位角色，提前积累工作经验

毕业生要实现从校园人到企业人的角色转化，一个很重要的过程就是要认同企业文化，自己的价值观要同企业的价值观相吻合，行为规范要同企业的行为规范相一致，这是顺利实现角色转换的重要前提条件。

毕业生如果被录用，就应尽快进入岗位角色，尽快了解工作内容，熟悉工作程序，掌握工作要求，履行岗位职责，并逐渐积累经验。毕业生一旦适应了岗位工作，并创造了不俗的工作业绩，受到重视是迟早的事情，职业生涯的拓展也会由此找到契机。

作为即将毕业的我们，还要认识到现在的用人单位除了看基本知识水平，对综合能力也有很大倾向。也就是说它们不再单单看文凭，很多时候要考虑应聘人的行政办事能力、人际关系处理能力，以及是否取得其他职业资格证书等。鉴于这种情况，我们就不能单一地学习基本专业知识了。

### 9.立足长远的职业规划，并锲而不舍地去执行

调查表明，能在职场上取得成功的人，90%都是因为他们有长远的职业规划并能够严格执行。

大学毕业生从踏出校门求职的那一天开始，就要围绕长远的职业规划，并要为了实现自己的职业目标不断去努力掌握新技能，积累丰富的经验，获得上级的认可，这样在晋升

机会来临时,才有机会把握住。

10.珍惜就业机会,切莫频繁跳槽

目前的就业环境并不宽松,找工作难,找心仪的工作更难,这是不争的事实。因此,在这种就业环境中,毕业生应珍惜就业机会,切忌频繁跳槽。频繁跳槽会严重影响实践知识、经验的积累。跳槽也许能使自己的薪酬待遇得到提高,但习惯性跳槽,对自己今后长远发展将是有害无益的。一般而言,企业所信任、重用的人才,应该是那些能够忠诚于企业的人才。

## 三、任务实现:测试你的心理抗打击能力

1.测试目的和要求

测试自我在面对困难挫折时的承受能力,即抗打击能力如何。

请根据自己的实际情况作答。

2.测试题目

(1)当遇到令你焦虑的事情时,你会怎样?

A.无法再继续做事情　　　　B.没有任何影响　　　　C.介于以上二者之间

(2)当你面对令人头疼的竞争对手时,你会怎样?

A.想怎样就怎样,不控制自己的情绪

B.冷静面对,克制自己的情绪

C.介于以上二者之间

(3)当你失意的时候,你会怎样?

A.放弃　　　　B.吸取这次教训,从头再来

C.介于以上二者之间

(4)当你事业不顺利的时候,你会怎样?

A.一直担心,不能集中精力做别的事情

B.仔细考虑问题所在,努力解决问题

C.介于以上二者之间

(5)事情做太多感到劳累时,你会怎样?

A.没有办法再思考　　　　B.坚持干完　　　　C.介于以上二者之间

(6)自己所处的环境和条件很差时,你会怎样?

A.因为条件太差而放弃　　　　B.克服困难,想办法改变现状

C.介于以上二者之间

(7)你正处于人生的低谷,你会怎样?

A.破罐破摔,听之任之　　　　B.积极奋斗　　　　C.介于以上二者之间

(8)遇到棘手问题,难以解决的时候,你会怎样?

A.垂头丧气,灰心失望　　　　B.尽自己的全力将它做好　C.介于以上二者之间

(9)遇到自己难以解决或者不想做的事情时,你会怎样?

A.拒绝接受　　　　　　　　B.想办法做好　　　　　　C.介于以上二者之间

(10)遇到人生的重大挫折时,你会怎样?

A.彻底丧失信心　　　　　　B.再接再厉　　　　　　　C.介于以上二者之间

### 3.测试参考评分

选 A 不加分,选 B 加 2 分,选 C 加 1 分。

### 4.测试结果和建议

请扫描二维码了解和阅读。

抗打击能力测试
结果和建议

### 5.逐渐提升自己心理抗打击能力

**• 第一级:及时止损,走为上策**

心理承受力差、毫无招架之力者应尽快逃离现场;如果不能在现实层面逃脱,那就在心理上开个小差吧! 让那些"唠叨"像浮云一样,暂时不要去想。

**• 第二级:找对倾诉对象**

心理依赖性强的人遭受不愉快体验后,需要对人倾诉,倾诉要如实表达事件和感受;不过,若所诉非人,则往往适得其反。所以,寻找的倾诉对象一定要有能力、有意向倾听。

**• 第三级:独立化解情绪**

看到过小狗遭到攻击后的反应吗?它总要吠叫几声,或者发一阵抖,或者在地上滚动一会儿,这是小狗在处理情绪。

人也需要这样。如果事后感觉心情不好,不要强迫自己忘记或者转移注意力。对于有独处能力的人,建议找一个安静的地方独自把负性情绪宣泄出来:哭泣、自言自语、涂鸦,或者大喊、摔打,只要不影响他人、不损坏公物即可。

**• 第四级:自我反省,自我提升**

自我反省是一个增强自我认知的好机会。如果能够有自我反省意识,好好反省一下自己,一定会有意想不到的进步。

**• 第五级:最强大的心理免疫系统**

在内知足常乐,没有贪欲、妄念;在外实力雄厚,富有责任、担当。"内圣外王"的健康心理自带强大的心理防护,使大部分挫折不会伤害到你。

### 四、任务总结:今天不能抱着昨天的就业观念去面对明天的就业局面

高等教育不仅可以让人获得知识,更重要的是获得对社会的适应性。作为大学生,所想的应该是如何适应社会和企业的需求,只有在这个前提下,才可能实现自己追求的价值。

今天不能抱着昨天的就业观念去面对明天的就业局面。应当树立起"哪里有用武之地,就到哪里去;哪里需要,就到哪里去"的择业观念。大学生要认清新形势下所面临的日趋严峻的就业形势,树立与经济和社会发展相适应的崭新就业观,从思想观念上真正实现

转变。

调整就业心态，转变就业观念，关键在于能否正确认识自己。刚刚毕业的大学生必须从自身的实际情况出发，把眼界打开一点，把眼光放长远一些，牢固树立"先就业，后择业，再创业"的意识，这是最为务实的做法。

生存是一个人立足社会的首要问题，离开了生存，一切将无从谈起。要认识到随着高等教育从"精英教育"向"大众教育"的转移，大学生已不再是"天之骄子"，比较客观的态度是勇敢面对当前的就业形势，找一份工作，一边积累社会经验和工作经验，一边根据现实状况和兴趣特长，一步一个脚印，走好自己的路。

大学生是祖国的美好未来，凡事要从大处着想，不要因为眼前的短期利益而蒙蔽了双眼。拥有正确的就业观非常重要。当代大学生在就业的道路上要不断提高自己的综合素质，转变就业观念，不断地增强经济意识、自主意识、竞争意识、创新意识。在政府、学校、社会、家庭大力的帮助下，闯过就业这个难关，寻求自己生存和发展的空间，找到自己理想的位置。

# 第二章 把握就业机会

## 学习目标

➤没有准备的面试不值得去,要重视并做好面试的所有准备工作,并制订自己的就业计划。

➤珍惜难得的选择机会,结合之前完成的职业生涯规划的目标岗位,确定自己就业的具体工作岗位。

➤应用互联网和校招等机会获取自己目标岗位的公司信息和岗位招聘信息。

## 任务安排

➤参照核心流程,制订就业计划。

➤初步确定职业"起跑线"。

➤输出目标岗位就业信息的获取渠道,并积累岗位信息。

## 学习指南

➤通过参与课堂的活动和案例分析、小组讨论分享或自学"实现准备"等方式来学习和理解知识点。

➤课堂外扫描书上二维码进行扩展阅读,了解公务员、事业、企业编制、三方协议等知识或最近的就业政策,并避开常见的就业信息陷阱。

➤通过"实现参考"掌握一定的方法技巧来支撑完成本节任务,包括进行提前准备工作,结合长处和爱好选择细分的岗位,做到选一行爱一行,以应届生身份全面获得就业信息,寻找实习机会等。

# 第一节　机会总是垂青有准备的人

## 📖 任务：制订自己的就业计划

### 1.任务名称

制订你的就业计划。

### 2.任务分析

认识提前准备的重要性,借鉴参考方法,养成提前制订工作计划的习惯。

| 实现准备 | 课堂活动 | 活动一:《海思总裁致员工的一封信》读后感 |
|---|---|---|
| | 课堂讲解 | 机会总是垂青有准备的人 |
| 实现参考 | 课堂活动 | 活动二:量身定制的就业准备 |
| | 课堂讲解 | 提前做好准备的参考建议 |
| 任务实现 | 课堂实训 | 参照核心流程,制订你的就业计划 |
| 任务总结 | 课后思考 | 没有准备的面试不值得去 |

### 一、实现准备:机会总是垂青有准备的人

**(一)活动一:《海思总裁致员工的一封信》读后感**

**1.活动目的**

认识到做事情提前准备的重要性。

**2.活动流程**

(1)阅读《海思总裁致员工的一封信》

尊敬的海思全体同事：

此刻,估计您已得知华为被列入美国商务部工业和安全局(BIS)的实体名单(Entity List)。

多年前,还是云淡风轻的季节,公司做出了极限生存的假设,预计有一天,所有美国的先进芯片和技术将不可获得,而华为仍将持续为客户服务。为了这个以为永远不会发生的假设,数千海思儿女,走上了科技史上最为悲壮的长征,为公司的生存打造"备胎"。数千个日夜中,我们星夜兼程,艰苦前行。华为的产品领域是如此广阔,所用技术与器件是如此多元,面对数以千计的科技难题,我们无数次失败过,困惑过,但是从来没有放弃过。

后来的年头里,当我们逐步走出迷茫,看到希望,又难免有一丝丝失落和不甘,担心许多芯片永远不会被启用,成为一直压在保密柜里面的备胎。

今天,命运的年轮转到这个极限而黑暗的时刻,超级大国毫不留情地中断全球合作的技术与产业体系,做出了最疯狂的决定,在毫无依据的条件下,把华为公司放入了实体名单。

今天,是历史的选择,所有我们曾经打造的备胎,一夜之间全部转"正"！多年心血,在一夜之间兑现为公司对于客户持续服务的承诺。是的,这些努力已经连成一片,挽狂澜于

既倒,确保了公司大部分产品的战略安全,大部分产品的连续供应！今天,这个至暗的日子,是每一位海思的平凡儿女成为时代英雄的日子！

华为立志,将数字世界带给每个人、每个家庭、每个组织,构建万物互联的智能世界,我们仍将如此。今后,为实现这一理想,我们不仅要保持开放创新,更要实现科技自立！今后的路,不会再有另一个十年来打造备胎然后再换胎了,缓冲区已经消失,每一个新产品一出生,将必须同步"科技自立"的方案。

前路更为艰辛,我们将以勇气、智慧和毅力,在极限施压下挺直脊梁,奋力前行！滔天巨浪方显英雄本色,艰难困苦铸造挪亚方舟。

(2)同学们分组,快速讨论,并总结小组讨论结论

• 读这封信后,你最大的感受是什么?

• 你得到哪些启发?

(3)课堂分享

各小组安排1人分享小组讨论结论,其他同学可以补充,也可以分享不同观点。

### (二)机会总是垂青有准备的人

#### 1.有准备才能抓住机会

"凡事预则立,不预则废。"生活中,无论做任何事,早些做准备,不仅可以减少许多烦恼和麻烦,还可以更合理有效地利用时间。

有句话说,机会总是留给有准备的人。那些看似比你优秀的人,可能并没有那么厉害,不过是赢在了微小的细节处。比如凡事比你早一步,日积月累,也就成了你无法企及的高手。

**案例 2-1**

### 老师靠实力"升官"

总有一些人依靠着努力走上重要的岗位。

最近一位老师"升官"了,从科级干部成为县处级干部,这一步在五线小城市的体制内算是提升了一大步。

老师之前在某单位工作时候,给人最大的感觉就是他一直没有放弃学习,特别喜欢看书。他家房子不大,但是客厅里和卧室里都有一面墙,旁边是大书柜,老师没事的时候就读读书,然后和别人去打羽毛球,运动运动,反倒是很少见他和别人一样忙着参加各种应酬。

工作8小时就认真做好手中事,在办公室工作,写文案必须胜任,所以他经常读各类报纸、翻时政杂志,积累了大量的素材,写得一手好文章。除此,8小时之外,他不断地打磨自己,去学习新技能,比如练习演讲,成了演讲高手,还在很多演讲比赛中做起了评委,后来他成了年轻的办公室副主任。

他一直没有升职,但是他却一直努力,思考如何做一个合格的领导干部。要具备的专业知识、理论水平、人际关系、新技能、领导力等,他都去不断去学习,跟领导学习、跟老同志学习、跟单位其他优秀的人学习,不骄不躁,踏实做事情。

后来市里成立了一个新的干部培训学院,市组织部部长亲自抓。成立培训学院就要配备干部,面向全市选拔,他各方面条件都具备,所以就在众多人选中脱颖而出,成为学院的负责人之一,上任以后,他把各项工作做得风风火火。

是的,如果不实干,总是想走捷径,没有任何准备的话,即使机会来了,也不一定能抓住。

（资料来源:搜狐网 2018 年 4 月 13 日）

乔布斯说过这么一句话:"在你生命的最初 30 年中,你养成习惯;在你生命的最后 30 年中,你的习惯决定了你。"

所有的不平凡,都源自一个个平凡的小习惯。所以,无论在做任何事情的时候,都要提前做好准备。提前做准备是一种习惯,能让我们遇事从容应对;同时,提前做准备也是一种态度,能让对方看到我们的用心和真诚,体现出我们对人对事的尊重和重视。

### 2.提前准备的好处

提前准备的好处往往只有那些经常提前做准备的人才可能真正体会。然而,哪怕从未真正提前准备过什么事情的人,也应明白提前准备的种种好处,以及"意外"的收获。

（1）提前准备迸发灵感

读书的过程中,一个格外有趣的现象是,当你意识到你需要,想去找关于某个特定领域的书的时候,好书会自动出现——或者是朋友送你的,或者是你在书店或者图书馆里随手翻到的,或者是在网上闲逛看到不知道谁写的帖子里提到的,甚至可能是早就存在于你的书架上你却一直没时间看的……

上学时,总是有学生抱怨:"老师,我找不到例子,怎么办?"最初老师是很耐心地告诉学生:"例子这东西,就跟钱一样,是攒出来的,不是想出来的。"还有的同学问:"老师,我怎么找不到像你上课讲的那样精彩的例子呢?"老师就回答:"继续找。凡事都只不过是提前积累的。"

所以,素材积累固然非常重要,然而,如果提前确定一个方向或者目标,那么就可以积累很多原本不可能想象的素材,惊喜连连。

灵感这东西就算存在,也不会是平白无故出现的,肯定是有来历的。只不过是我们经常说的"量变到质变"的那一瞬间突然绽放的"铁树之花"。

（2）提前准备提升能力

在学习、工作上,一个人在某方面的能力究竟有多大,几乎直接取决于此人在那方面提前多久进行过准备。虽然,很少有人真正提前足够多的时间去做准备。

案例 2-2

### "临时抱佛脚"的大四群体

只要观察一下大学四年级的学生群体就可以轻松找到无数前仆后继的失败样本,以及永远是少量的成功样本。太多太多的学生之所以开始着手准备托福、GRE 考试,准确地说,并不是在冷静的思考之后最终"选择"了出国留学的这条路,而仅仅是因为突然发现工作并不是很容易找到，或是对国内考研的前景不甚乐观。事实上，这些学生只不过是基于"病急乱投医"的心理，把"出国"当作一根救命稻草而已。

然而，"出国"这根稻草对他们来讲，确实只是一根稻草而已，根本无法"救命"。让我们来看看基本的时间表。如果，一位学生想要出国，希望在明年的秋季入学，那么，他最好在今年的年底之前递交所有必需的材料，包括各种考试的成绩单、个人陈述、推荐信等。这样的话，他为了能够按时提交材料，起码要在今年6月前后考完GRE的作文考试，并且在10月前后考完GRE的其他部分。托福考试，最迟也要在今年10月考完，当然，比较理想的是在今年年初就已经拿到成绩。而托福考试也好，GRE考试也好，根据多年的经验，一个拿得出手、换得来名校高额奖学金的成绩，需要至少两年时间的认真准备，并且还需要在此之前有相当扎实的基础。

个人陈述和推荐信，在整个申请过程中的作用相当大，有时候甚至超过托福、GRE考试。这些文书的写作，要耗费大量的时间精力。哪怕找到有几百个成功案例的所谓"专家"付费进行辅导，也需要至少一个月的时间与申请者反复沟通，然后才开始第一稿的撰写，而后还要经过多次的修订。并且，越是优秀的学生，要花费的时间精力越多，因为，一个人越优秀，所面临的风险越高。

每个环节都可能出现差错。很多学生直到大三下学期期末结束的时候，才反应过来应该准备托福、GRE考试，那么接下来的所有行为，都只不过是"临时抱佛脚"。理论上讲，所有的"速成班""强化班"都只不过在贩卖和满足幻觉而已——当然，正因为如此，这种课程才会拥有巨大的市场和高额的利润。临时抱佛脚的人却不知道自己早已陷入了漩涡，每天忙忙碌碌而实际上又碌碌无为地度过，直至最终结果出现都不知道自己究竟错在哪里。只能在许多年后，对自己说："年轻的时候，我也努力过……"

也有很多的学生，结束了"速成班""强化班"的"学习"，才发现不仅有更多的功课要做，最要命的是，所有的考点全部报满，根本无法订到考位。在学习上多努力一些，还是有机会的。可是，没有考位，是没有办法解决的。完全可以想象的是，那些稍微幸运一点，已经获得考位的学生中，仅仅有20%不到的学生最终可以获得有意义的成绩，其他80%的学生，只不过获得一个"考试经历"而已。究其原因，我不相信这是智商的问题，这种考试也无法衡量智商。只有一个合理解释：准备不够充分，换言之，时间投入不够，再换言之，没有提前进行足够的准备。

（资料来源：根据网络信息整理）

其实，不仅在留学的选择上如此，面对其他选择，包括考研、求职，大多数人的失败与慌张都是基于同样的机理。准备不充分的人面临的困境，就好像是个手铐，越挣扎就被箍得越紧，面对最后期限，无法不产生无比的焦虑。而这些焦虑产生的作用就是分散注意力，使得产能低下到极限；反过来，产能的低下和时间的紧迫所产生的作用就是更加焦虑……恶性循环。

这些人不知道，无形之中，时间已经成为他们的敌人。他们更不知道的是，时间原本无善无恶，是他们自己变成了时间的敌人，或者是他们把时间变成了自己的敌人。每时每刻，这些人还以为自己在跟别人竞争，殊不知，另外的那些人其实根本与世无争，只是因为起点提前了，就有了机会把时间当作朋友。谁能想象得出这世上还有什么样的靠山会比时间更强大呢？

就是有一些人竟然可以制订长达几十年乃至一生，甚至跨越几代人的计划，而后一丝不苟地执行下去。《基度山伯爵》故事中的人物就厉害在这里。斯蒂芬·金的小说改编的电影《肖申克的救赎》也再次让人觉得这样的巨人必然存在于这世界的某个角落。

所以，突破刚刚提到的"恶性循环"的最基本方法就是，比别人更早一些开始准备，早一点，再早一点。越早一点，你与时间这个朋友之间就会变得越亲密；与你更加亲密的这个朋友会让你的每一天都多那么一点点从容；而一点点从容，会让你爱上时间这个伙伴。

朴素点说，人必须努力。如果大家都努力的时候，那就最好尽早开始努力，并且更努力才好。人们总是说，笨鸟先飞，其实，有很多鸟先飞并不是因为它们笨，相反，可能是因为它们更聪明。

### 3. 优秀的人总是提前做准备

现代社会是一个充满竞争、力拼努力的社会，我们绝大部分人都是普通人，但世上从来不缺优秀的人，优秀并不是一蹴而就的，而是日复一日下功夫、做准备，蜕变而来的。不怕你不优秀，怕的是你根本没准备。

**案例 2-3**

### 提前准备，促进自己优秀

我是一个胆小内向的女生，但在高中英语课堂上表现积极活跃，喜欢上讲台与同学们进行分享，后来英语老师选我代表班级参加校园英语演讲比赛。

接到通知后的第二天我就写好了稿子拿给老师修改，定稿后每天利用空余时间反复模仿语音、语调，熟练背诵，一直准备了一个多月。

虽然顺利杀入决赛却遗憾止步四强，但英语老师说我已经表现得非常优秀了，有可圈可点的地方。

最后得了一个优秀证书，证书上的优秀二字于我而言是一次突破，是我真的变优秀了。平时不爱讲话的我却有勇气上台做演讲，我证明了自己。

提前做准备，不打无准备的仗，这个好习惯我一直保持到了大学。为了通过9月的计算机二级考试，我准备了整个暑假；为了通过6月的英语六级考试，我准备了整个寒假。

（资料来源：根据网络信息整理）

提前准备得越充分，证明自己优秀的概率越大。因为优秀的人，总习惯提前做准备。都说机会是留给有准备的人，同样机会也留给优秀的人，只有准备充分了，才有上场表现自己、证明自己的机会。

如果没有准备好，即使给一个表现自己的机会，也只会表现出自己的不足。

相信你一定遇到过不带课本讲课却滔滔不绝的老师，可能他们在家里一边吃着饭一边捧着书看。

相信你一定钦佩那些在舞台上慷慨激昂做演讲的公众人物，殊不知他们为了登台这一刻幕后所做的准备不是一般人能承受的。

相信你一定羡慕那些在面试时淡定自若、冷静作答的人,你问他们敢不做好准备就上场吗?

特技演员的表演给我们的感受是感动和震撼的。台上一分钟台下十年功的艰辛准备,才能确保他们表演时的万无一失。显然,这种准备是以年为计量单位的。

其实,绝大部分人最开始都是普通人,慢慢争取到属于自己的机会,在人前证明自己的优秀,而他们之前付出的是百倍的努力、千倍的准备。因此,优秀并不是与生俱来的,他们只是已经习惯了提前做准备,不仅为了未雨绸缪、居安思危,也为了关键时刻能够证明自己足够优秀,获得自己想要的成功。

提前做准备是优秀者的习惯,只有准备好了才有上场的可能,才有机会证明自己,才能让别人看到自己的优秀。

## 二、实现参考:如何提前做好准备?

### (一)活动二:量身定制的就业准备
#### 1.活动目的
通过案例,了解如何进行提前准备,并落实到具体的行动中,保证实现最初制定的职业目标。

#### 2.活动流程
(1)阅读案例

大一的时候,我就确立目标——本科毕业就参加工作,所以我一直都很注重自己第二课堂一些能力的培养,尽管在学生会里并没有太多的锻炼机会,并且每次活动的组织我总是表现得非常平凡,但是这三年的学生会生活确实让我学到很多东西,同时也让我更早地为自己的未来而筹划。我从一开始就确定了做营销的想法,确定了目标之后就需要为了我的目标努力。从身边的人、长辈或者网络去了解想从事职业所需的基本素质,并在大学期间着重去学习和锻炼。

在校招季,我获得了某集团的录用通知,薪酬待遇是 14 万元/年。关于就业准备,我分析出主要有以下五个方面:

一是做好准备,调整心态,轻松上阵。虽然当前就业形势相当严峻,可是同学们要有一个良好的心理状态。困难在有准备的人面前是毫无作用的。可适量看些励志以及人生哲理方面的书,端正自己的人生观、世界观,尤其对成功、失败、挫折,以及如何应对变化方面的看法,以调节、增强自己的心理承受力。

二是面试时要注意精神状态,要灵活,要随机应变,不要死背书本上的理论,可用实际的例子来回答面试时所遇到的问题。尽量把自己最好的精神状态和面貌表现出来。当踏入候考场的那一刻,一定要时刻注意自己的精神状态和一言一行,说不定旁边坐着的或同一部电梯上的那位貌不出众的"仁兄"就是"主考官"之一。另外,还提醒同学们在面试的时候要注意自身的穿着打扮,确保干净整洁。

三是辨别方向并准确定位,从容应对。找准自己的定位,清楚地了解自己未来希望的发展方向,并在此基础上了解自己想要应聘公司的详细情况。我找工作,还是工作找我?后者对大多数同学来说是天方夜谭,但事实上总是有这样的幸运儿在金字塔尖选择自己职业生涯的起点。他们不一定是成绩最好的，但一定是知道自己想要得到什么的人。无论天才还是蠢材，只要关键的路走对，就能成为有用的人。

四是有明确的职业规划。对人生、对自己的职业有明确规划的人，一定是一个对生活、对工作抱有责任心、自我能力强的人。在面对突发事件或外来压力时，他们也具备一定的承受力和应变力，不轻易退却。在职业生涯发展道路上，重要的不是你现在所处的位置，而是迈出下一步的方向。喜欢不喜欢这份工作是一件事，应该不应该做好这份工作、是否有能力做好这份工作是另一件事。在职业生涯早期，对自己锻炼最大的工作是最好的工作；在职业生涯中期，待遇好的工作是最好的工作；在职业生涯后期，实现人生价值最大的工作是最好的工作。在就业初期，我们要知道锻炼能力、处理人际关系、学习专业技术和提升自身水平的重要性。

五是成为企业愿意为你投资的人选。当你得到一份工作，跨进企业的大门，一切才刚刚开始，千万不能有非我莫属的思想，而应该有这样的观点：自我雇用，成败在己。因此，我们在选择职业时，必须了解自己的优势所在，了解自己能力的大小、自己的能力在哪方面表现得更突出之后，再做出选择，这样有助于我们择业的成功，并保证在今后的工作中做到扬长避短，取得更大的成就。

要知道，我们的起点并不是我们的终点！

（2）同学们分组，快速思考

• "我"是多久确定就业目标岗位的？多久开始准备的？

• "我"在面试中的哪些经验值得你借鉴？你将如何借鉴这些经验？

### （二）提前做好准备的参考建议

人往高处走，毕业的时候大家都想进大企业，想进的人多而招的人少，只有足够优秀的人才行。怎么知道足够优秀呢？就要了解它们有什么样的条件，比如学历、技能、工作经验等。接下来，就先努力地创造条件，再一步一步地推进，最后才能厚积薄发，达成目标。

#### 1. 准备前，先把心静下来，慢就是快

我们做任何事情一定要想清楚自己为什么去做，初心是什么。比如，当你看到爆红的自媒体人的时候，别忘了别人有很深的功底和积累。

所以，要慢慢来，先想清楚自己的长处与短板、需要从哪些方面去做准备，再去做事。

#### 2. 准备时，避免低水平重复

任何事情都有方法论，比如，想把一件事情做好，可以先了解别人成功的方法，毕竟他山之石可以攻玉。去学习别人成功的经验，避免别人踩过的坑，更要去实践，进入赛道。再比如，要学习英语，明确其是要用在交流、用在看懂英文书籍的，才能知行合一。当然，学习的效果还要能够检验，有效果才能激励继续提升。就像练字，能写出赏心悦目的字体就是需要获得的效果。

当看似忙忙碌碌但却是低水平重复，感觉没有进步的时候，就需要停下来思考原因了：到底是方向不对，还是方法不对？是投入的时间、精力、金钱不够，还是没有刻意训练？是没有理解思路，还是细节上有所忽略？

只有避免低水平重复，才会进步，甚至跃迁。

### 3.准备中,给自己找到榜样

任何一个领域都有达人,他们就是榜样,要接近榜样,向他们学习:

➤他们是如何思考问题的?

➤他们是如何保持高度能量的?

➤他们最近取得了什么成就?

➤他们是如何实现目标的?

➤他们是如何进步的? 通过哪些方法进步的?

➤他们怎么接触新的思想、新的平台?

➤他们的榜样是谁?

向高手学习,无异于站在巨人的肩膀上。如果有贵人相助,那么会提升得更快。

### 4.准备完成,确认、确认、再确认

只有确认、确认、再确认才能有效减少或消除"想当然"带来的恶果,才能真正做到准备充分,信心十足。

确认时,列出准备事项表格,依次打钩。当然,事项表格本身需要确认是完整的。

## 三、任务实现:参照核心流程,制订你的就业计划

### (一)了解大学生就业的核心流程

就业的整体思路和流程可以总结为如下这七步,希望能给大学生一定的指导建议:

• 确定求职目标:行业、职业、目标岗位。

• 根据求职目标选择求职渠道:不同目标岗位对应的求职渠道可能不同。

• 根据求职目标和求职渠道特点,切换视角准备简历。

• 面试准备:学习目标岗位的基本知识,了解求职目标公司的相关信息、面试知识和技巧学习。

• 笔试、面试(多环节)、其他测试。

• 获得录用通知(Offer),选择 Offer 入职。

• 调适入职心理,适应初入职场。

### 1.确定求职目标

从已有的实际案例来看,求职不顺利的同学中,大都是因为没有提前确定求职目标。为什么呢? 因为任何时候,全力准备面对目标使出全力,一定比没有目标或分散目标,更能取得好的结果。

找工作这件事,选择权不在于你自己,而在于企业。企业在进行筛选的时候,并不看重你有多少目标,而是看重你简历的"质量",再进入下一步的流程。有了明确的目标的,你的简历才有更多的针对性,质量自然不低。

如何确定求职目标,我们后面章节会详细介绍。

### 2.选择求职渠道

常见的求职渠道见表2-1。

表 2-1                                                                                                常见的求职渠道

| | | |
|---|---|---|
| 政府类 | 国家公务员考试 | 国考去国家公务员局官网,每年国家公务员考试都有专题子网站 |
| | 省级公务员考试 | 省考去各省(直辖市)人事考试网官网(人力资源和社会保障厅二级网站) |
| | 事业编制考试 | 事业编考试在省、市、县三级人事考试网(人社局二级网站)都有发布 |
| 高校类 | 各高校官网 | 考研、考博、就业招考信息发布 |
| 企业类 | 企业官网 | 官方网站或官方校招网站 |
| | 企业校招会 | 企业去重点学校的校园招聘宣讲会 |
| | 企业自媒体 | 公众号、微博、抖音等 |
| 岗位类 | 招聘网站 | 智联招聘、前程无忧、中华英才网、猎聘网、58同城、大街网等 |
| | 招聘App | 拉勾网、BOSS直聘 |
| 综合类 | 招聘会 | 综合招聘会,主办方不同,性质不同 |
| 技巧类 | 内部招聘 | 企业内部优先推荐权,可以通过技巧达成 |

当然,政府类的招聘信息,可以在当地的中公、华图等网站或公众号查询到。各求职渠道特点见表2-2。

表 2-2                                                                                                各求职渠道特点

| 求职渠道 | 信息量 | 行业覆盖 | 偏重 | 查阅效率 | 在线沟通 | 简历模式 |
|---|---|---|---|---|---|---|
| 智联招聘 | 最多 | 最广 | 无 | 一般 | 无 | 在线 |
| 前程无忧 | 较多 | 较广 | 无 | 一般 | 无 | 在线 |
| 拉勾网 | 多 | 广 | 互联网 | 较高 | 有 | 在线/附件 |
| BOSS直聘 | 多 | 一般 | 互联网 | 最高 | 有 | 在线/附件 |
| 中华英才网 | 一般 | 一般 | 偏中低端 | 一般 | 无 | 在线 |
| 大街网 | 一般 | 一般 | 偏应届生 | 一般 | 无 | 在线 |

选择适合自己的渠道很重要。比如很多互联网企业,人力资源经理(HR)更看重拉勾网和BOSS直聘,所以,HR可能每天都进行简历处理,而其他渠道,可能隔几天看一次,这就一定程度渐少了投其他渠道简历同学的面试邀约率。

### 3.切换视角准备简历

简历要怎样准备才能引起HR的注意？我们需要以不同的视角来看待和准备简历。

(1)求职者的角度

• 内容:说明自己是谁、有什么能力、有什么经历、有什么优势。

• 作用:让企业了解我是谁,知道我怎么样,从而选择我。

(2)人力资源经理(HR)的角度

• 内容:学校背景是否符合公司要求？ 实习经历和其他素质是否符合岗位要求？

• 作用:判断是否值得花费成本进行面试。

### 4.面试准备

面试准备内容很多,这里列举一些供参考。

• 收集就业公司信息,了解就业公司行业排名及业界口碑。

• 学习了解目标岗位职责,迭代更新简历,比如针对技术类的,强化专业知识。

• 提前学习一些就业技巧的知识或参与相关培训。

• 通过培训或书籍了解职场生存法则。

- 准备得体的衣着和仪表、仪容。
- 恰当地交流,一份合适的自我介绍和演练。
- 投放简历,等待面试通知……

### 5.笔试、面试(多环节)、其他测试

(1)笔试

- 在线笔试:线上作答,一般为防止作弊都要开视频,并有时间限制。
- 现场笔试:现场测试,一般选择面试前进行。

(2)面试(多环节)

- 一对一面试:一般进行多轮,包括 HR、用人部门主管、总监等。
- 群面或小组面试:多人共同面试,有小组讨论和宣讲等环节。

(3)其他测试

- 电话或视频:电话或视频沟通,沟通后确定是否进一步面试。
- 上机测试:计算机快速答题,一般进行心理测试等。

### 6.获得录用通知(Offer),选择 Offer 入职

如果你获得了多个录用通知,按照自己的喜好,选择某 Offer 准备入职。

如果选中某 Offer 准备入职,按照现行惯例的要求,一般要签订企业、学校和你自己的三方协议,这对你、企业、学校都是一种安全保障。

### 7.调适入职心理,适应初入职场

初入职场,无论是心理还是角色转变都可能遇到问题,这个阶段要给自己一个适应期,并积极解决遇到的问题,确保在试用期结束后,能真正转变成合格的职业人。

我们只有在做好充足准备的条件下,才有可能达到事半功倍的效果,最终找到心仪的工作。古人云:"兵马不动,粮草先行。"就是这个道理!

### (二)制订你的就业计划

参照上面的就业核心流程,按照 SMART 的原则制订你的就业计划,提交老师审核并保存下来。

后续持续更新,不断补充就业计划的落实情况。

## 四、任务总结:没有准备的面试不值得去

相信很多人都听过这么一句非常有哲学意味的话:未经审视的人生不值得过。这句话是苏格拉底说的。那对于面试可以说,没有准备的面试不值得去。

面试的过程,其实就是自己和面试官心与心相撞的过程:进入面试官心坎里的程度,决定了他的接受程度,越能打动面试官,面试成功的概率就越大。毕竟,一次高质量的面试,就是一次走心的过程。

因此,找到好工作最好的办法就是为每次面试做足准备,我们要打好一场求职战,知己知彼,方能斩获心仪的 Offer。

## 第二节　爱一行，干一行，珍惜选择的机会

### ▶ 任务：你的职业"起跑线"是什么？

**（一）任务描述**

找到你的职业"起跑线"。

**（二）任务分析**

第一份工作选择非常重要，需要考虑的因素很多。通过学习相关知识点和参考方法，结合自身实际情况，初步确定自己的目标工作岗位。

| 实现准备 | 课堂活动 | 活动一：读研、考公、入编、进大厂？看师兄师姐的选择 |
|---|---|---|
| | 课堂讲解 | 是继续升学还是就业？ |
| | 课堂讲解 | 体制内 Vs.体制外，哪个更好？ |
| | 课堂讲解 | 大公司，小企业，我该选哪个？ |
| | 课堂讲解 | 选择实体经济行业还是虚拟经济行业？ |
| 实现参考 | 课堂活动 | 活动二：爱我所爱，以优取胜 |
| | 课堂讲解 | 结合长处和爱好选择细分的岗位 |
| 任务实现 | 课堂实训 | 初步确定你的职业"起跑线" |
| 任务总结 | 课后思考 | 职业选择是理想与现实妥协的平衡 |

### 一、实现准备：了解各类行业，爱一行，选一行

**（一）活动一：读研、考公、入编、进大厂？看师兄师姐的选择**

**1.活动目的**

通过师兄师姐的建议，了解选择行业和岗位的重要性。

**2.活动流程**

（1）阅读材料

L师兄：建议各位学弟学妹，除了本专业不能丢，其他方面的能力也要多开发，出来社会，会遇到各种各样奇怪的人和事，要学会去面对。我是一名公务员。公务员各地待遇不同，没办法统一比较，但总体而言，待遇稳定，基本温饱不愁。至于工作内容，各行业、各部门都不同，但是普遍基层公务员工作量都比较大，没有传说中那么悠闲，加班是常态，工作前景主要靠自己奋斗。如果自身能力足够，在哪里都能发光！

D师兄：我刚毕业那一年，在广东省没看到招聘外语教师的，我就先找了一份在医疗公司销售的工作，大概干了半年之后，就有一所佛山的学校招聘，我就去了。

M师姐：做过一段时间营销，感觉还是很锻炼人的。做这个岗位，如果可以选择也建议尽量往大公司走。

Y师姐：读研后虽然最后就业也未必用得上这个专业，但是眼界、认知，甚至学习能力都会提升，一句话，读吧！

Z师姐：师弟师妹要先弄清楚自己是奋斗型还是安逸型人才，找准自己的方向，保持

平稳心态才不会终日患得患失,相信优秀的大家都能找到满意的工作。

A师姐:销售方向。如果是选择做销售的话,建议找一些专业性强一点的行业,譬如医疗器械、生物医药、LED、安全系统等。避免一些可替代性太强的行业,譬如服装外贸。销售做得好的话,薪资待遇是比较可观的,但需要不停地鞭策自己保持上进心,这个岗位不太适合想在工作中"当咸鱼"的人。

D师姐:不管在什么地方,自我生存都是第一要解决的,我一直在努力生存,也没有想象的那么轻松。我7年前在武夷山住下,很巧合和这边一个朋友做英语培训,教小学生和初中生,还有一个俄语学生。

C师兄:在小公司做开发,需要学习的地方很多。虽然很累,但工作涉及的面很广,有时有独当一面的感觉。

(2)同学们快速思考

• 看了师兄师姐的建议,你有什么感受?

• 得到了哪些启示? 有自己工作行业或岗位选择的初步想法了吗?

(二)是继续升学还是就业?

大学毕业后,无论是先专升本、考研,还是先就业,都各有利弊,不能一概而论。有人做过一些统计:在即将毕业的大学生中,有86%的人表示曾经考虑过要考研。但是我国的研究生并不是义务教育,必定会有一大部分想要考研的学生最终落榜,而这些人也会因为在大四时候准备考研,从而错过了就业的最佳机会。

读完研究生后,学历起点高了,但社会实践经验与已经就业的同届毕业生比起来,会显得有些单薄。但是从就业选择广度上来说,研究生可供选择的公司或岗位,会比应届毕业生更广,在个人能力差不多的境况下,大企业也更愿意选择研究生。

如果学实践型专业的,且在专、本科理论知识在工作中基本够用的情况下,可以暂时先工作积累实践经验,日后需要再去考研,这样就不会错过就业黄金期。而如果所学的专业,大学期间学习的理论并不够日后工作需要,又或者所预期的工作起步需要更高的学历,那么应该先读研充实自己,这样才有机会进入更好的企业。

所以,是继续深造还是直接就业,这完全要参照所学的专业,以及个人的客观因素来决定。没有什么最好选择,只有最适合自己的选择。

而行业、职业的风险,以大部分大学生掌握的信息,是预测不到的。一般职业生涯会长达40年,甚至更久,在这期间,大部分人会换3到5份工作,而且,未来可能从事的职业,有80%目前还没有出现。现在可以做出的选择只能基于已经获取的信息。

(三)体制内 Vs. 体制外,哪个更好?

一般地说,体制内指考公务员、事业单位、国企,体制外是外企、民企和创业等。

1.体制内,工作环境好、职业稳定、工资福利有保障

(1)一般地,社会上很羡慕体制内的职业,在经济形势不好的时候更甚

很多人都羡慕公务员,尤其是他们的工作稳定、福利待遇优厚等,更是让众人羡慕不已。

作为体制内,工作岗位是很稳定的,只要不犯很大的错,本分踏实,一般不会有失业的风险。

公务员、事业编制、企业编制的区别

在常人眼中,公务员是铁饭碗,甚至是"金饭碗",这是人们公认的。因为公务员就像一个标签,象征着稳定,以至于那么多人拼命考取公务员,争当公务员。

那么,公务员、事业编制、企业编制有什么区别,请扫描二维码了解。

（2）在体制内能够让生活过得相对安逸

如果自己是个向往稳定生活的人,还是进体制会比较好,别信什么没有斗志、没有奋斗精神的偏见,适宜自己才是最好的。很多体制外的职场中人也会慢慢变得碌碌无为,这与体制内外无关。

体制内的人,一般裁员、失业等压力小。而且中年时,基本已经是单位的老同志,可以说有了一定工作经验,更加得心应手。除了继续拼事业外,还可以照顾家庭、生活。

（3）"五险一金"有保障

过去,国家在"五险一金"上还实行体制内、外的双轨制,其差别,这里就不再赘述。现阶段,为了实现更大程度上的公平,养老保险制度改革会逐步实现机关事业单位和企业退休人员的统一。但由于各个企事业单位,实际情况不尽相同,能提供的福利保障也不一样,所以,很难实现人人退休后领取相同的养老金待遇,而且,养老保险制度建设是一项长期工程,不可能一蹴而就。

（4）体制内,工作并不绝对轻松

只要进过机关办过事的人,都会发现,现在的政府机关也很忙碌。我们经常能够看到很多公务员忙碌的身影,晚上也能看到很多政府大楼办公室灯火通明。没错,这是他们在加班工作。

除了平时正常工作,有时公务员需要帮助创卫生城市或文明城市;下雪要扫雪,重要时间节点还要维稳,还有各种会议、汇报、巡察、督查检查、学习……很多单位的工作每天排得满满的,越到基层,工作也许越多。

很多人考公务员,进入体制内工作,或许是为了离家近,可以陪在父母身边,或许是为了安稳,或许是为了获得一份尊重,也或许是听信别人的劝说。但是,一旦进入工作状态,心里必定要有为人民服务的信念,支撑自己做一名合格的人民公仆。

2. 体制外,各显神通,发挥余地大,但变数多

当然,进入体制外的企业也是不错的选择,更是大多数人的工作目标。不过需要明白职场的残酷,要想干得好,真的得"有几把刷子",所谓"世事洞明皆学问,人情练达即文章。"

（1）喜欢自由的职业,希望依靠自己的能力获得自己想要的生活

有的年轻人认为,自己喜欢自由的职业,如果在体制内工作,未来的路基本都能够看得到了,现在可以想象 30 年后的工作状态了。还有人认为,"这种主要看年限和资历,而不是按照贡献大小或者工作能力的晋升导向,严重挫伤年轻人的积极性。"当然,这样的认识未免显得过于偏激了。

如果觉得自己是个人才,想要拼一拼,那就来职场,收益越大,风险越大。而企业里打拼,主要考虑性格、能力等是否适合在企业发展。

（2）在企业工作氛围比较轻松，工作压力和晋升空间比较大

企业大多以业绩为上升依据，要有能力，能够为企业创造价值，才会晋升。而且，在企业工作能够更快地锻炼自身的综合能力。

不过，我们应该明白，企业招聘我们的目的就是让我们为企业带来更多的价值。所以说企业内管理相对严格，工作压力比较大。

（3）在体制之外，容易有"裁员危机"

如果在企业，人们可能容易面临"裁员危机"。想着随时可能被取代，被辞退，所以得承担很大压力，自然就难以很好地照顾到家庭，尤其是孩子的成长，因此，对家庭和睦贡献有限。

### 3. 适合自己的才是最好的

体制内和体制外，犹如大海和星空，包罗万象，没有办法对比出孰优孰劣，要具体情况具体分析，不可一概而论。

作为普通人，自己的家庭和自身能力只能给予自己基本的支持，更多时候需要考虑现实的吃饭穿衣、成家立业、婚嫁生子，以及赡养父母等现实问题，需要靠自己打出一片天地。所以，在面临择业时，建议考虑以下几点：

（1）考虑现实情况择业

要及早准备，结合自身能力、条件、专业等因素，至少提前一年梳理来年校招中的目标企业的招聘条件及要求，瞄准目标不放松，提前复习、提前备考、提前培训，力求一击即中。好的企业收入一般也不差，要好好积攒"第一桶金"，并为日后发展积累好资源。

（2）选择进入体制内要高标准、严要求

进入体制内一定要提高标准，自我加压，积极争取进步。在挑选岗位时，尽量要报考自己喜欢的公务员岗位。

进入体制以后，也要随时保持学习备战状态，现在部委、省级公务员遴选已经常态化，科级、处级乃至厅级领导公开选拔也形成制度。公务员实现自我价值的重要途径就是职务晋升，随时备战备考才有机会走到高大平台和更高岗位。

（3）"两手都要抓，两手都要硬"

从大学生涯开始，应该就要以实现优质就业为第一目标。大一、二应该把该考的证、该拿的绩点都拿到手，大三开始就要提前做好求职规划，在对标目标企业校招条件准备应聘的同时，也要统筹做好公务员考试的日常备考。

从长远来看，选择公务员还是企业职员，专业是个很重要的原因。

是进入职场还是升本、考研？是进入体制内还是企业就业？建议"两手都要抓，两手都要硬"，自己每个时期的侧重点不同而已。

其实，无论是体制内还是体制外，都是职场，适合自己的工作最好。既然在职场，就要掌握职场基本技能。

（4）把握机会，灵活调整

普通人进入体制后，通过各种努力会慢慢进化为能人，体制内的能人晋升后有的还会有更为广阔的平台。比如，重要部门的公务员晋升后，不少人转岗去了国企当中层，或者选择去高校当教师，再或者辞职去私企当高管。

需要特别说明的是国企,努力上进的人晋升会很快,就算很年轻也能走上中层或者高层岗位。

总之,不管是体制内还是体制外,都要提前谋划布局,提前打好基础。作为普通人,机会只会留给有准备的人。考虑到进入体制不具有必然性,把精力多分配一些在进入目标企业上也是合理的策略。

### (四)大公司、小企业,我该选哪个?

#### 1.什么是大公司,什么是小企业?

传统来说,会从企业的规模、产值来进行划分,当然了,这个划分是在相同行业领域甚至是区域中进行的。比如快消行业,联合利华、宝洁等这样的企业大家都认可其是大公司,因为市场产值很高,规模很大;比如咨询行业,麦肯锡、BCG(波士顿咨询公司)、贝恩,就普遍被认为是大公司,其他的又会划分不同的级别。但是不会把联合利华和麦肯锡拿到一起去比较一下,谁大谁小。相对的,行业内占有率相对不高的企业,往往就会被称为小企业。

大公司能够成长壮大,是因为在不断积累过程中制定出规范化、高效化的管理体系,同时吸纳到在领域内比较有远见或者管理头脑的人才,当然了,还有这些管理之下相应配合优质的资金、技术、培训等资源。

小企业呢,可能刚成立,或者还在成长阶段,还处在不断学习和扩充自己的时期。这样的企业往往人数较少,管理还未形成体系化,相关的配合模块也在不断摸索创立中。

#### 2.大公司、小企业,分别会给你带来什么

对于大公司和小企业,同学们容易产生的择业疑惑是:

• 我是有机会到规模不大的企业里工作的,但我很担心自己从此就是二流人才,再也没有机会进大公司,得不到更好的发展机会了。

• 很多前辈都说大企业待久了,脑子要僵化,跟不上社会的发展变化。

我们先看两个案例:

**案例 2-4**

## A,起家于大公司,发展于小企业

• 学历、背景
➢毕业于普通二本学校
➢大学时在某快餐企业兼职
• 职业成长道路——A 段
➢餐厅职员
➢企划部临时雇员
➢大型活动策划与组织者
• 职业成长道路——B 段
➢中、小企业企划或公关负责人

• 职业成长道路——C 段

➢自由职业者

（资料来源：根据网络信息整理）

## 案例 2-5

### B,起家于小企业,发展于大公司

• 学历、背景

➢大专学历,自考本科

• 职业成长道路——A 段

➢小型房地产企业从事选址开发工作

• 职业成长道路——B 段

➢小型连锁餐饮选址开发负责人

• 职业成长道路—C 段

➢加入行业领先大公司,成长为市场稀缺型专业人才。

（资料来源：根据网络信息整理）

大公司、小企业各有优劣,看自己适合哪个。

（1）系统化的大公司

系统化的大公司有系统化的思维和工作模式:看问题,不能只看当下一个点,要有一定的全局观;做工作,要有条有理,步骤严谨,不能单凭热情。

在大公司工作,将如何成长呢?

• 能够接触到系统化的管理

当然了,这里不是指进入大公司就是去管理别人,而是至少能够被系统化的管理所影响,在职业的初期,可以学到做事的规范和思路。大公司到了"大"这个阶段,最基本的就是要不断复制之前的成功,所以规范的管理和思路是复制的基本承载。但是呢,这样的规范化也就往往意味着,每个人的位置都相对固定,为了保证高效,工作内容也就非常细化,个人就是一颗螺丝钉,自己做好自己的事。

• 能接触到高教育水平的同事

教育水平在一定程度上会影响一个人的视野、思维,以及做事方式和适应能力等。为了保证快速地让企业的工作被接受并且做出成果来,大公司往往会选择较高教育水平的人士。所以,在这样的企业,能够接触到比较多和自己类似或者比自己要更优秀的人,对于个人的成长会很有帮助。

• 能够接触较多的资源

大企业会有相对稳定的内外部合作,在工作的过程中能有机会接触到更多的技术资源、人力资源、资金资源等。当然,这也取决于自己能做到企业的什么职位。这些资源对我们自己的成长发展是有正向推动作用的。

• 给职业品牌响亮的背书

很多想要进入大公司的求职者,也会希望借助这个公司平台,给自己一个背书。因为往往大公司从招聘到工作的考核都是相对严格的，能够通过筛选以及获得较好评价，也侧面反映了个人的工作能力。这会对于今后的晋升或者跳槽提供一定的帮助。

（2）高灵活度的小企业

小企业的生存之道是要保持敏锐洞察、快速反应、马上行动的灵活度和执行力。相对的，如果在小企业工作，成长情况又如何呢？

• 相对灵活的工作环境

小企业的首要任务是生存和成长，要先保证自己的存活和成功，而非像大公司那样复制成功。所以在小企业需要做事能力，特别是同时做很多事的能力要很强。有可能会身兼数职，有可能虽然身兼一职，但是要眼观六路、耳听八方，可能不是一颗螺丝钉，更像一整盒的工具，一会儿螺丝钉、一会儿扳手、一会儿起子之类，从而培养各方面的能力。

• 接触到不同的人

小企业的员工人数一般不多，但是如果被选择进入一个在不断成长的团队，那么这一团队的人可能非常具有创新性，或者实干，或者多种能力傍身的人。同时，小公司需要寻求扩张，所以每个人都可能有机会接触外部的合作者，接触到形形色色的人。比如，可能需要去做问卷调查，接触街上的人；可能需要在问卷调查之后，去给客户做汇报，接触其他企业的管理者等，无形中，需要掌握、能够锻炼的技能就很多。

• 自我发挥的空间比较大

前面讲到，小企业一般在成长期，所以每一个人都是一个上手就能做事的人，没有很多可参考的标准思路，很多情况下需要自己在实践中摸索出做事的规律和有效的方法，在此过程中，人的主观能动性会得到极大的发挥。

但是相反的，因为空间大，所以也会容易迷失，很多人可能进入小企业后并不知道自己能干什么，或者因为缺乏自主学习的动力，慢慢地就迷失了。

• 如果选得够好，公司成长后，就是元老级人物了

要是企业能上（股）市（挂牌），很多员工可能就是原始股东之一。

除了前面讲到的几点不同之外，现实中还有很多细小的差别。

（3）大公司、小企业的对比

为更好地理清思路，我们用表 2-3 至表 2-7 来进行比较。

• 规章制度

表 2-3　　　　　　　　　　　　　　规章制度

| 大公司 | 小企业 |
| --- | --- |
| 公司组织庞大 | 企业结构简单 |
| 规章制度繁多，需走多项流程 | 流程便捷，上、下级直接沟通 |
| 工作资源调动烦琐 | 管理扁平化 |
| 严格的等级制度 | 能够和领导直接沟通 |
| 完善且严格的规章制度 | 在事件中不断完善制度，管理较宽松 |
| 强调群体规范，着装、任务管理仔细 | 除了任务结果，基本对个人不做要求 |

- 竞争风险

表 2-4　　　　　　　　　　　　竞争风险

| 大公司 | 小企业 |
|---|---|
| 人才众多,难以出头 | 人才相对较少,容易拔尖 |
| 看重工作经验和学历 | 升职更看能力,后来者也可居上 |
| 容易出现拉帮结派,企业内斗消耗 | 企业环境相对单纯,竞争更小 |
| 老板重流程,KPI/OKR 考核严格 | 老板可能只看工作结果 |
| 工资涨幅有严格规定 | 工资涨幅可以谈判 |
| 一个萝卜一个坑,升职困难 | 有能力、有经验,能够快速升职 |
| 公司内部壁垒严格 | 公司竞争变数更多 |
| 基层工作时间长 | 作为早期员工,很容易打入核心群体 |

- 工作环境

表 2-5　　　　　　　　　　　　工作环境

| 大公司 | 小企业 |
|---|---|
| 人文环境好,讲究公司文化 | 基本不谈公司文化 |
| 外部环境很好,往往是办公大楼 | 环境多样,可能以几间租房为主 |
| 企业环境封闭 | 企业环境开放,人员流动快 |
| 工作内容相对单一 | 工作内容复杂多样 |
| 工作环境稳定,相对安逸 | 随时都有辞职风险,有紧张和危机感 |
| 人员众多 | 人数较少 |
| 办公环境畅意舒适 | 办公环境往往比较简单 |

- 薪资待遇

表 2-6　　　　　　　　　　　　薪资待遇

| 大公司 | 小企业 |
|---|---|
| 成套的管理体系 | 成长型的管理章程 |
| 福利有保障 | 福利容易有变数 |
| 有充盈的项目盈利 | 收成往往看行情 |
| 基本上不会拖欠工资 | 可能不能按时发薪,时有初创公司倒闭 |
| 人文关怀,福利丰厚 | 福利较少 |
| 工资稳定,且往往较高 | 工资不稳定,且高低不定 |
| 五险一金 | 往往只给最基础的保障 |

- 个人发展

表 2-7　　　　　　　　　　　　个人发展

| 大公司 | 小企业 |
|---|---|
| 发展战略稳定,个人成长稳定 | 发展战略变化快,和公司一起成长 |
| 强调团队力量,人际关系复杂 | 更强调个人能力,如应变能力 |
| 基层员工往往只精通部分技能 | 一个人身兼数职,更利于能力全面发展 |
| 企业内部资源丰富 | 企业初创,可利用资源较少 |
| 较好的平台机会,容易认识成功人士 | 基本接触不到层次高的成功人士 |
| 有完善的人才培养体系和课程 | 没有良好的培养体系,基本靠自学 |
| 公司名气大,有利于下一份工作的寻找 | 除了增长经验和能力,公司经历对跳槽影响不大 |
| 流程化管理,使员工工作更规范化 | 垂直管理,员工养成高效、敏捷的行事能力 |

但是,无论这些差别是什么,我们发现大公司和小企业并没有绝对的优劣之分。上面

列出的大公司、小企业的优劣，看自己重视哪个方面？找出看重的几点，按照优先顺序进行排序，自己心中就有答案了。

当然，无论如何选择，只要够积极、够努力，必当走出一条属于自己的光芒大道！

### 3. 如何做出选择

（1）适合自己的，就是最好的选择

进入大公司还是小企业，在当今的职业市场，其实不是一个值得过多耗神的问题，而真正我们该看的，是自己适合什么公司。而且，大公司、小企业，都会带来成长和收获，关键是自己有多用心。

例 2-4 中的 A 先在大公司中练就了良好的系统性思考与做事的能力；再通过到中、小企业中独当一面，提升灵活处变的能力。

例 2-5 中的 B 先在小企业中磨砺出了敏锐的商业洞察力，自我主导发展，推进工作的行动力；然后再到行业领先的大公司中"深造"，使自己的专业度上了一个新台阶。

需要考虑清楚的是如何才能赢在职场。我们知道，顶级人才必备的三大能力包括：

- 系统化的思考力。
- 敏锐的洞察力。
- 高灵活度的执行力。

我们与其只是简单地看所谓"大"和"小"，不如认真地探究一下这些企业的品质、成色，在此基础上判断是否适合自己。

因此，我们完全不需要那么紧张，不要被"起跑线"这个概念所绑架。职业的起点，只要不超出能接受的预期，是自己喜欢的、擅长的，其他因素都不是最重要的。我们更应该关注的是，怎么充分利用好当下的工作机会，不断提升自己的专业能力和交际能力。要相信只要不断地让自己更强大，职业生涯就一定会越走越高！

当然，如果自己本就是个爱折腾，希望自己能多面发展，而且也不怕琐碎的人，那么，那些需要眼观六路的初创企业或许适合你；而如果希望是按照章程办事，有明确的标准规范，那么已经壮大的成熟企业工作或许更适合。也或许在不同的阶段，因为有了不同的成长，可以在所谓的大公司和小企业之间切换

（2）不创业且在一个行业发展，可以选择"大—小—大"企业的切换

利用职场前 10 年的时间，实现"大—小—大"企业平台的切换，即初入职场进大公司体验完整的公司体制及流程，为职场履历做背书，而后转入小企业快速提技能，打造职场个人核心技能，最后，转入大公司做管理，稳固自己的职场地位。

- 初入大公司体验完整的公司体制及流程，为职场履历做背书

我们都不能否定的是，初入职场的人，平台对个人发展非常重要，好的平台会为员工提供更多的社会经验与上升空间。初入社会的第一份工作对我们至关重要，对我们之后的职业生涯影响深远。在自身条件优越，有多个选择机会的情况下，一定优先选择大平台、大公司。原因如下：

➢大公司，特别是世界 500 强，大都建立或健全了一套比较完整和成熟的内部管理机制和流程，讲究做事的流程规范，内部有比较完善的新人培养体系，便于初入职场的"菜鸟"根据已有的规章制度快速适应岗位。

➤大公司,通常对人才的要求都比较高,所以意味着投身大公司后,周围同事的综合素质相对来说都比较高,更利于初入职场的我们向职业人身份的转化。

➤大平台经验背书,利于下一份工作机会的获取。有大公司平台经验者,更能得到小公司的青睐。同样,大公司工作岗位的要求也会更聚焦于要求有同类型平台的工作经验者优先。

➤大公司内部组织架构复杂,人员繁多,更注重团队文化建设,以及跨部门沟通与协作,更容易培养自己的人际关系处理能力和跨部门沟通协作能力。

• 转入小企业快速提技能,打造职场个人核心技能

前面讲到大公司平台那么多优势,为什么还建议转入小平台呢? 主要考虑的是从职业的进阶发展及个人能力的发展维度来看的,具体分析如下:

➤大公司内部岗位一般都是定岗定责,分工比较明确,这就必然导致工作范围非常狭窄。只要在这个岗位上,那么可能每天处理的工作都是大同小异的,久而久之必将导致个人能力的止步不前。

➤一般中小企业的员工之所以都能比较快速地成长起来,是因为小企业要生存,就必须具备非常强的成本意识和营利意识,这就决定了员工必须身兼数职,最大限度地发挥个人效能,强调个人独立作业的能力,因而,也将获得更多的实战经验,实战经验就将是个人核心竞争力的基石。

➤中小企业一般属于大公司的下游公司,通常是技术或服务的生产与提供者,更注重项目或技术的产出质量。同时在直接服务面对各种不同类型的上游企业,与各种客户对接打交道的过程中,个人将获得更多的行业整合与动态信息。

• 转入大公司做管理,稳固自己的职场地位

在第二阶段进入中小企业沉淀了一定的综合技能和综合能力后,为什么还要回到大公司呢? 考虑因素如下:

➤当具备了大公司的工作背景,同时,还有从小企业中学到的精专技能,一定会有我们去大公司获取比较好的管理岗位的筹码。大公司财大气粗,有比较好的薪酬待遇,此时为了生活的幸福指数,何不去投靠一棵大树呢?

➤如果只想做一个本本分分的职场工作者,那么35岁可以说是职业生涯的分水岭,也可以理解成35岁时,很多人的职业状态指数会在这个年龄段后下降,这是经过数据验证的。那么也就意味着,我们要在35岁时找到一家好的企业立足,或者说至少要让自己在35岁时还能有机会选择自己想进入的企业,那么好企业的标准各有千秋,但大而全的综合性企业一定比一家小企业更适合作为"靠岸"企业。

当然,无论在什么平台做什么工作,初入职场,工作都将只是个起点,未来的职业生涯还很长,需要自己不断地学习,精进自己,只有这样,才能为自己赢得更多的筹码,才能让自己走得更远,飞得更高。

(五)选择实体经济行业还是虚拟经济行业?

1.了解实体经济

实体经济是指一个国家生产的商品价值总量,是人们通过思想使用工具在地球上创造的经济,包含物质的、精神的产品和服务的生产、流通等经济活动;包括农业、工业、交通

业、商业服务业、建筑业等物质生产和服务部门,也包括教育、文化、知识、信息、艺术、体育等精神产品的生产和服务部门。

实体经济始终是人类社会赖以生存和发展的基础。实体经济在国民经济发展过程中的功能表现在:

（1）提供基本生活资料功能

古往今来,乃至永远,人们总要吃饭、穿衣、行动、居住、看病、休闲等,而保证这些活动得以继续进行的基础,则是各式各样的生活资料。而这些生活资料是由各式各样的实体经济生产出来的。如果实体经济的生产活动停止了,那么,人们的各种消费活动也就得不到保障。

（2）提高人生活水平的功能

同样,古往今来,乃至永远,人们不仅要生存,而且更要发展,亦即人们不仅要生活,而且还要生活得更好。保证人们生活得更好的物质条件,是由种类繁多的更高水平的实体经济创造出来的。如果实体经济的更高级的生产活动停止了,那么,人们就从根本上失去了提高生活水平的基础。

（3）增强人综合素质的功能

再同样,古往今来,乃至永远,人们不仅要生活得更好,而且还要使自己的素质得到全面的增强,如果实体经济的一些特殊活动形式停止了,那么,人们也同样会从根本上失去增强综合素质的根基。

### 2. 了解虚拟经济

虚拟经济是相对实体经济而言的,是经济虚拟化的必然产物。经济的本质是一套价值系统,包括物质价格系统和资产价格系统。资产价格系统是以资本化定价方式为基础的一套特定的价格体系,这也就是虚拟经济。由于资本化定价,人们的心理因素会对虚拟经济产生重要的影响,这也就是说,虚拟经济在运行上具有内在的波动性。

广义地讲,虚拟经济除了目前研究较为集中的金融业、房地产业,还包括体育经济、博彩业、收藏业等,虚拟经济发展过度将会带来泡沫经济。

（1）虚拟经济的功能

• 促进社会资源的优化配置

资本市场的价格发现功能即虚拟资本所代表的权益及规格,是实现增量资本在实体经济各部门之间优化配置的基本工具。虚拟经济通过有效的信息提示及相应的金融创新,可以处理因信息不对称产生的激励问题。可以通过资产价格的信息功能来判断企业经营的好坏、投资业绩的优劣,使虚拟资本可以迅速从效益低的领域流向效益高的领域,促进优良企业的快速发展,不断对资源进行重新分配和重组,提高实体经济的运作相率。

• 为实体经济提高金融支持

随着实体经济的不断发展,居民储蓄的不断上升会限制生产投资的增长,使许多生产过程因缺乏投资被困在没有经济效益的规模上。虚拟经济则能够以其流动性和高获利性吸引大量暂时闲置和零散的资本投入到股票、债券和金融衍生品等虚拟资本上,全社会的沉淀资本就由此投入到实体经济中,满足实体经济发展过程的资金需要。

如银行系统通过储蓄存款将社会上的闲散资金集中起来,通过贷款、投资等方式让企业在证券市场上通过发行股票、债券、票据等金融工具吸收社会闲散资金,满足其进一步发展之需。金融市场上融资渠道的拓宽、融资技术的提高、融资成本的下降,使储蓄转化为投资的渠道更通畅、更便捷,为实体经济的发展提供了坚实的融资支持。

- 有助于分散经营风险

各项投资经营活动常会遇到来自各方面的风险,特别是当经济发展中间接融资比例过高时。而虚拟经济的发展则为风险转换为现实收益提供了转换机制,成为规避风险的重要手段。

如期货、期权等金融衍生工具产生的最初动机,就是为了套期保值和转移风险。如果没有多种多样的保值方式和避险手段,从事实体经济活动的主体就只能自己承担风险,从而使实体经济的发展受到抑制。

- 有利于产权重组,深化企业改革

虚拟经济的发展使实物资产商品化、证券化,不仅在技术上解决了实物资产转让的困难,更可以打破所有制、地区和行政隶属关系的界限,通过产权的分割、转让、组合和控制等手段加速资本流动、促进企业完善组织制度。

所有权和经营权分离的组织形式,使公司管理更加科学、规范,财务制度、奖励制度更加健全,由此企业处于股东的监督、股票价格涨跌的压力,以及证券监督机构的监督制约中,只有经营管理水平高、经营效益好的企业才能在发行市场上筹到大量资金,有利于企业形成良好的风险控制机制和合理的财务结构。

(2)虚拟经济的特点

- 提高社会整体生产或服务水平的关键在于发展实体经济而非虚拟经济

虚拟经济的资金循环没有直接经过生产或服务环节,因此虚拟经济不直接创造物质产品或提供服务。而实体经济系统的资金循环必须经过生产或服务环节,即生产或服务环节是资金在实体经济实现价值增值的必要环节。也就是说,提高社会整体生产或服务水平的关键在于发展实体经济而非虚拟经济。

- 虚拟经济存在杠杆交易的特征

虚拟经济存在杠杆交易的特征,而实体经济不然。在虚拟经济中,私人部门可以借贷虚拟资产,大幅扩张私人部门资产负债表规模,从而导致社会债务规模和财富规模的扩张。虚拟经济的杠杆交易特征引致的财富规模扩张对消费具有促进作用,即虚拟经济发展的支出效应。

- 虚拟经济依托于金融系统

金融系统是虚拟经济产生的基础,没有金融系统,虚拟经济就无从产生。而脱离金融系统的实体经济运行效率低下,可能出现资源配置不合理、产业结构不合理和消费投资低迷的问题,但仍可维持运行。

3. 实体经济与虚拟经济的关系

首先,虚拟经济源于实体经济,最初表现为闲置货币的资本化。虚拟经济从实体经济中产生,尽管当前虚拟经济发展得相当独立,但其根源还是实体经济。其次,虚拟经济本身不直接创造价值,但可以优化资源配置,提高实体经济创造价值的能力。再次,虚拟经济靠虚拟资本进行运作。虚拟资本包括信用资本、知识资本和社会资本。

另外,实体经济的问题会反映到虚拟经济中,而虚拟经济发生的问题也会对实体经济造成影响。

(1)实体经济和虚拟经济的示例

• 以房地产为例

若盖房子给人居住,则房地产为实体经济;若盖房子给人炒作(短期内倒买倒卖、大量炒房者一窝蜂涌进),则房地产为虚拟经济。

• 以股票为例

若是长期稳定投资做实业且盈利的企业,则股票为实体经济;若炒股(短期追涨杀跌、幻想抄底暴富、赌一把),则股票为虚拟经济。

• 以郁金香为例

若郁金香是一朵美丽的花,被买来送给爱人,则为实体经济;若郁金香买卖变为期货合同,并带来全民炒作甚至导致国家经济崩溃,则为虚拟经济。

• 以店铺为例

若开店是实打实卖东西,则无论线上网店还是线下铺面,都是实体经济。因为卖的都是产品或服务,都是工农业的产出。若开店是为了圈下线,则无论微商还是实体店加盟,都是虚拟经济。

(2)虚拟经济对实体经济的负面影响

• 虚拟经济过度膨胀加大实体经济动荡的可能性。

• 虚拟经济过度膨胀导致泡沫经济的形成。

• 虚拟经济过度膨胀还会掩盖经济过热的风险。

因此,如果过度地提倡、依赖虚拟经济,很容易产生市场泡沫,甚至阻止实体经济的发展,甚至是整个社会财富的倒退。虚拟经济只能是锦上添花,这个锦,就是实体经济,过度崇拜和发展虚拟经济会对实体经济造成冲击。就像一个蛋糕,就那么大,虚拟经济比重高了,实体经济比重就低了。

虚拟经济的比例不断变高显然不是一个好现象。

## 4.选择实体经济行业还是虚拟经济行业?

与虚拟经济相比,实体经济往往投入成本较高、产出周期偏长、利润空间有限,当前实体经济特别是中小型民营企业面对严峻挑战,生产经营往往处于微利、无利状态,有的甚至难以为继。

如果虚拟经济成为主业,挤压了实体经济,最后造成的结果是实体经济无法支撑整体经济发展,虚拟经济也会变成泡沫消失。而要实现虚拟经济行业更进一步的发展,还是要从实体经济的需求出发,持续创新虚拟经济产品及服务,踏踏实实为实体经济服务,虚拟经济切不可凌驾于实体经济之上。否则,只会造成经济泡沫,损害国家经济,导致一损俱损的局面。

推进实体经济和虚拟经济之间的就业平衡发展,能够引导优质劳动力进入生产性、创造性部门,而非分配性的寻租部门,因此,实体经济和虚拟经济的平衡发展是推动高质量发展和实现制造强国目标的必然要求。当前我国实体经济与虚拟经济之间的就业呈现显著的不平衡性,主要表现在两类部门间工资水平、劳动供给增速差距扩大,以及行业收益率和从业人员素质差别显著等方面。

国家发展改革委等17部门发布了发改就业〔2018〕1008号文件,标题是《关于大力发展实体经济积极稳定和促进就业的指导意见》,有兴趣的同学可扫描二维码阅读。

关于大力发展实体经济积极稳定和促进就业的指导意见

现在,很多年轻人宁愿赚得少一点也不愿去当工人,认为服务业相对轻松,而制造业工作强度高,纪律严格。很多学生毕业后,首选公务员,其次选择进入银行等金融机构,高素质的技术人员和工人越来越少。

专家呼吁,现在是时候把目光投向实体经济了,新一轮的经济增长应该来自切实改善人民生活质量的实体产品,而不能寄希望于虚拟经济以及单纯以模式和套路取胜的领域。优质便捷的生活要靠优质的产品获得。从长远看,好的产品才能带来稳定而坚实的经济基础。

大学生都应该具有这样一个比较宏观的视野,看清楚将要从事的行业在整个国家经济中的地位,并看清楚该行业中各个不同类别的产品和服务具体起到什么作用,再细化到每个企业着重做什么业务,发展模式是什么,盈利模式是否可持续。最后,具体细化到个人的工作中,评估个人工作的价值和意义,如是否具有创造性、是否单一重复等,而不要单纯从个人利益出发,一味谋求行业高薪职位。

环境瞬息万变,个人的选择或是改变刚好顺应了时代,那就是幸运的;个人的选择或是改变刚好顺应了自己,那就是幸福的。

## 二、实现参考:结合长处和爱好选择细分的岗位,选一行,爱一行

### (一)活动二:爱我所爱,以优取胜

**1.活动目的**

加深对"选择岗位,与兴趣结合"的认识。

**2.活动流程**

(1)阅读案例

小林是某大学农学专业毕业的同学。他对摄影有着特别的爱好,一直梦想在摄影天地里一显身手。毕业后,他去到海南谋职,此地几乎所有的影楼对这个毛遂自荐但不是学艺术专业的小伙子并不看好。

有一天,他看中了一家台资艺术摄影及广告公司后,就登门开诚布公地表达了自己的求职愿望。面试时,他递上了一叠自己平时拍摄的彩色人像和风景艺术照片。"请问这些摄影作品质量是否可以?是不是符合贵公司的录用标准?"门市经理赞叹:"这些摄影作品确实很优秀,我可以肯定地告诉你,只要这真的是你自己的作品,我们一定会毫不犹豫地录用你!"

此时,他激动地说:"这真的是我自己的作品。但是,我学的是农学专业,并非科班。"经理听后笑着说:"你认为,文凭能决定你的命运吗?"

(2)同学们快速思考

• 小林的业余爱好成了他选择的工作岗位,你有类似的想法吗?

• 从案例中可以看出,无论是所学专业还是业余爱好,一定要做出成绩来,才能去相应的领域求职。对此,你得到了什么启发?

### (二)结合长处和爱好选择细分的岗位

我们之前可能已经做了人格性格测试,比如 MBTI 和 DISC,做了职业倾向测试,比如 Holland 等,也完成了自己的职业生涯规划。我们现在要做的是,再次审视自己的职业生涯规划书,结合自己的具体情况,选择合适的就业岗位。

#### 1.选择适合自己的组织或企业

可以参照图 2-1,从体制、规模、企业文化、商业模式和其他方面进行对比,选择适合自己工作的组织或企业。

前面我们已经介绍了体制内/体制外、大公司/小企业、实体经济行业/虚拟经济行业如何选择的问题,再通过分析相关组织或企业的文化、商业模式和其他条件,结合自己职业生涯规划的目标岗位,相信就知道如何选择适合自己就业的组织或企业了。

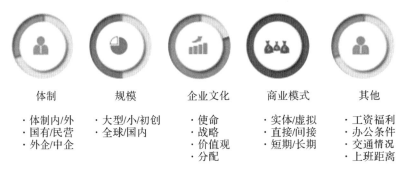

| 体制 | 规模 | 企业文化 | 商业模式 | 其他 |
|---|---|---|---|---|
| ·体制内/外 | ·大型/小/初创 | ·使命 | ·实体/虚拟 | ·工资福利 |
| ·国有/民营 | ·全球/国内 | ·战略 | ·直接/间接 | ·办公条件 |
| ·外企/中企 | | ·价值观 | ·短期/长期 | ·交通情况 |
| | | ·分配 | | ·上班距离 |

图 2-1　选择适合自己的组织服务

选择行业时,建议大行业优先。同一个行业里面,通常又分成几个子行业,子行业也有大小之分,彼此之间,差别也很大。以金融业为例,在传统金融业里面,大的子行业有银行、保险、证券、基金、信托等,其他还有诸如租赁、小贷、交易所等小行业;在互联网金融领域,则有综合性集团、第三方支付、消费金融、财富管理、众筹等不同业态。在选择子行业时,应坚持"大的子行业优先"的原则。对职场新人来讲,大的子行业空间大,意味着回转余地大、学习空间也大,以此作为职场起点,有足够高的安全边际和足够大的成长空间。

2.结合长处和爱好选择细分的岗位

(1)如何选择岗位？

其实选择岗位是很多新就业的毕业生最纠结的,对所有的岗位都不熟悉、不了解,不知道是否适合自己,大部分同学都是刚走出校门便选择了跟自己专业对口的工作,觉得可以熟门熟路,但其实因为各公司对岗位要求不同,会跟自己理想中的工作大不相同,基本都要重新学习适应。遇到很多大学毕业工作几年的朋友,说起他目前所从事的工作跟大学的专业竟是大相径庭。所以,对岗位的选择可以考虑以下几点:

• 企业价值观

一个影响最深远的就是企业价值观。企业价值观是由企业家的信仰得来的,没有信仰的企业是可怕的,因为不知道什么时候就会做出什么出格的事。

相对企业来说,求职者处于相对弱势,因此选择一个和自己价值观匹配度高的企业很重要。

• 能力契合

所谓能力契合,简单来说,就是学得会、做得来,满足这两点,才能为企业创造价值,员工个人才有成长可言;否则,一味好高骛远,终究镜中花、水中月。举个例子,有一个文秘综合岗位,职责是汇总撰写各类材料,而你自小就讨厌写东西,作文从来不及格,那这个岗位就不适合你。

作为职场新人,头三年非常重要,既要学习成长,又要树立好口碑。能力契合,才是实现这两大目标的基础。

• 兴趣优先

能力契合原则,可以确保你在职场中走得稳,而要走得又远又好,最好多加点"燃料"——兴趣。

任何一项工作,少则半年,多则三年,做久了就成了熟练工种。这个时候,轻轻松松就能把工作做到八十分,然后到点下班,聚餐、读书、旅游,井井有条。这是多数人的状态,在职场中能生存,但很难脱颖而出。

要想脱颖而出,需要工作兴趣。做的事情,自己恰好喜欢,这个时候,工作上要求八十分即可,兴趣驱动下,愿意投入更多时间和精力,自然就到了九十分。久而久之,核心竞争力就出来了。

• 拥抱压力

很多时候,有兴趣能做到的事,有压力也能。只是兴趣驱动,长期可持续,压力驱动,三五年还成,时间一久或压力过大,就会疲惫或受不了。

于大多数人而言,第一份工作难言与兴趣挂钩,这个时候,最好拥抱有压力的工作。好逸恶劳是"人性"使然,外界环境的压力能帮助我们克服这个本性,从而走得更快一些。

作为职场新人,前三年压力大一些,成长就可快一些。一步领先,步步领先,职场之路,才能越走越宽。反之,日子太安逸了,久而久之,就成了温水中的青蛙,再想改变就难了。

• 积极适应职场的变化

有很多认真的同学会对自己的职业生涯做出规划，这个很好，但计划赶不上变化，在这个快节奏的时代，我们要学会时刻改变自己，用一个开放的心态去拥抱工作，时刻学习，适当调整，才会在将来的职场生活中更加如鱼得水，发展更快。

不要简单拒绝尝试新的岗位，也许我们并不真正了解自己！

（2）慎重选择，没有单位喜欢频繁换工作的人

• 一定要了解清楚每个岗位的工作内容，找到能力契合点

比如，某公司的招聘岗位如下，我们需要了解清楚每个细分岗位的工作内容是否符合自己的意愿、性格、能力和特长。

➤研发类：IT应用软件开发工程师、通信设备软件开发工程师、操作系统开发工程师、数据库开发工程师、云计算开发工程师、编译器与编程语言开发工程师、大数据开发工程师、网络安全工程师、算法工程师、硬件技术工程师、软件测试工程师、芯片与器件设计工程师、云计算与大数据IT应用工程师、资料开发工程师、ID与UX设计师、信息管理工程师、热设计工程师、技术翻译工程师。

➤销售类：合同商务经理、市场经理、渠道零售经理、产品行销经理、客户经理。

➤服务类：项目经理、网络技术工程师。

➤供应链类：供应链管理工程师 、制造技术工程师、采购工程师。

➤财经类：财经专员。

➤法务类：知识产权工程师、涉外律师、知识产权律师 。

➤人力资源类：文秘。

➤业务支撑类：人力资源事务员、合同管理员、文员。

在招聘网站看到岗位招聘的时候，一定要仔细看岗位说明书，大部分企业都会详细说明岗位具体职责，对候选人能力和背景的要求。比如同样是销售岗位，会有这些不同：

• 医疗器械、药品销售：专业性要求高，一般都需要医学专业背景。

• 政府企业项目对接、财税顾问式销售：需要有强大的商务能力，从0到1开拓企业端客户，时间周期也非常长，考验一个人的耐心程度。

• 互联网平台销售岗位：一般都是电话营销，需要有强大的耐心，持续给陌生客户打电话，达成销售目标；每个月都会进行业绩考核，月底需要进行指标冲刺，压力会很大。

• 课程销售（中小学教育、课外兴趣辅导、职业教育）：一方面需要打电话营销，另一方面还需要做好客户接待、沟通；部分教育公司的销售人员还需要兼任教务人员，一直跟进客户上课情况，增加客户满意度，提升转介绍率和续费率。

选择岗位，不是"我想干什么"，而是"我适合干什么""我能干什么"，就业前一定要先做好职业定位，考虑一下自己究竟适合干什么，找到自己的职业定位、发展主干道，然后沿着这条主线去发展。适合才是最好的，大学生由于和社会接触较少，对整个就业形势并不

能够充分了解，找工作时一味追求公司性质、工作环境，盲目性很大。所以，在毕业前，要明智地找一个能发挥所长的岗位，不能抱太高的幻想，改掉传统的择业习惯，找一个适合自己的工作。

所以，需要仔细看每一份工作的要求，结合个人的爱好、性格特点、环境因素、能力优势等做出选择。

①个人爱好

有人喜欢有挑战性的岗位，如经常变换的工作地点、时常面临压力的销售服务类；有人喜欢稳定的、循规蹈矩、一成不变的工作，如研发类、文员等。

②性格特点

比如，喜欢创新思维、接受失败洗礼的研发、技术类岗位还是喜欢有服务意识、处理客户投诉的销售、服务、管理类岗位。

③环境因素

根据自己的家庭情况而定，如家庭经济拮据，要先解决生存问题；而家庭条件优越，可以先挑选一个挑战自己的职业。

④专业技能

清楚了解自己的专业特长，根据自身掌握技能的熟练程度进行职业选择。

• 是否选择与公司主业一致的岗位？

选择与公司主业一致的岗位意味着直接为公司创造价值，压力大，但待遇高、成长空间大。如银行的金融业务岗位就是主业岗位，而银行的 IT 支撑类岗位就不是银行的主业岗位；而 IT 公司的研发、销售、运营类是主业岗位，IT 公司的人力资源经理、文秘就不是主业岗位。

在企业核心部门工作的发展机会更大，比如销售导向的公司里，处在销售、市场等对外拓展的部门，肯定比行政部等后勤部门要有更大的发展空间；研发导向的公司，做技术研发的肯定也比其他部门的同事更有发展前景。

（3）时时检查自己是否离职业目标越来越近

外界环境不是一成不变的，随着社会的发展，自己选择的岗位也会随之进行调整，为自己制定一套科学的评估方法，定好自己的几个时间点，考核一下离自己的目标是否越来越近，如果出现偏差，要及时地调整。有时也需要降低自己期望值，对自己的职业合理定位，并不断地加以修正，致力于能够实现也相对容易实现的计划，以充分获取收益，并在这些收益的滋润中一步步健康成长。

目标低了，就容易成功。一个人有了成就感，就能够培养自信，也能够有良好的心境去对待面前的问题。暂时降低眼前的目标，并不等于说不需要长远目标。长远的目标是一条主线，要保持它的稳定，在这条主线上，需要一些现实目标，在现实目标的实现中壮大自己，因为前面不远处，就是自己的未来。

## 三、任务实现：初步确定你的职业"起跑线"

### 1.重视第一份工作的选择

第一份工作的重要之处在于：如果尽早选择一份适合自己的工作，想办法缩短试错的周期，降低试错成本，那么职业发展的连续性高，会比其他人有更多的时间在同一个行业里积累，更早成为行业专家。第一份工作虽然重要，但是也没有重要到决定整个职业生涯的地步。纵使选错了，也很正常，但是我们要知道怎样及时地修正自己的决策。

职业本身是非线性的，职业生涯很长，环境变化很快，所以需要随时根据环境和自己情况的变化，调整职业发展的策略。不存在一成不变、一劳永逸的职业规划。

赚钱远远不是一份工作的精髓，掌握专业知识和技能也不是。工作的精髓在于，给自己提供了一个萃取"可迁移能力"的机会，让自己具备从一个岗位转到另一个岗位，或从一个行业跨到另一个行业后可复用的能力。

选择工作，除了考虑前面讲到的继续升学（专升本、考研）和就业、体制内和体制外、大公司和小企业、实体经济和虚拟经济外，还需考虑下面这些因素：

• 在大城市发展还是回家发展？

大城市竞争大，生存成本高，但机会多、眼界广。小城市比较安稳，有固定的时间和安排，但相对机会也较少。

• 先就业还是先择业？

针对有明确规划、目标清晰的大学生，可以先择业。针对自身迷茫、想得太多的大学生，可以先就业，再逐步寻找自己的职业兴趣。

• 选专业还是选兴趣？

选专业相关，还是兴趣相关？专业是最熟悉的领域，兴趣则是心灵树洞，选喜欢的还是擅长的呢？可以先以专业谋生，再以兴趣谋爱。

而在选择工作岗位时，还要考虑一些选择的顺序，包括：

（1）选行业

①行业的发展背景如何（过去）。发展背景指的是这个行业发展阶段是什么，发展的原因如何。

②行业的发展现状如何（现在）。包括产业规模、商业模式、行业驱动力、用户群体、从业人员的情况等。

③行业未来的发展趋势如何（未来）。知道了行业发展背景、行业目前的情况，再知道了未来的发展趋势，基本上就对这个行业的整体情况有了清晰的了解。

一定要选择一个处于上升趋势的行业，朝阳行业，远离走下坡路的夕阳行业。选择互联网行业还是传统行业时，需要注意行业整体的发展趋势，风投网站的测评分析等。

（2）选公司

选择成长型公司或者中大型公司，可以根据以下维度进行判断：

- 公司所处行业。
- 公司目前的生命周期。
- 公司的经营状况。
- 公司是否处于融资阶段,具体处于哪个阶段。
- 公司人数和规模。
- 公司在市场的排名。

(3)选领导

职业选择的关键就是六个字"入对行,跟对人"。选择愿意一起奋斗的公司,选择能互相提供价值、相互赋能的领导。

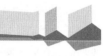

**案例 2-6**

### 小刘的岗位选择

会计专业的毕业生小刘在考虑个人求职目标时,是按这样的顺序进行的:

- 行业,是物流还是软件业?
- 组织类型:是大型国企、三资企业,还是中小型企业?
- 考虑职位。
- 是财务人员还是咨询人员?

小刘最后为自己确定的目标是物流业外企的财务人员。

(资料来源:根据某校毕业生就业案例整理)

#### 2.任务内容

现在要做的是,基于本节所学的知识点,再审视一次自己的职业生涯规划书,结合自己的具体情况,选择合适的岗位就业。

请认真思考,从自己的优势出发,确定自己的第一份目标工作岗位是什么,并按照本节所学的内容,简述选择理由。

#### 3.课堂分享

分享你的目标工作岗位,及其选择理由。

保存好你的输出,作为今后择业时的重要参考。

### 四、任务总结:职业选择是理想与现实妥协的平衡

获得满意的工作是实现自我价值、体会到职业成功的基础。当人们所选的工作与自身的职业兴趣相似时,可以获得较大的满足,且具有较高的成功机会。然而,世界上没有十全十美的工作岗位。人们在现实工作搜寻时,由于劳动力市场所能提供的岗位与自身需求不一致,自身工作经验或能力素质达不到理想工作的要求等原因,往往无法获得理想的或者感兴趣的职位。在这种情况下,人们需要做出职业妥协,也就是退而求其次,选择

并不完全满意的工作。可以说，职业妥协是大部分人在求职中都要经历的过程。

如何做出最合理的决策，选择较为理想的职业，成为每一个毕业生都必须面对的问题。在这个过程中，毕业生需要对自身以及工作特点进行评估，比如，个人的职业理想、职业兴趣、已掌握的知识技能，以及该职业所提供的薪酬水平、未来晋升空间等，从而做出职业决策。但是，在现实中，人们会遇到各种各样的障碍，导致求职过程中出现矛盾，职业选择并不顺利。导致这种情况的发生，不仅源于紧张的就业形势，还有一个最为关键的问题是毕业生在工作搜寻中不知道如何做出合适的妥协——或者在面对一个工作机会时盲目地接受，或者即使找不到工作也不愿接受不太理想的工作机会，诸如此类。这在一定程度上影响了就业率和就业质量，影响了人力资源的有效配置和青年人才的职业成长。

人们在进行职业决策时，首先要考虑个人与职业的匹配性问题，其次才需要衡量职业的发展前景，而应当尽可能地降低家庭或社会期望对个人职业选择的影响。这样在职业选择时，才能掌握好理想与现实的妥协平衡。

# 第三节　就业机会的寻找与把握

## ▣任务:列出收集目标岗位就业信息的渠道

### (一)任务描述

任务一:如何获得"总经理助理"岗位信息。

任务二:列出收集目标岗位就业信息的渠道。

### (二)任务分析

利用好"应届毕业生"身份,主动、多渠道收集目标岗位的就业信息。

| 实现准备 | 课堂活动 | 活动一:应届生身份的优势,你知道多少? |
| --- | --- | --- |
| | 课堂讲解 | 珍惜应届生的身份 |
| | 课堂讲解 | 校招是大学生最好的就业机会 |
| 实现参考 | 课堂活动 | 活动二:小张就业的"海投"策略为何不成功? |
| | 课堂讲解 | 如何利用好应届生身份? |
| | 课堂讲解 | 全面获取就业信息 |
| | 课堂讲解 | 怎样寻找实习机会? |
| 任务实现 | 课堂实训 | 任务一:如何获得"总经理助理"岗位信息 |
| | 课堂实训 | 任务二:列出收集目标岗位就业信息的渠道 |
| 任务总结 | 课后思考 | 分析和利用就业信息,避免就业信息陷阱 |

### 一、实现准备:校招是大学生最好的就业机会

#### (一)活动一:应届生身份的优势,你知道多少?

**1.活动目的**

了解应届生身份的重要性,要用好应届生身份的就业良机。

**2.活动流程**

(1)阅读材料

①应届生身份具备的落户优势

近年来,各城市为了吸引人才展开了拉力赛,落户政策逐步放宽。对应届毕业生更是非常慷慨友好,手续简单,不需要准备过多材料。

比如,一线城市的上海更是出台了《上海生源应届普通高校毕业生落户》政策,这是仅针对应届生实行的打分落户政策,需要注意的是仅在规定时间内可申请。

②应届生身份具备的考试资格

比如,选调生考试,大部分省份选调条件都要求只有本科或硕士研究生应届毕业生才能报考。选调生的目的是重点培养党政领导干部的后备人选,报考条件比公务员严格,但是提拔速度比后者要快很多。江苏省2022年应届优秀大学毕业生选调工作公告如图2-2所示。

1. 具有中华人民共和国国籍；政治立场坚定，爱党爱国，有理想抱负和家国情怀，甘于为国家和人民服务奉献；品学兼优，综合素质和发展潜力好，有一定的组织协调能力；志愿到基层工作。

2. 中共党员（含中共预备党员，截至 2021 年 11 月 8 日）。

3. 应届大学本科生，在选调范围高校就读期间获得过院系级以上奖励，大学学习成绩应在班级排名前 50%，并担任过相应层次职务，其中：类别 I 高校学生担任过班委及以上职务，含班级（党团组织）和学生会（党团组织）职务；类别 II 高校学生担任过班长及以上职务，含班级（党团组织）班长（书记），院系学生会（党团组织）中层正职、校学生会（党团组织）中层副职及以上职务。

应届研究生，在选调范围高校就读期间（含本科阶段）获得过院系级以上奖励，学业优良，并担任过班委及以上职务，含班级（党团组织）和学生会（研究生会、党团组织）职务。

获奖、任职时间截至考察之日，任职时间 1 学年以上。

4. 大学本科生一般为1997年7月1日以后出生，硕士研究生一般为 1994 年 7 月 1 日以后出生，博士研究生一般为 1991 年 7 月 1 日以后出生。

图 2-2　江苏省 2022 年应届优秀大学毕业生选调工作公告

③应届生身份具备的就业优势

在企业的校园招聘中一般都要求是应届毕业生，并且校招的名额远高于社招，而且应届生进入名企的门槛也比社招低很多，对工作经验没有硬性要求。同时，在一些央企和国企等事业单位的招聘中，也会要求应届生的身份。如国家粮食和物资储备局直属事业单位 2022 年度公开招聘公告如图 2-3 所示。

## 国家粮食和物资储备局直属事业单位2022年度公开招聘公告

2022年03月25日【字号：大中小】　　　　　　　　　　🖶打印

为贯彻落实党中央国务院关于稳定和扩大就业有关精神，根据事业单位公开招聘有关规定，结合工作实际需要，国家粮食和物资储备局直属事业单位拟公开招聘一批工作人员。现将有关事项公告如下：

**一、招聘岗位**

本次拟公开招聘30名工作人员，均纳入事业编制内管理，具体岗位及条件要求详见指定招聘网站 ▬▬▬▬。各招聘单位简介可登录国家粮食和物资储备局政府网站 ▬▬▬▬ 了解查询。

**二、招聘对象**

符合招聘岗位资格条件的社会人员和2022年应届毕业生，或经国家认可的境外高校毕业生。其中，境外高校毕业生需取得硕士及以上学位，且结束留学时间在2021年9月1日之后。

图 2-3　国家粮食和物资储备局直属事业单位 2022 年度公司招聘公告

④应届生身份具备的政策补贴

为了解决就业问题,国家包括各省市都出台了一系列政策促进高校应届毕业生就业。应届毕业生毕业创业时,还可以享受一定年限的财政补贴。图 2-4 为天津市公布的《关于做好天津市 2022 届高校毕业生就业创业工作的通知》。

二、充分发挥政策性岗位吸纳作用

(一)做好党政机关、事业单位招聘工作。在2022年全市公务员公开招考工作中,职位计划设置向**应届**高校毕业生倾斜。鼓励事业单位在2022年公开招聘工作中,拿出岗位专项招聘**应届**毕业生。相关区政府研究确定的边远乡镇基层事业单位招聘硕士研究生以上学历(须同时具有学位)**应届**毕业生的岗位,边远乡镇所属教育、医疗卫生、涉农类事业单位专业技术岗位招聘大学本科以上学历(须同时具有学位)**应届**毕业生的岗位可根据实际需要,采取面试、直接考察的方式招聘;可以根据应聘人员报名、专业分布等情况适当降低开考比例,或不设开考比例,划定成绩合格线;可以根据以往招聘报名情况及人事管理实际,经本区人社局批准,市人社局备案后,面向本市或本区户籍(或生源)人员招聘。边远乡镇事业单位采用上述方式招聘的,应与受聘人员在聘用合同中明确3-5年最低服务期限及违约责任。(责任部门:市委组织部、市人社局、各区委区政府)

(二)完善基层就业支持政策。2022年继续面向高校毕业生招录农村专职党务工作者、社区工作者、基层法律援助岗和公安辅警。积极向人社部申请扩大本市"三支一扶"岗位招募规模。扩大"西部计划"岗位招募人数,2022年相关岗位重点面向**应届**高校毕业生招募。2022年重点面向**应届**高校毕业生招聘公安辅警。进一步完善并落实毕业生到基层就业学费补偿贷款代偿、考研加分等优惠政策;鼓励有条件的高校设置相应补贴和激励政策。持续开发科研助理岗位,增强科研助理岗位吸引力。(责任部门:市委组织部、市公安局、市司法局、市民政局、市财政局、市人社局、团市委、市委教育工委市教委、市招生考试院、各区委区政府)

(三)做好国有企业招聘工作。办好"国聘行动"第三季,发挥国有企业稳就业示范作用,组织市管委管企业大力挖掘**应届**毕业生招聘就业岗位,全力保障高校毕业生就业需求,并适当向本市高校毕业生倾斜。(责任部门:市委教育工委市教委、市国资委、各区委区政府)

图 2-4 《关于做好天津市 2022 届高校毕业生就业创业工作的通知》

(2)同学们分组,快速讨论

• 你知道应届毕业生身份的这些优势吗?应届毕业生身份还有哪些优势呢?请列出。

• 你将如何利用应届毕业生身份的优势去就业呢?请列出。

(3)课堂分享

各小组安排 1 人分享小组讨论结论;其他同学可以补充,也可以分享不同观点。

(二)珍惜应届生的身份

一定要利用好应届生这个身份,可能,这个应届生身份带来的第一份工作将改变你的一生。

不知道同学们有没有发现,每年的校园招聘,很多企业包括事业单位都"独宠"应届生,要求那栏大多数都写的"仅招聘当年应届毕业生",而且每年关于"应届生"的话题热度也很高,但很多大学生都不是很清楚这个身份有哪些优势,以及自己算不算应届生。

1. 应届生指哪些人?

(1)传统应届生定义

在本年度毕业的(也可说是毕业一年内的)学生,称为应届毕业生。如 2022 年毕业的 2022 届学生,就是应届毕业生。

那是不是只有大四或者研三即将毕业的考生才能算作应届生呢?不是的!应届毕业

生分两种：

- 即将要毕业的，但是还没拿到毕业证，或者已经停止学习了，处于实习状态的。
- 拿到毕业证了，但拿到毕业证的时间不超过两年或三年择业期年限的。就是大学毕业后，没有签订劳动合同，将本人的档案留在了学校或者放在了人才市场，在毕业的这两年或三年内，都可以以应届生的身份参加各类公职考试。

（2）海外留学生如何确定应届生身份？

教育部明确说明不分应届和往届。留学生有教育部留学服务中心的派遣证和报到证，手续齐全、档案齐全的，在转档报到时与国内应届生一样。

### 2. 应届生就业的优势

2022年应届毕业生超过1 000万，所以，在目前的就业压力下，作为应届生，同学们的就业挑战还是很大的，可不要轻易松懈，充实自己才是王道。

当然，挑战和机遇很多情况下都是并存的，而且应届生有得天独厚的优势。

（1）校招门槛低，机会多

每年各行各业的秋季校园招聘就是一场应届毕业生的"求职盛宴"，绝大多数都是只面向应届毕业生的。没有就职经验的约束，这让应届生入职的门槛降低了许多。

国家对应届毕业生有"特殊"的照顾，企业必须要为应届生提供一定数量的就业岗位。还有，现在全国多地出台人才引入政策，给予初次就业的毕业生一定补贴，招聘会上企业、岗位可选择性变强。

（2）落户问题得到优先照顾

现如今，越来越多的大学生在求职时很在乎能否落户的问题，相对于小城市好落户，大城市的落户条件一直都是各大企业手中吸引应届生的撒手锏，全国各地接连出台一系列人才引进政策。

（3）大企业校园招聘更倾向应届生

大企业每年有两次大型校园招聘，一次是秋季，一次是春季，但都主要都是面对应届生。校招的岗位不需要应聘者有工作经验，更多参考学历、工作能力、实践能力、性格人品等，相比社招更容易一些。这意味着应届毕业生有更多的机会进入国企"大厂"等。

### 3. 错过应届生就业机会的，可能影响"一生"

有位同学在大四时考银行职位，结果没过。毕业后，她去广发银行从事信用卡销售，基本工资低，每天出去拓展业务，风吹雨打，但是她仍然坚持了半年，原因就是主管的一句话"业务做得好的有机会升做柜员"，而她的目标，就是想成为广发的一名正式柜员。然而，校园招聘招的就是柜员，如果她当年更加认真地看书，她很可能毕业后直接进入广发银行。

可惜的是，毕业后再也不能以应届生的身份参加校园招聘，只能以社会人的身份参加社会招聘。并不是说银行有多好，银行也是很累的，工资未必高，只不过对于这位同学而言，她原本是有机会以校园招聘的身份进入银行的。

毕业后就会发现，社会太残酷，想以"社会人"的身份找一份好的工作十分困难。很多岗位的要求限定在"大学应届生"，当我们毕业后，只能以更辛苦、更曲折的方式进入该行业。

如果是以校园招聘的身份进入公司,会更慎重考虑辞职这件事,正因如此,会更容易稳定下来。不要小看自己的第一份工作,很可能改变一生!

**(三)校招是大学生最好的就业机会**

**1.就业机会在哪里?**

(1)就业机会在心里

为什么说就业机会在自己的心里?首先还得问问自己想要什么样的工作,其次要问问自己有没有本事找到心仪的工作,还要问问自己该怎么去找到满意的工作。就业要先拿自己开刀,也就是端正就业观,做好职业生涯规划。说的接地气些,就是认清当前严峻的就业形势,掂量好自己的斤两。

找到工作先干着比整天哭喊着就业难的"等一族"强百倍!找到工作先干着比整天无所事事的所谓"思想者"强百倍!可先找份工作养活自己,然后再谋发展。

(2)就业机会在校园

就业机会在自己的大学校园和其他人的校园。可能不少同学对很多校园招聘会看不上,但要提醒大家,现在的单位看不上,估计以后的单位能看上自己的就更少。所以,进入学校做的专场招聘会一定要去看看,万一有合适的单位,我们就赚了,即使不可心,至少也接触了企业、开阔了视野。

如果有些同学瞧不上自己大学的校园招聘会,大可以去其他学校蹭会,如果能在其他学校找到称心的工作,那就"赚大"了。

(3)就业机会在网上

网上的信息丰富而详细,提醒同学们用好政府毕业生就业网站、学校大学生就业网、院系的就业信息群。其他学校的就业网也要去看一看,要将资源使用到极致。学校有区域性、行业性,不同学校的就业网也同时具有区域性、行业性,相当于提前进行了细分,应该好好利用。

(4)就业机会在社会

快放寒假了,在寒假期间各地都会有很多社会招聘会,大家尽可以去看看。参加社会的招聘会有两个效果:

• 有可能看着看着,就找到合适的工作了,直接解决就业问题。

• 有可能看着看着,觉得社会招聘会上的单位就这样,可能还不如来学校的好呢,有助于端正就业观也不错。

总之,放寒假了别老宅在家里,要多去招聘会。

(5)就业机会在家里

不少同学可能一直在憋屈一件事情,自己的成长路径经常被父母左右。

其实,找工作寻求家庭的帮助不是啃老,而是充分利用家庭的资源,让亲朋好友多提供点就业信息。人是各种社会关系的集合,举贤不避亲。

在学校里,毕业生就业工作已经是全员工程了;在家里,各位同学找工作的事情也可以是大家庭的全员工程。

**2.为什么说校招是大学生最好的就业机会?**

校招是毕业生最重要的求职机会,一定要尽可能抓住,为什么这么说呢?

（1）参加校园招聘会的企业正规、可信

能够进入校园进行招聘的企业，都是经过学校或者相关部门严格筛选的，这些企业的可信度较高，提供的岗位基本上更加正规。但这并不意味着可以完全相信，需要在详细了解薪资待遇、工作内容、办公地点、环境等方面之后再决定是否参加面试和签约。

（2）更省时间和精力

大学毕业季，大部分学生都处于就业、考研、保研、出国等十字路口，压力比较大，因此，没有太多精力找工作，而校招就提供了一个多快好省的机会。

校园招聘会基本都有数百家企业来参加，提供的岗位和机会也就很多。校招时间比较集中，规模比较大，各行各业的领军企业和优质单位都会利用这个机会，希望一次性完成招聘，毕竟用人单位也要考虑招聘成本，把握招聘机会。

几乎所有的优质单位都会有自己的校招计划、校招目标学校和校招行动路线，便于毕业生提早准备和选择参加。毕业生不需要花很多精力和钱四处奔波去投递简历，在校园就可以去应聘。

（3）招聘会企业、岗位可选择性强

与此同时，同一岗位能在多家公司进行对比，择优面试和签约。校招时企业会组织学生参加宣讲，同学们一定要有选择性地参加自己感兴趣企业的宣讲，合理安排时间。

（4）为毕业生量身定做

既然是校招，招聘单位更看重的是学校品牌和毕业生体现出来的潜力，如果错过了校招，又没有工作经验，在社招中几乎没有优势。

（5）学校品牌背书

校招就是冲着学校来的，因此，学校品牌能助一臂之力，起码给我们一个机会。但是社招就不一样了，更看重个人能力，虽然学校品牌也有影响力，但终归没有校招时影响力大。

（6）应届生的优势

为什么用人单位会重视校招？对于用人单位来说，应届生可以从零培养，能完整适应公司文化，对公司有更多的认同感，至于技能和能力，是可以慢慢培养的，大部分人在这方面的差距是不大的，因此，潜质和热情对用人单位才更重要！

（7）毕业、就业衔接更快

在面试成功后，需要签订"三方协议"保证毕业生就业。一般情况下，学生在校期间到签约企业参加实习就算是在企业的试用期了，毕业后拿到毕业证、学位证后即可转正，完成毕业、就业完美衔接。

三方协议

欲了解更多三方协议的内容，请扫描二维码阅读。

从以上几个方面看，毕业生一定要抓住校招机会，不要高估自己的社会竞争力。从诸多案例看，大部分好工作都是校招中签的，错过了校招，总体情况往往每况愈下。

## 二、实现参考：以应届生身份全面获得就业信息，寻找实习机会

### （一）活动二：小张就业的"海投"策略为何不成功？

#### 1.活动目的

通过案例了解制定就业策略、获得就业信息和准备就业的方法。

#### 2.活动流程

（1）阅读案例

临近毕业，小张身边的同学都在紧张地跑招聘会、去就业指导中心、看报纸……而他却只在宿舍上网，认为通过网上"海投"，就可以找到自己满意的工作。当身边同学纷纷拿到录用通知（Offer）时，他在网上投出的几百份简历都石沉大海、杳无音信。

心急如焚的他，找到职业指导老师咨询，希望能找到成功概率为零的原因。职业指导老师首先看了他的求职信，浏览了他发送的简历，然后查询了他发送简历的邮箱记录，分析了最新应聘的两个职位信息。

在老师的帮助下，小张重新制定了求职策略和计划，从搜集、分析就业信息开始，通过多种渠道和途径寻找合适的工作机会。通过积极的努力，小张在一家校园宣讲会上找到了自己满意的工作。

（2）同学们快速思考

• 如果你是职业指导老师，会怎样分析小张求职初期的网投"零成功率"？

• 对"网投"这一求职渠道，应该怎样认识和利用？

• 就业信息包含哪些方面？ 你想到的搜集就业信息的渠道有哪些？

• 管理各种信息，你的"绝招"有哪些？

• 这个案例给你的启示是什么？

### （二）如何利用好应届生身份？

即便应届大学生拥有如此多的优势，但每年依然有许多人毕业即失业，其主原因是很多人在没有很好地去规划自己的大学生活，对求职也不太关注，导致毕业时才开始慌了。那么，我们现在总结了一些经验给面临就业的大学生，希望对未来找工作有所帮助。

#### 1.制定自己的职业规划

大学生在进入职场的前期，常常处于迷茫的状态，经常不知道自己以后想从事什么行业的工作，同时对行业也没有概念，只停留在大学学习的专业上。迷茫是正常的，但不能一直迷茫，要提前去了解自己的兴趣爱好、专业特长、工作前景等方方面面，然后找到适合自己的行业，做好整体规划，适时调整。

#### 2.积累实习经验和项目经验

少做一点对求职没有帮助的兼职，多积累几份有价值的实习，一份有含金量的实习经验比得过几份只为了挣钱的兼职或实习。在未来求职的时候，面对同样学历背景的候选人，企业更看重的是有实习经验或者项目经验的人。

### 3.积极投入找工作的状态中

不管是找实习,还是参加校招,一定要积极主动,多关注目标行业和企业的招聘信息,避免信息遗漏,错过重要机会。

### 4.使用应届生身份带来考公优势

选调生、公务员、事业单位的招录考试,甚至一些国企、央企、银行的招聘考试,很多职位只有应届生可以报考。尤其是公务员,在每一年的国家公务员考试中,都有许多职位专门限定应届生报考。我们都知道考试的竞争压力有多大,多一个条件限制,就能减少很多竞争对手。用好自己的应届生身份优势吧!从当下来看,公务员考试中同年同地同条件的职位,应届与非应届的竞争比差3～5倍。

### 5.准备求职简历,精准投送

找到目标企业后的第一步是准备简历,根据岗位进行精准投送,因为简历就是敲门砖,在人力资源经理(HR)认识你之前,只能通过简历去认识你,所以,非常关键。

### 6.遇到挫折,调整心态

近几年受疫情影响,求职变得难上加难。挫折是必然存在的,碰壁也会常常发生,这个时候一定要调整好个人的心态,做好求职复盘工作,不要放弃。

同时,大学生在刚刚进入社会工作的时候,总会有眼高手低的想法,在工作中要放平心态,从小事做起,注意培养自己适应社会和就业前融入社会的能力,慢慢地积累工作经验,再去寻求更好的发展。

### (三)全面获取就业信息

就业信息是指与就业有关的招聘信息和情况,包括就业政策、就业机构、劳动力供求双方的情况、经济发展形势与趋势、劳动用工制度、干部人事制度、应聘者来源等。

获得就业信息是职业选择的基本前提,就业信息是择业抉择的重要依据,要想使自己的职业决策具有更多的准确性,毕业生必须占有充分、准确的就业信息,如果不占有准确可靠的信息,就无法稳妥地把握自我择业的自主权,实现职业理想就可能会变成一句空话。对所占有的就业信息经过筛选比较、科学决策,自己最后瞄准一个或几个相对确定的目标,就等于成功地迈开了求职的第一步。

### 1.获得就业信息的原则

①早。就业搜集信息要及时,要早做准备,不能临头再去抱佛脚。

②广。信息面不能太窄,要广泛搜集各个方面、不同层次的就业信息。有的同学只根据自己预先设定的目标搜集有关地区、行业和单位的就业信息,而忽略了其他有关信息。

③实。搜集的信息要具体,用人单位的地点、环境、人员构成、工资待遇、发展前景、对新进员工的基本要求、联系电话等各方面信息掌握得越具体、越翔实越好。

④准。要做到搜集的信息准确无误。用人单位需要的是什么层次、什么专业的人才,在生源、性别、相貌、外语水平、计算机等方面有什么特殊的要求,这些都要核准。还要注意用人单位信息的时效性,看所了解的信息是不是过期信息。

## 2.获得就业信息的方法

(1)职业优先法

确定自己今后想要从事的职业,比如通信、IT、会计、教师、导游等,然后围绕职业目标对用人单位的信息进行筛选。

(2)行业优先法

主要以自己所倾向选择的某个行业为主,围绕选定的行业获得相关的企业信息、行业现状及发展前景等。

(3)地域优先法

毕业生在筛选信息时以自己所倾向的地域为主,如"东部""沿海""新一线""西部"等。

(4)组合筛选法

将职业、行业、地域等进行不同的排列组合,如职业+行业、行业+地域、职业+地域、职业+行业+地域,然后进行筛选。

搜集就业信息是要花时间的,不可能靠冲刺或是走一些捷径就能完成,但在搜索信息上所花费的时间和精力将会以多种形式回报给你。

## 3.搜集就业信息的渠道

信息是大学生求职择业前的一项重要任务,因此,必须充分利用各种渠道、运用各种手段准确地搜集与择业有关的各种信息,为择业决策做好充分准备。毕业生获取信息有以下几种渠道:

- 校园招聘会。
- 政府就业指导机构或高校毕业生就业指导中心。
- 互联网。
- 实习实践活动。
- 社会关系网络。
- 人才中介。
- 其他。

(1)校园招聘会

➤学校就业指导中心

学校的就业指导中心有固定的就业信息发布渠道,要及时加以关注并及时关注自己意向就业地区同类高校的就业中心发布的信息。如毕业生有意向到广州市就业,他就应该关注广东省院校就业中心网站上的信息。

➤校园招聘会:专场招聘会、大型校园招聘会

参加校园专场招聘会步骤:了解用人单位,制作个性化简历,认真听企业宣讲,注意仪表,不要应聘不同岗位。

- 观:走马观花,锁定目标。
- 听:听应聘者询问、单位介绍 。
- 问:选择单位,主动提问。

- 递：投递简历，表达诚意。
- 记：记下公司名称、应聘岗位、联系人。

（2）政府就业指导机构或高校毕业生就业指导中心

政府就业指导机构的主要职责是制定所管辖区的毕业生就业政策，向毕业生发布本地区企事业用人单位招聘信息，为毕业生就业提供各种咨询与服务，提供各种真实、可靠的就业信息。

高校毕业生就业指导中心传达国家、部委、省市本地区域和学校的就业信息，同学们应保持高度关注。

（3）互联网

➤行业协会的网站

搜索相关的网站，如软件行业协会、保险行业协会、医药行业协会、粮食行业协会、物流行业协会等。通过行业信息平台，可以了解行业发展的现状、行业动态，有的行业协会网站上有本协会成员单位或企业的名单和招聘信息。

➤用人单位的网站

大型企业通常都有自己单位的网站，会在本单位的网站上发布招聘信息，并要求学生上载个人资料，这是这些单位招聘大学生的一种方式。

➤专门针对应届毕业生求职提供服务的网站

如中华英才网、智联招聘网、应届毕业生求职网等。

➤关注那些自己感兴趣的公司

这些公司也许是耳熟能详的大公司，也许是新闻中常提到的热门创业公司，也许是朋友推荐的公司。首先在社交媒体上关注这些公司。有些创新企业常常会在社交媒体上发布职位信息，不仅公司的成本更低，并且可以直接与目标受众互动，当申请足够或者职位没有空缺的时候，可以马上取消该职业的招聘信息。其次，如果在社交媒体上与该公司互动，非常有可能会被注意到。

（4）实习实践活动

实习实践活动是毕业生了解用人单位，并让用人单位了解自己的很好途径。

（5）社会关系网络

即个人的人脉关系，也就是企业所说的"内推"。有些就业信息可能并不发布在公共场所，员工推荐是某些用人单位的招聘方式，相对校园招聘，成本要低且有针对性，如朋友、邻居、老师、同学、亲戚、父母的朋友等。

其实大家很乐意帮助别人，所以不要害怕主动提供或寻求帮助。

列出认识的所有可以联系的人：朋友、家人、以前的同事、以前的同学等。即使他们并不知道哪里有空缺的职位，但是或许可以在力所能及的情况下，帮助联系感兴趣的公司。这种方法是可行的，并且还会带来意想不到的结果，因此请赶紧抓住机遇吧。

（6）人才中介

比如，针对普通求职者和大多数普通职位的职业介绍所；针对高级职位的猎头公司。

（7）其他

包括大众传播媒介报纸、杂志、广播、电视等新闻媒体,校企合作单位……

## （四）怎样寻找实习机会?

每一位大学生学习生涯结束之前,最重要的事除了完成毕业论文或满足毕业要求,就是寻找一份适合自己的实习工作了。

找到好的实习工作,对每一个大学生来说都很重要。当然,制作一份好的简历在寻找工作中也是很加分的,所以,在完成简历的时候也要花费一定的心思。

### 1. 了解实习重要性,明确实习目的

实习的目的各有不同,不少毕业生为了累积经验而积极找实习工作,有的是为了从不断更换的实习工作中找到自己适合的工作,有的干脆就是逃避就业,让自己躲在实习的外衣里,迟迟不肯面对找工作独立生活的现实。

不管怎样,频繁地更换实习工作会和频繁地更换正式工作一样,浅尝辄止,不能明确把握岗位职能,最终亦是无从下手。用人单位对短期内频繁跳槽的求职者也会提出大大的问号,认为这样的求职者缺乏稳定性、规划性,对企业的员工稳定和文化发展有着不良的影响。

每个人的实习目的不尽相同,但我们要牢牢记住一点,带着目的去找实习,这样就能更容易地找到适合自己的岗位。实习的目的基本包括这四种:

- 获得一定的实习经历,增加毕业后的简历筹码。
- 赚钱,获得收益。
- 锻炼自己的综合能力。
- 考研深造或留学,给自己的履历加分。

不管是哪一种,一定要牢牢把握以下几点:

（1）实习不一定非要与专业对口

对于很多大学生来说,大家都想在自己的专业领域内大展宏图。可现实是,大学生就业多样化,工作专业不对口是常态。

在选择实习工作时,我们其实不用过于"执着"专业的对口性,应更多地考虑兴趣所在,在摸索中寻找自己的职业兴趣点。

毕竟,兴趣是最好的老师,哪怕专业不对口,但是兴趣会指引我们在实习工作中越来越好,越来越得心应手。这样的话,才不会在毕业之后出现短期内频繁跳槽的情况。

（2）为未来职业发展奠定基础

调查显示,60%以上的大学生认为得到相关的实践经验才能达到实习的目的,从实习中了解自己的未来工作,同时,实习也是一个了解社会的机会。

实习作为学生向工作的过渡,对于个人职业生涯的发展有着重要的意义,可以帮助学生在实践中深刻理解专业所学知识、积累社会经验,亲身体验工作的具体内容,认清自身存在的不足,明确或完善自身的职业规划。有计划、有针对性的实习,会帮助自身了解希

望从事的职业的"真面目"，提前做好继续坚持或者转行的准备。

明确了自己的实习重要性，就能更加快速、准确地找到适合自己的实习工作了，这样能节省自己找工作的时间，对自己未来的工作也有很大的帮助。

（3）不要给自己设限

很多同学会给自己定下种种限制，不离开本城市，不实习销售岗位，不接受加班。却忘了实习的目的是通过试错，完善或纠正自己的职业规划，而试错是要敢于尝试的。

去了其他城市可能有意想不到的机会。对于年轻人来说，只要身体健康，通过实习去拼一把、感受一下，发现不适合就撤，适合就找到或确定了职业方向，总比工作后后悔再换行业来得好。

不仅如此，对没有确定职业发展方向的年轻人，还可以换个行业或者公司体验一下。

## 2. 如何找到合适的实习单位？

（1）公司官方网站和各种行业分类的官方网站

一般知名度高的大公司都会有自己的招聘网站，我们需要留心，随时关注其中的实习生项目。很多学生可能看到了自己喜欢的实习工作，但是因为专业和技能要求不符合，很容易就错失机会。所以一定要留心，随时关注招聘信息，提前了解心仪公司的招聘要求，完善自己的技能。

（2）学校的就业中心

学校一般设有实习就业网站，发布实习和工作的新闻。有的学校还会举办一些面试技巧学习会和职业规划的相关讲座。我们可以根据自身需要利用起来。而且有的公司可能会在学校举行定期的招聘活动，可能既招职工也招实习生。密切关注此类信息，可以更快地找到靠谱的实习工作。

（3）老师校友推荐

老师推荐也是一个好的渠道。虽然实习有可能工资不高，但是更有可能给后面带来很多的工作机会。毕竟，老师介绍的实习工作一般都是真实靠谱的。

但是，老师不会随便推荐人去实习。因此，要给老师留下很好的印象，比如认真学习，保持良好的成绩，课上课下都与老师有良好互动。课上，积极配合老师，课下，可以和老师多沟通。这样不但会让老师了解你学习上的勤奋，也会让他真正地了解你的性格、爱好、特长等。多次以后，老师会根据你的专业度和个人特性做相应的推荐。

很多学校都会建立有关实习和找工作的微信群，一些校友都会在微信群里发布一些公司的实习招聘，一般都是很靠谱的，真实性很高。而且通过校友牵线搭桥，一般能很快知道自己被录用的情况。

（4）各种社交网站

在许多公司的社交网站上，也会发布实习岗位，因此，不妨多关注一下社交网站上的信息，尤其是国外一些知名企业的官网，访问时完善自己的个人主页，酌情投递简历。

有很多招聘平台上的实习工作也是很靠谱的，可以在上面寻找适合自己的实习工作，增加自己的实习经验。比如：

• **BOSS 直聘**

里面会有很多实习生的岗位，而且如果对某些岗位有确切的意向，可以直接搜索想要的岗位实习生需求信息。

BOSS 直聘网最大的优势在于回复速度很快，基本简历投出后，当天就会有 HR 主动联系。

• **拉勾网**

这个网站上关于互联网的实习工作有很多。拉勾网比较侧重于互联网的工作，如果专业是编程、UI 设计、市场运营，可以直接在上面找实习工作，而且很方便。

在互联网领域里面，拉勾网算是比较专业的。

• **微博**

微博上也会有很多实习的信息发布，比如：500 强企业的微博、"实习僧"官方微博等，这类微博每天都会更新相关的实习信息，方便实习生寻找工作。

• **兼职猫**

这是一款可以找到实习和兼职的移动端应用（App），可以根据自己的需求搜寻对应的实习工作和兼职。

• **微信公众号、小程序**

很多企业也会通过微信公众号、小程序的方式发布一些求职信息，我们可以通过微信公众号去投递实习简历，非常方便。

（5）校园招聘会

校园招聘会是获得实习的好机会。如果你有心仪的公司或者心仪的实习目标，一定要提前了解清楚，做好准备，时刻关注校园招聘会动向，从而在企业做校园招聘会的时候，找机会与负责人聊，给他们留下良好的印象。结束的时候留下简历，带走名片。

一般大的公司都会要求网申，所以给招聘人员留下深刻印象，并在简历上做了标记的，会大大增强获得面试的机会。

### 3.如何做好一个实习生

永远记住，入了职，并不意味着可以好好舒一口气。入职只是开始，如何做好一个实习生，希望这些建议能有帮助。

（1）职业化态度

什么是职业化态度？如何职业化做事？我们已经讲过了。哪怕是一个实习生，也应该把自己当成一个正式员工去做事，不要"划水"。自己做的东西，产出的成果，都是要给别人看的，拿给别人用的。进了公司，自己就应该按职业人的标准工作。

（2）独立思考，独立解决问题

进了企业，要记住这里没有老师，自己不是来跟人学习的，是来给人解决问题的。遇到问题，不要上来就指着领导，问这问那，尽可能自己独立思考解决，不要去拖累主管的工作效率。

尤其是一些比较低级的问题,像软件怎么操作这种问题,尽量避免张口就问。像一些业务上的问题,实在解决不了,再去问。问的时候注意问题本身是否定位清楚,去之前先对自己说一遍,看看有没有察觉到什么不对的地方。

(3)尽可能快地熟悉团队,熟悉业务

通常来说,进入工作单位的时候,上司会带你去认识一下团队,但是基本上也就是"走个过场"。需要自己平时去了解每个人具体所负责的业务,这样才方便以后工作上的对接,并且,在平时还可以和同事、前辈多沟通,了解不同岗位、工种间的情况,这样,方便自己快速搞清楚各个工作环节之间的关联,理解自己的工作内容具体是从哪个环节出现的。

(4)沟通准确

在和上司或者其他同事沟通之前,先把自己的想法和事情在脑子里面捋一捋,先说什么,后说什么,然后在自己心里过一遍,看看有什么问题。

在面对面沟通时,注意确认对方所理解的事物,是否就等于自己想表达的东西,如果感觉到不对的时候,问对方一句:"你理解的 X 是不是 Y?"或者"我把我的想法讲清楚了吗?"

(5)交代事情要记清

出现疑惑,实时同步,保证理解正确。

工作中,可能出现不知道怎么做的情况,但切记一定要避免"返工"。一是极大地影响工作情绪,从而打击工作积极性。一两次还好,多了就会厌恶工作。二是返工不仅仅是耽误自己的时间,而且还可能耽误协作同事的工作进度。

(6)把杂打好,但不限于打杂

做完一件事,要想想自己做这件事情,有哪些环节没有做好,有没有更快的方法。再往深一点去了解这个"杂"在整个业务流程中是怎么产生的,有没有一个更好的方案去把这个"杂活"给优化掉。

建议最好是养成写日报、周报的复盘习惯,哪怕上司没对自己做要求,可以自己写自己看,这样才能避免自己被埋在杂活中。

## 三、任务实现:输出你目标岗位就业信息的获取渠道和岗位信息

(一)任务一:如何获得"总经理助理"岗位信息

1.任务内容

假如你的目标岗位是"总经理助理",那么,

· 你想获得有关总经理助理什么方面的信息?

· 有关信息在哪里可以找到?

请回答上面的两个问题,并输出相关信息。

2. 参考案例

获得"总经理助理"的相关信息如下:

- 公司名称:××能源科技有限公司
- 招聘职位:项目经理助理
- 工作性质:全职
- 工作地点:北京
- 发布日期:2022-3-10　　　　截止日期:2022-12-28
- 招聘人数:1 人　　　　薪水:面议
- 职位描述:略
- 职位要求:

➢理工科,大学本科及以上;

➢年龄 22～35 岁,英语六级以上,熟悉办公室软件(PPT、Word、Adobe),有一定的开拓精神,能独立开展工作;

➢头脑清晰、有分析与解决问题的能力;

➢性格随和、开朗,有亲和力。

- 公司简介:略
- 公司地址:略
- 联系方式:略

(二)任务二:列出收集目标岗位就业信息的渠道

1. 任务内容

- 结合自己初步确定的目标岗位,输出目标岗位就业信息的获取渠道。
- 并收集自己目标岗位的招聘信息。

2. 课堂分享

- 分享你的输出内容,其他同学给出修改建议。
- 修改、完善你的输出,存档备用。

### 四、任务总结:分析和使用就业信息,避免就业信息陷阱

1. 就业信息的分析研究

招聘信息五花八门,内容丰富。每一则招聘信息都应认真研读,找到其中真实的内核。比如:报刊上的就业信息、电视电台播放信息都会因为费用问题而简洁明了,并且有些内容不适宜在信息中和盘托出,因此,求职者要从多而杂和异常简洁的招聘信息中获得有用的东西,一定要学会"看门道"。

(1)注意时效性

由于网络传播速度快,覆盖面广,因而应聘的人多,竞争激烈。求职人员应尽可能早地找到有效信息,早做准备,早点去应聘,以增加就业机会。

（2）注意广告刊登次数

同一单位在短时间内连续刊登相同的招聘广告,说明该企业招聘的人数多且急,求职成功的可能性较大。若一个单位数周后再次刊登同样的广告,说明该单位待遇不是很好,很难招到人或者招到人后留不住人,求职者应三思而后行。

（3）理智看待高薪广告

目前许多广告打出的工资高得惊人,如年薪十万、百万。这些单位大多对学历、经验、能力、社会关系要求较高,一般不适合刚毕业的学生,而且许多广告是为了制造轰动效应,起营销的作用,大可不必过多关注。

（4）充分利用缓冲期

许多广告都会说明几天后现场招聘。求职者可利用这段时间打电话或实地考察招聘单位,了解经营和福利状况,做好思想准备,把握主动权,做到正式应聘时心中有数,增加成功机会。

（5）注意选择对象

一般,广告上最多的是招营销和保险人员。这些工作一般没有底薪和劳动福利,按销售提成,工作辛苦且有一定风险,选择时宜慎重。

（6）留意附加条件

许多招聘广告都注明年龄、学历、职称等要求,这是硬条件,可以活动余地较小,不容突破。研读信息时注意,对出现"一般情况下……""特殊情况可适当放宽"等注释时,或注明"……条件优先"等字样时,求职者可以抓住机会,针对自己的特长大胆应聘,集中推销自己的长处,争取获得成功。在应聘时可集中渲染自己的优势,这样也许会使招聘者顿生好感,从而获得意想不到的结果。

（7）注意判断企业规模及发展前途

一般而言,企业会利用招聘的机会为自己扬名。有些大公司往往会在招聘信息中大肆宣传,借以扩大在社会上的知名度,巩固自己在社会中的地位;而在招聘信息中避而不谈本单位的历史、未来和现在的,其规模往往不大;那些在招聘信息中除了留下电话号码外,什么都没有的招聘单位往往不可信。

## 2.职业信息的使用

对搜集到的各种职业信息,进行了认真的分析辨别,并分门别类整理出自己的首选信息和备选信息之后,就可以应用这些信息明确职业选择的思路,确定职业选择的优先次序,制订相应的行动方案并开始行动。

首先,通过所获得的职业信息进一步了解市场需要和自身优势以及不足,并对自己的职业规划进行必要的调整。所谓隔行如隔山,各行各业都有自己的特点和对从业者的要求。通过对职业信息的分析,大学生应正确估计自己的市场行情,对过高或过低的职业期望以及原有的职业规划进行适当的"微调"使其更加符合市场需要。

其次,经过对收集到的职业信息进行系统的分类之后,同学们就可以根据个人的情况和市场对人才需求的符合程度确定大致的择业范围,即确定可供自己选择的职业和工作岗位。然后,就要在大致的择业范围之内确定若干个"重点培养对象",以便集中精力"择优录取"。

再次,制订行动计划并开始行动,包括及时与用人单位取得联系和主动发出个人求职信息等。一般来说,职业信息的实效性很强,而且要获得一个工作岗位可能还要面对若干个竞争对手,所以在确定择业目标之后,应该在尽可能短的时间内与用人单位取得联系,先入为主,争取主动。

另外,在搜集职业信息时有可能出现的情况是,对所有的信息都不满意。这时,就可以考虑通过各种渠道把个人的求职信息发布出去,等待"伯乐"出现。虽然通过这种方法成功就业的概率较低,但也不失为一种择业的救急补充方法。

使用就业信息应注意的问题:

(1)信息及时利用

对那些急需就业人员的招聘信息,要放入优先级考虑,判断要准,反应要快。否则,信息一旦过时,将失去其价值。

(2)信息可信度要论证

要通过正规渠道,从不同的侧面、角度对就业信息进行可信度调查,以确保其真实有效,具有利用价值。

(3)不要草率放弃任何一条信息

就业信息从搜集、整理到分类、利用花费了大量时间和精力,因此不要轻易听信别人的"建议",而放弃有利用价值的信息。

(4)要与家人沟通

当采纳了自己认为理想、满意的就业信息,确立了求职择业的重要选择方向,准备"初出江湖"上岗工作时候,应该清醒地看到自己的经验、阅历、财力等方面的不足,所以,一定要告诉自己的家人,免去挂念和担忧。

### 3.如何避免就业信息陷阱?

经常碰到一些求职者去企业面试后大呼上当,说这个企业的招聘是假的。如有些求职者在职业介绍市场中找到满意的招聘信息,开始精心准备。但到了面试单位,有的问上几句话,有些只是让填表,末了说一句:"等通知",接下来就是漫长的等待,最终杳无音讯。其实这些单位要招聘的岗位并不缺人,只是怕那些在岗位上的员工跳槽,故准备储备一些人员,作为替补。

又如,在公益性职业介绍市场发布招聘信息,企业是无须支付任何费用的。所以,有些企业利用这个网络平台免费做广告。企业为了长期在网上发布招聘信息,以产生广告效应,把岗位培训有计划地、分批分步进行流动,夸大招用数量,说是招10人,其实可能只招1人,而且延长招聘时间。像这类招聘信息就是虚假信息,还有更多的常见就业信息陷阱,请扫描二维码了解。

常见就业
信息陷阱

那么,求职者该如何辨别那些真真假假、形形色色、令人眼花缭乱的招聘信息呢?怎样才能避免陷入就业信息的陷阱呢?

(1)要加强对劳动法规和大学生就业政策的学习

毕业生在求职前或求职过程中,应主动加强对相关政策、法规的学习,提高自己的法律意识,必要时懂得用法律武器保护自己的合法权益。

(2)通过正规渠道获取招聘信息

如前所述,不同渠道获得的就业信息其真实度是不同的,对于那些真实度不高的信息,毕业生一定要擦亮眼睛,仔细辨别。比如有些小广告上所称的"某著名企业""某上市公司"等,这些公司对它们的业务描述含糊其词、遮遮掩掩,连企业名称都不敢公开,其可信度可想而知。

(3)不要交纳诸如面试费等费用

凡是遇到要求交纳由招聘单位收取的某种费用的时候,就要提高警惕,不合理的费用千万不能交。因为国家劳动部门早就明文规定,任何企业在招聘员工时,不得以任何理由、任何形式收取求职者的押金,或者以身份证、毕业证等做抵押。

(4)不要被职位的名称所迷惑

现在有的单位在招聘中将普通的岗位"包装"以华丽时髦的名称,毕业生上岗后才发现,原来所谓的"销售经理"不过是拉广告、跑直销,甚至是陪客户喝酒等。因此,求职者在正式签约前应想方设法加强对企业和应聘岗位的了解。

(5)加强自我保护意识,防止个人资料泄密

在求职过程中,常会发生一些毕业生个人资料泄密的情况。如有时会接到莫名其妙的电话,有的人手机上也会出现一些非法的短信,电子邮箱里则是塞满了垃圾邮件。这些都提醒广大毕业生在求职时要注意保护自己,以免出现不必要的麻烦。

(6)千万别走入传销

传销的定义是组织、领导以推销商品、提供服务等经营活动为名,要求参加者以交纳费用或者购买商品、服务等方式获得加入资格,并按照一定的顺序组成层级,直接或者间接以发展人员的数量作为计酬或者返利依据,引诱、胁迫参加者继续发展他人参加,骗取财物的违法行为。

简单地说,就是以"拉人头"、收取"入门费"与"团队计酬"等方式组织的违法犯罪活动。不要觉得这个坑离你很远,因为根据统计,大学生求职者已经是传销受害高危人群。

目前传销骗术通常有:

· 跨省招聘

· 高薪引诱

· 共同创业

· 网上恋人

防入传销坑的指南:

• 不要去参加熟人介绍的来历不明的面试。很多的传销,已经伪装成招聘方,用工作机会吸引人。

• 要学会说"不"。对于刚入职场的大学生,脸皮比较薄。有时候公司同事有个请求,就是能办的抓紧办,不能办的创造条件也要办。要是碰上这个同事在搞传销,要勇敢说"不"。

• 建立正确的财富观。君子爱财,取之有道。赚钱的本质就是要给他人提供价值,从而换取财富。

(7)注意以下事项

• 拒绝交各种名义的费用。

• 体检必须去正规医院,不能企业指定。

• 不要把自己的作品留给企业,防止对方剽窃。

• 不要把身份证等重要证件给招聘方做抵押。

# 第三章 面试准备

### 学习目标

➤学习如何撰写简历,并升级简历。

➤了解用人单位如何筛选简历,从而正确投递简历,并继续充实简历,尤其讲好其中的项目故事。

➤在做好面试着装和仪表准备的同时,演练自我介绍。

### 任务安排

➤撰写简历,开展班级简历 PK 赛。

➤专项训练:写好简历中的"项目经验"。

➤精彩地讲述你的项目经验。

➤自我介绍演练比赛。

### 学习指南

➤参加课堂的活动和案例分析、小组讨论分享或自学"实现准备"等方式来学习和理解知识点。课堂外扫描书上二维码了解面试着装等相关知识。

➤学习"实现参考",掌握一定的方法技巧来支撑完成本节任务,通过在班级内进行简历 PK 赛和自我介绍演练比赛等方式切实提升自己的临场发挥能力。

➤在简历中写好项目经验,并通过演练讲好自己的"项目故事",使得自己的面试准备更为充分。

# 第一节　简历必须换血升级

## 任务:撰写简历,开展优秀简历PK

### 1.任务描述
任务一:撰写简历;

任务二:优秀简历PK。

### 2.任务分析
学习简历撰写的基本知识,了解优秀简历的要素。在此基础上,完成本节任务,输出自己满意的简历。

| 实现准备 | 课堂活动 | 活动一:"不合格"简历何其多! |
|---|---|---|
|  | 课堂讲解 | 简历基础知识、标准简历格式和范本 |
| 实现参考 | 课堂活动 | 活动二:这份简历有什么问题? |
|  | 课堂讲解 | 如何升级简历? |
| 任务实现 | 课堂实训 | 任务一:撰写简历 |
|  | 课堂实训 | 任务二:优秀简历PK |
| 任务总结 | 课后思考 | 完善简历是持续的过程 |

### 一、实现准备:简历基础知识、标准简历格式和范本

(一)活动一:"不合格"简历何其多!

### 1.活动目的
了解"不合格"简历的不合格体现在哪些地方? 自己撰写简历时避开这些"雷区"。

### 2.活动流程
(1)阅读材料

**HR眼里的"不合格"简历何其多!**

• **96%的简历缺乏针对性**

一份标准模板下做出来的简历适用于多种行业、多个职位的求职。精明的HR稍稍瞄上一眼就能明白,此人拥有"一份简历求遍天下职"的"雄心壮志"。没针对性,自然入不入HR的眼了。

• **89%的简历职业路径混乱**

实习或工作一年换两三家公司,五年内进过六七个不同行业,职业经历没有连贯性,频繁跳槽、职业生涯空白期一目了然,职业生涯太乱,企业不敢用。

• **85%的人电话沟通一问三不知**

或许是网络投简历太轻松了,投出的简历多到连自己应聘什么都不知道。HR打电话过去询问,求职者丝毫不在状态,对自己投过的职位压根没印象,更谈不上对企业基本信息的了解。

- **82％的简历信息表达不到位**

描述工作经历时，只罗列工作内容，注重表达曾做过什么，很少有人能从过往工作经历中体现出自己的价值。有的在工作内容一栏里，甚至只有六七个字。比如，一个工作了两年的销售员，说自己先是"仪器仪表销售"，后来是"卖房"，最近一份是"置业顾问"。干过是一回事，干得怎么样又是另一回事。做销售的人不用数字说话，企业如何了解个人的能力？

- **78％的简历投递职位与经历不匹配**

企业招聘网络工程师，主要经历为平面设计师的求职者也去凑热闹，结果自然是无法通过。或许当中不乏想通过跳槽来实现转型的，但在简历中无明确表达。

企业想找能创造价值的人才，而不是找供其慢慢学习适应的实习生。没有相关从业资质，达不到岗位要求的求职者，企业如何大度"收容"？

- **70％的简历未表达真实价值**

花了数百字之多来描述自己曾经的学习背景和工作经历，甚至是参加过怎样的特殊培训，文笔流畅，颇富感情，感受真实，但就是让人看不懂这些经历的背后自己积累了多少宝贵经验和技能。当下的求职，要会表达更要能总结，一个好的产品要想被市场接受，就得明确亮出它的价值与特色。

- **36％的简历相片不合适**

简历配上一张相片可以加深 HR 对自己的印象，根据统计，有将近三成的人配了相片。而在配过相片的人群中，有近三分之一的相片很不合适。有的用 Q 版大头贴，可爱搞怪、五花八门；有的是自拍，家里的窗帘、书桌、灯饰分别做背景的照片统统发来当附件。HR 坦言：一份简历配上好的相片能加分，而一张不适时宜的大头贴简历会被直接淘汰。

- **26％的简历信息错乱明显**

简历中有明显的信息错乱，工作经历重复填写，重要信息漏填，语句不通，错字连连，出现乱断句，表达混乱，甚至滥用省略号、破折号。有人这样写自我评价："我是一个非常感性的人，挺适合贵公司的职业规划师一职，不知你对我的感觉如何……"如此"含蓄"的表达，让 HR 哭笑不得。

- **6％的简历多岗多投**

一个人发来多份同样的简历，从邮件标题中得知，原来此人既想做前台接待，又想当咨询顾问，还想进公司当助理。针对同一企业的不同职位投简历，本想表现"我都能干，务必给个机会"，殊不知反被精明的 HR 贴上了"投机分子"的标签。

- **4.5％的简历隐瞒基本信息**

简历不写真实姓名，用"李先生""张小姐"等字样代替，工作背景描述中，常常以"A公司""某公司""B经理""某主管"来替换，故意隐瞒其真实信息。这样一方面给 HR 的背景调查带来了阻碍，另一方面也表现其严重缺乏诚意。

（2）同学们快速思考

- 你重视简历撰写吗？
- 上面材料的这些简历问题，你知道吗？对你写简历有什么启发？

### （二）简历基础知识、标准简历格式和范本

#### 1.简历的作用

毕业季马上就要来临,又有一大波同学们要经历 HR 的层层"折磨",其中第一层"折磨"也是淘汰率最高的一关就是简历,所以,今天和同学们来聊聊"求职简历"那些事儿!

毕竟,我们付出了那么多的努力,最终都是为了叩开就业单位的大门,在这个过程中,求职简历是第一块敲门砖,它的含金量高低直接关系到我们能否获得面试机会。

因此,写简历是大学毕业生求职的第一课,但是,很多同学对此重视度不够,也缺乏相应的经验。在大多数人都没有工作经历的情况下,一份简洁、层次分明、逻辑清晰、故事性强的简历,往往成为获得面试机会的一个决定性因素。

- 我的"名片":展示自己。
- 我的敲门砖:帮自己赢得面试机会。
- 在众多求职者中凸显出来。
- 证明自己是适合这份工作的最佳人选。

简历是用来推销自己的首要工具,简历也是面试官用来判断是否适合职位的重要依据。依据相关数据统计、分析得出了一个惊人的结果:候选人在整个求职过程中,简历一般都会发挥 80% 以上的作用,它对于候选人成功获得 Offer 起着决定性的作用。

对于没有"内推"资源的求职者来说,简历几乎就是打开通向面试大门的唯一一把钥匙,招聘经理在面试之前所获取的所有关于你的信息都来自简历,它是向市场推销自己这一独特品牌的陈述报告。所以,练成独步职场的简历,求职就成功了一半。因为只有获得了面试的机会,我们才有资格和时间坐下来和招聘方慢慢谈。

#### 2.企业希望从简历中了解什么?

在战场上讲究"知己知彼,百战不殆",这句话也可以应用到求职过程中。我们要知道 HR 在看简历的时候最想看到的是什么,希望从中看到求职者的哪些信息。下面来看看如何"知己知彼"制作简历吸引 HR 的眼球吧!

（1）了解企业的人事经理（HR）看简历的目的

其实,这个目的非常简单,就是要找出应聘者中适合企业招聘岗位的人,这是他或她的工作。这个目的决定了一份能够胜出、吸引人事注意力的简历一定要与企业的招聘岗位相匹配。所以作为求职者,在简历中应当突出描述自己与该职位相匹配的工作经历,切勿闲话冗长,这样既浪费了自己的时间,HR 也没兴趣看。

- Who are you? —— 你是谁?
- What do you want to do? —— 你想做什么工作?
- What can you do? —— 你能做什么工作?

HR 一般会通过实习或工作经历,判断求职者在新岗位上胜任与否、能否做出业绩的可能性。简历中如果包括大量的数据与事实说明自己的实习工作能力、为原公司做出的贡献,那不仅能抓住人事眼球,还能使其为之兴奋,这样"强"的简历何愁不得到面试机会。

如果能为自己的业绩提供有力的证明,提供在原公司的工作信誉,这样也能为自己的简历加分。例如:在应聘的时候能够拿出前任老板的推荐信,而在推荐信上,前任老板充分地肯定了求职者的工作。或者,有成功的工作案例,已经成为业界的一个知名案例。或

者,能拿出切实可信的销售数据、工作数据,说明自己的工作成绩等。这些都足以为自己的简历加分,在第一时间吸引到 HR 的眼球,从而获得面试机会。

（2）了解 HR 筛选简历的时间

HR 因为每天会面对许多的求职简历,且不说一个 HR 还要从事其他工作,光是花在简历查阅上的时间就不少。当然称职的 HR 会认真仔细地筛选每一份简历,但是平均花在每份简历上的时间也不会太多,据某些 HR 讲述,自己花费在一份简历上的时间不过20 秒至 30 秒,有的甚至只花费了 10 秒左右。

当然,HR 停留在简历上的时间,取决于所应聘的岗位,因为不同岗位的工作技能、工作量等因素,决定了 HR 筛选简历的时间。所以作为求职者应当尽可能地保证自己的简历能让 HR 在 10 秒内产生继续看下去的兴趣。

（3）形式与内容同样重要

简历并不只是把自己能做什么写清楚了就行的,在简历的形式上所应花费的时间,绝不应少于写简历的内容。简历用什么模板、格式是否对齐、字体字号是否一致、要不要附照片、要不要附职业资格证书等,都需要仔细斟酌。

（4）简历也要以内容为王

一份与企业招聘岗位相匹配的简历,哪些关键内容 HR 会在短短的时间内必看？让人觉得眼前一亮的看点有哪些呢？教育背景（名校）、与岗位要求相关的专业。同样,相关行业名企的实习工作经历也是"亮点"。

第一层筛选是硬指标的筛选,一般用网申系统筛选,用系统的力量帮助 HR 减轻很多人工的工作:主要学历（专科、本科或研究生）、学校（一本或二本）、专业（看岗位限制）、绩点（看公司要求）、语言（看岗位及公司要求）。

第二层筛选,人工简历分类阶段:

• A 类简历:有对口的实习经历,实习内容与未来工作内容的有相通性,技术类岗位有相似的项目经历。

• B 类简历:有实习经历,但经历不相关,综合素质不错。或者无实习经历,但有学校丰富的社团经历。

• C 类简历:简称三无简历。

最后,进入 HR 处理流程:机会是 A 类大于 B 类。

优先安排 A 类简历同学面试;如果 A 类简历面试完,仍有空缺,再安排 B 类,从中择优;如果还没招齐,会再开启补招。

简历是做出来的,但更是干出来的,它是大学怎么度过的一个缩影。在大学几年,都付出了什么样的努力,其实最终会影响自己有一个什么样的职场起点。

HR 在招聘时最担心的就是:招聘来的人不能胜任工作,甚至为企业带来麻烦,这时,招聘来的新员工就成为他的"失败"、他的"问题"业绩。招聘到合适的人会为他加分,他肯定不会放过,会千方百计地"挖"人。

### 3.简历的"黄金六边"格式

• 基本信息:包括姓名、性别、年龄、最高学历、专业、联系电话、邮箱等。

• 求职意向:按自己的职业生涯规划,列出相关职业类别。

- 自我评价:语言要简洁,要与求职方向保持一致性。
- 教育经历:从最高学历开始往下写,比如:

××年××月——××年××月,就读于××大学××专业;

××年××月——××年××月,就读于××高中。

- 实习/实践经历:参与专业实习与社会实践的经历。
- 荣誉/奖励:如实描述获得的荣誉和奖励。

(1)基本信息

基本信息一般都放在简历最前面,主要包括:姓名、性别、年龄、最高学历、专业、工作年限、所在城市、联系电话、邮箱。

可以有对自己的一句话介绍,对自己优势的精简概括,一般15字到20字即可。如果有的话,一定要特色突出,要能引起 HR 或面试官的关注。比如:有自己系统的运营方法论——221(2核心2抓手1准绳)。

当然,如果是像"拉勾"之类的招聘网站的在线简历,一般有自己的格式,按要求填上就好。

(2)求职意向

求职意向,就是打算求职什么岗位的工作,比如有的同学填写"人力资源"。不得不说它们是一窥同学们对个人职业发展、企业、岗位选择用心与否的利器,俗话说:与人方便就是于己方便,同学们在设计求职简历的时候请不要将求职意向遗忘。

如果忘了填求职意向,可能就导致 HR 从招聘会现场带回的简历无法匹配到你要应聘的职位。同时,如果一份简历中填写多个不相关 的求职意向,这岂不是让 HR 轻易知道了你的职业发展目标摇摆不定的"事实"吗?

这里提醒大家:初入职场一定不要太过于限定自己的职业选择范围。因为有很多种职业很多大学生根本不了解,有的职位去尝试了,可能会发现其实是非常适合自己的。所以,强烈建议大家多尝试一些不同的岗位。人的一生,很多时候,选择比努力更重要!

- 简历中一定要有求职意向。且应放在基本信息之后,便于 HR 快速匹配,提取简历中有关内容。
- 一份简历中只能有一个方向的意向职位。当有多个不相关意向职位时,需分别准备简历。
- 求职意向要与自己目前的技能水平相匹配。求职意向并不是职业发展规划的终极目标,此处不要错误地理解。

求职意向写好之后,要想好面试的时候如何应对 HR 的提问。HR 最可能问到的问题是:你为什么选这个岗位? 你的优势是什么? 如果没有准备,很可能就会被 HR 问住。

(3)自我评价

自我评价的重要性和项目经历差不多,但是,90%的人不重视这个模块,也写得不好。尤其是应届毕业的学生,大家写的内容都差不多,没有什么差别,无外乎吃苦耐劳、踏实肯干、性格开朗、兴趣广泛、责任心强……

这些写法都有一个共同的特点:泛泛而谈、干巴巴、千篇一律、大而空,因而没有特色,显示不出与众不同。比如,下面这样的描述就没什么有用信息。

- 学习能力强，有耐心和毅力。
- 对工作认真负责，能团结协作。
- 有较强的表达能力和沟通能力，善于与人合作，能适应各种环境。

那么，怎么写才有特色？首先要从对方（企业和HR）角度出发，想想企业最需要什么能力。然后，挑出2个到3个觉得自己具备的优点，以优点作为关键词，外带一个小案例的形式写出来，每个优点的字数50字以内即可。

- 有较强组织领导能力，三年带领2个社团，组织举办十次以上大型校园活动。
- 自媒体经验丰富，原创能力强，运营个人微信号、知乎号一年，积累原创文章20篇以上，粉丝8 000多人。

企业最需要什么能力的人？从通用能力来说，执行力、关注细节、计划性、自主性、沟通协调能力这些与做事密切相关的素质，是任何一个岗位都非常看重的。从专业能力来说，每个具体的岗位都有一些比较重要的专业能力，比如，如果应聘的是互联网企业的产品经理或运营岗位，数据分析、用户思维、用户调研能力、竞品分析等作为一些个人优势写出来。

对于初入职场的人来说，以通用能力入手来写更为妥当。建议同学们把上面说的几个通用能力作为自己的优势，挑2个至3个，结合自己做过的事情，写一个相应的案例，这样我们的简历在HR那里就有了很强的竞争力。大家不要怕和别人重复，我们面对的是全国数百万人的竞争，而不是我们学校、院系和班级的几个人。

（4）教育经历

教育经历一般从大学以上写起就可以了，高中一般可略过。

如果有双学士学位的同学，一定写上，算一个小的加分项。另外，写学校名称的时候，如果学校是重点大学，就一定注明，比如：安徽大学（国家重点大学），因为有很多HR不一定了解这个学校，不写就会有点吃亏。企业招聘的时候，对于学校还是比较看重的。

➢GPA

除了学校、专业以外，GPA是教育经历中最能加分的地方。如果GPA大于3.0，一定要写在简历上。通常填写至十分位，并且把总分写出来，属于比较靠前的可以描述名次，尚未毕业则写当前已知的GPA。如果低于3.0，那么可以不写，因为会减分。

➢相关课程

对于大学学习的课程，可以写，也可以不写，一般来说，对于求职的价值不大。而对于初入职场的人，可以暂时写上，而且只有在简历内容较少，不够一页纸时，或者专业与应聘职位要求不符时，才建议写相关课程，但是内容不要过多，写几门可能对工作有关的核心课程就行，最好不超过1行。强调的是只写跟申请岗位相关度高的，按相关顺序排列。

**案例 3-1**

### 简历中所学课程的描述

工作意向：会计

相关课程：成本会计学、会计电算化、财务建模与分析、财务管理

错误写法:经济学、心理学、企业管理、大学英语

(资料来源:根据某校毕业生就业案例整理)

(5)实习/实践经历

实习/实践这部分对于一些同学来说是空白的。但是,哪怕只有一份兼职的工作经历,都应尽量写进去。写实习和实践经历一般包括的要素:起止时间、公司名称、岗位名称、工作内容、主要成果,这里主要写的是工作内容和成果。

工作内容一般是对于这个岗位,自己做的主要工作内容的简介,通常 100 字到 200 字就好。先用一句话进行总结,然后分一、二、三点进行详细一点的说明。工作成果主要是在职期间获得了什么成果,或者收获什么感悟。如果是成果,最好呈现数字结果,比如多少人参与、多少收入之类。如果没有数字成果,可以写一下自己锻炼的能力、学到的深刻感悟。当然感悟尽量与工作能力要求相关,并且描述要具体。

如果有项目经历,大家一定不要空着,这个模块给大家提供了一个很好的展示自己能力和优势的空间,所以,大家一定要重视!可以写一次兼职、一次公益活动,或者一次实习,时间可长可短,这都不重要,重要的是通过这个项目展示出自身的优势和与工作相关的能力。

项目经历部分的要素一般包括:项目时间、项目职责、项目内容与成果。项目职责,就是个人承担的角色,类似于工作岗位;项目内容和成果,这个部分就要用到经典的 STAR 法则了。

简单来说,就是当时面临的情景(Situation)是什么? 个人的任务(Task)和职责是什么? 个人做了什么,采取了什么行动(Action )? 最终取得了什么效果(Result)? 这四个部分连起来构成一个连贯简短的故事。大家尽量不要以四个大写字母开头分割成四段的方式来写,这样会让 HR 觉得很套路。另外,还要注意一点,写项目经历,不是突出项目多厉害,重要的是突出自己很重要,要突出自己在其中的作用。

(6)荣誉/奖励

如果有奖项要写在简历上,这一部分是加分项,相信都会重视,尤其是经验较少的同学。但不要罗列很多,注意挑选几个最有含金量,且与求职意向相关的作为重点展示即可。

多次获得的奖项要合并写,不要重复罗列相同的奖项。比如,荣誉奖项:一等奖学金(2015—2017 年),市级优秀毕业生(专业前 3%)。

(7)其他:职业技能

关于职业技能这个部分,主要指的是一些硬技能,比如 PS、数据分析工具、Office、思维导图 X-mind 等。如果没有的话也不要太担心。比如,

- 技能:Excel(搭建 DCF、LBO 等类型估值模型)、PowerPoint(可设计模板)
- 证书:CFA 2 级、高级金融会计课程(Coursera 证书)

对于初入职场的同学来说,技能如何并不是最重要的决定因素。但是,有一点需要强调的是,一旦你进入一个工作岗位,对于一些基本的技能工具,一定要尽快去学,不一定要多精,只要入门就已经很好了,而入门又是很容易做到的。一旦学会某个技能,下一次求职,自己的技能项就不再是空白。

大家一定要有一个意识，无论工作经验还是工作技能，都要随时去积累，作为下一次求职的基础。

### 4.简历中的典型问题

（1）千篇一律，空洞无物

不少求职简历没有写出自己的专业特点，更没有反映个人特长，却在简历中表明自己每一项技术都精通，给人无所不能的感觉。

仅仅罗列了"参加了很多项目""技术能力强"等，用这样没有实质性的大话空话来佐证自己的专业特长、专业能力，谁会相信呢？这样能吸引用人单位吗？

（2）过于抽象，没有重点

对个人经历的介绍过于简单，能反映自己技术水平的项目经验不着重去介绍，这样的简历给人以技术能力不强的印象，是很难打动人的。

（3）夸大其词，华而不实

有些人在简历中有意夸大自己的能力，简历上说"亲自组织过某项活动"，在面对招聘面试官时却又说不出个所以然，实际只是部分参与或者协助别人去做过某个项目。

简历里面不要轻易使用"精通"这样的词语，尤其是应届生。

（4）内容繁多，篇幅过长

内容繁多，篇幅过长的简历，招聘者不会花很多时间去看的，简历要求精练、简短，一般长度在一到两页纸。

（5）信息量少，过于简单

个人经验和经历描述过于简单。

企业重视大学生的人个经验和经历，如果能在简历中体现出自己对应聘岗位的提前了解和体验，将会大大增加自己的竞争力。这也是为什么我们一直强调让大学生利用好大学时间，多进行有针对性的社会实践和工作实习的主要原因。如果经历完全是空白的，没什么可写的，最好先通过实习等工作为自己积淀一些对工作的了解。

同时，还要仔细分析自己的能力，并阐明能够胜任这份工作的原因，强调以前的一些体验对于这份工作的关联性，最好把自己实践和实习的具体公司和时间标明。

（6）看不出职业方向

比如，个人经验里写了很多工作来表示自己很有能力，但是这些工作都太杂、太乱，一会做销售，一会做编辑，一会做心理咨询。请问，你到底喜欢做什么呢？还是什么都不喜欢，所以换来换去？这样的人，公司不敢用，因为缺乏稳定性。

（7）简历投递没有针对性

很多大学生就业选择迷茫，缺少具体目标。所以他们经常一份简历用到底，对所有公司和岗位都通用，完全没有针对性。这样的简历，在浩如烟海的求职者中，HR 不会"有感觉"，根本不可能突出重围。

## 5.标准简历格式和范本

案例 3-2

# 个人简历

| 个人资料 | | | |
|---|---|---|---|
| 姓　　名:×××　 | 出生年月:1999 年 6 月 | |
| 英语水平:四级(543) | 毕业时间:2022 年 7 月 | |
| 电　　话:158＊＊＊＊6342 | 邮　　箱:＊＊＊＊@sina.com | |

**求职意向:** 光电产品开发

**教育经历**

| 2019/9—2022/7 | 四川××学院 | 光电信息工程 | 学士 |
|---|---|---|---|

**专业技能**

☆熟悉 Verilog HDL 语言,对逻辑设计有较深刻的理解,并有效应用于实时图像视频处理;

☆掌握模电数电及电路方面的基本知识;

☆熟练掌握 Matlab 及 Matlab GUI 的开发,熟悉 C 语言编程。

**项目经验**

☆2018/12—2019/2　　红外焦平面成像系统的设计与实现

开发工具:Quartus II、Matlab　　　　　　硬件环境:Altera Stratix II FPGA(EP2S60)

| 项目描述: | 该系统某导引装置服务,基于 SOPC 开发思想,通过 FPGA 设计完成整个系统的逻辑功能,实现体积小、开发周期短、实时性强的红外焦平面成像系统。 |
|---|---|
| 责任描述: | • 项目调研:调研国内外红外非均匀性校正资料,编写 Matlab 程序比较各种算法性能(时间复杂度、算法复杂度、校正效果等); <br> • 算法仿真:为适应工程需求,改进所选校正算法,满足实时性和自适应性要求,并搭建 Matlab GUI 平台实现图像处理效果的动态显示; <br> • 硬件实现:将红外探测器输出的模拟信号经过 AD 转换后送入 FPGA 进行非均匀性校正算法处理,利用 FPGA 控制外扩 DDR SDRAM 缓存数据,处理后的数据经 DA 转换后,显示在监视器上,编写并整理工程说明文档。 |

**荣誉＆证书**

☆获得校级优秀学生一等奖学金 1 次、二等奖学金 3 次,专业排名 2/80;

☆获得英语四级证书、浙江省计算机 C 语言二级(优秀)和全国计算机二级网络技术证书。

**实践＆实习**

☆2020/6—2020/8 在某物理研究所制导与信息技术部实习,参与了"非制冷红外焦平面阵列成像系统"和"双色红外探测器成像系统"项目。

**自我评价**

谦虚务实,有强烈的责任感和事业心;锐意进取,有良好的自学能力和创新意识;

精诚团结,善于沟通并注重团队协作;阳光乐活,热爱运动并积极传播快乐。

## 二、实现参考：如何升级你的简历？

### （一）活动二：这份简历有什么问题？

#### 1.活动目的

试着分析以下简历（图 3-1）存在的问题，给出修改的建议。

**教育经历**

████大学 **软件工程 本科**　　　　　　　　　　　　2016年9月 - 2020年7月

**荣誉奖项**

- **证书**：CCF-CSP软件能力认证 270分（前4%）
- **语言**：CET-6 476分

**项目经历**

**FAST秒杀平台**　　　　　　　　　　　　　　　　2019年1月 - 2019年6月

- SpringBoot+MyBatis+RabbitMQ+Redis
- 该项目是一个高并发的秒杀平台，提供对促销商品秒杀的服务。
- 1. 使用**消息队列**异步下单削峰，减少秒杀高峰时期的压力
- 2. 使用Redis缓存token令牌，便于对用户进行身份验证
- 3. 用户限流+验证码，防止机器人恶意下单
- 4. 商品页面静态化，提升页面性能，进一步减小服务器压力

**专业技能**

- 熟练掌握 Java，有良好的代码规范；
- 熟悉各种集合类的实现原理，并阅读过其源码；
- 熟练掌握多线程编程，熟悉线程池、**锁**、**CAS**等工作原理，并对JUC有深入理解；
- 熟悉JVM的运行时数据区、垃圾回收器与回收策略，了解JMM内存模型；
- 熟悉MySQL，熟悉索引的原理及其优化，了解MySQL的主从同步原理；
- 熟悉数据结构(List、Seqlist、Stack、Queue、Matrix、String、Heap、BinTree、BST)，了解 AVL、B/B+树、跳表；
- 熟悉常用的排序算法（冒泡、插入、选择、快排、希尔、堆排、归并）；
- 熟悉TCP的三次握手和四次挥手过程，了解TCP的流量控制和拥塞控制；
- 了解https的安全机制的工作原理和数字签名原理；
- 了解Redis的基本数据结构及其持久化策略；
- 了解分布式理论，例如Raft、BASE、CAP等；
- 了解Spring，了解AOP原理及Spring MVC工作流程；
- 了解RabbitMQ。

图 3-1　简历示例

#### 2.活动流程

（1）阅读这份案例简历

（2）同学们分组，快速讨论

- 这份简历存在哪些问题？
- 应该怎样修改？请提出建议。

（3）课堂分享

各小组安排1人分享小组讨论结论，其他成员可以补充，也可以分享不同观点。

### （二）如何升级你的简历？

#### 1.为什么你的简历需要换血升级？

审视你的简历，除了前面提到的问题，是否还存在需要改进的地方？

（1）毫无重点的经历

工作经历与获奖经历都是展示羽毛、让招募负责人发现优势的良好方式，如果这些经历与所应聘的工作毫不相关，不如干脆删除。简历需要告诉 HR，自己曾经的工作或实习

经历与即将应聘的岗位有直接联系,而不是一堆八竿子打不着的经历,徒占版面。

（2）无关信息太多

毫无特长、没有兴趣爱好、没有工作实习经历,也无法评价自己,这些该有的信息缺失。

单位都是唯才是举、唯才是用,类似民族（若无特殊要求）这种冗余的信息就不必提供了。

（3）中英混杂

一份中文简历中出现了几个单词就能体现英文水平吗？想体现英文水平还不如另写一份英文简历。

（4）文字错误

请把 Word 中的拼写检查打开,简单的错误统统改正,否则,单位是相信还是不相信简历中所说的"精通 Office 系列软件"呢？

（5）排版问题

相同级别的内容记得使用同样的字体与字号。学会使用 Tab 键对齐,缩进的距离应相同。使用正确的行距与段落间距,避免出现字符无法完整显示的情况。

通过调整字体大小及行间距、删减非必要内容、调整表格大小等方式将简历放在同一页,避免多出一行而导致多余空白的情况出现。

## 2.好简历的三大基本要素

- 结构简洁
- 语言精练
- 条理清晰

## 3.怎样升级你的简历

（1）解读岗位描述

无论写简历,还是面试,一定要好好研究岗位职责描述（Job Description,JD）,根据 JD 内容来调整简历和准备面试。但作为应届生,岗位职责在很多同学眼里是一纸天书,每个都特别相似,根本看不懂。

- 为什么会有 JD?

比如说销售,一句话总结,就是卖东西,为什么会出现一堆的内容描述？从公司内部来看,工作本质一样,但工作内容、工作方式并不一样,不同行业肯定是有差异的。

作为招聘 HR,并没有真正参与业务运转,所以用人部门通过 JD,把这些信息传达给招聘 HR,招聘 HR 通过各个平台和招聘渠道发布传达给求职的同学。所以一份 JD 里面传达了三个重要的信息:我们在做什么,我们需要你做什么,我们希望你有哪些素质。

- 如何解读 JD?

解读 JD 要学会找关键词,出现的协作对象、工作内容、行业用词代表着不同的工作方向,当把这些关键词找出来后,就会明白,这个岗位是一个什么样的位置,工作的方向是不是自己所感兴趣的,简历究竟要体现什么,面试官会问什么,都可以做到相对精准的预测。比如媒体运营岗位的 JD 如下:

## 案例 3-3

### 媒体运营 JD

**工作职责：**

1.配合品牌经理,运营官方微信公众号、官方微博等社交媒体平台。负责日常发布内容的素材收集、内容策划和文案撰写。

2.利用新媒体特性,策划有趣好玩的线上活动,制作有传播力的内容。

3.在营销节点和热点出现时,根据品牌已有素材,配合品牌经理策划文案内容和活动内容。

**岗位要求：**

1.面向 2022 届应届毕业生,专科以上学历;广告、新闻、市场相关专业优先。

2.熟悉互联网,有很好的网感:如关注热点、脑洞大、段子手、创意天马行空等。

3.有良好的语言表达能力和沟通能力。

4.有独立运营社交媒体公众号经历,拥有相关领域 KOL 大号或资源者优先。

5.加分项:对婚恋产品、社交产品了解,喜欢明星八卦。

（资料来源：根据网络信息整理）。

案例 3-3 媒体运营的 JD 可以解读到哪些关键信息？

• 品牌经理这四个字表明品牌部门的岗位,负责的是微博、微信。

• 这个职位的工作是要做搜集优质内容再做编写,同时还要做线上活动。

• "网感"是什么意思？不知道可以上网去查询、现学。网感就是对网络的感知能力,通俗讲就是对网络的悟性。

• KOL 是什么意思？不知道是不是要先扫盲？关键意见领袖（Key Opinion Leader,简称 KOL）。

• 再看岗位要求还有哪些关键信息:段子手,三个字表明了你未来的文案风格是需要幽默有趣的。

• 加分项的信息透露出,未来接触的是一款婚恋的社交产品,还得是一个八卦的人。

比如同样是媒体运营岗位,另外一家公司的 JD 为：

## 案例 3-4

### 又一媒体运营 JD

**工作职责：**你将要和同事一起负责：

1.负责公众号的日常运营和推广,数据分析。

2.通过运营和推广上的方法,帮助公众号做传播、涨粉。

3.时刻关注行业动态,竞争对手动态,不断优化和迭代运营。

4.拓展各种渠道,洽谈合作,积极介绍和推广公司产品。

**岗位要求：**我们希望你：

1.标题党＋重度网民，有一定的审美和自己的想法。

2.热爱生活美学，学习能力强，有较强的用户思维，是有情、有用、有趣、有品的"四有"青年。

3.进行公司新媒体资源和渠道的拓展，有相关资源优先。

4.擅长数据分析，有较好的逻辑思维、总结能力和学习能力。

5.热爱学习，有一定的策划、组织能力。

6.互联网控、社交控，希望在新媒体行业有所精进。

（资料来源：根据网络信息整理）

案例3-4的JD中，同样是新媒体运营的岗位，似乎工作内容也比较一致，同样是微信、微博，但请注意，第二份JD出现了几个关键词：数据分析、涨粉、用户思维。

如果对新媒体运营的分工有一些基本的了解后，就会发现案例3-3 JD描述的工作主要是以品牌形象传播为主，更注重的是内容的有趣性，要求应聘者内容编辑能力比较强。但案例3-4 JD描述的工作，更多的工作重点是要研究如何通过各种渠道和手段让公众号有更多的粉丝，让用户有更好的体验。

认真解读后，就非常清楚，同样求职新媒体，为什么有些面试官问的是涨粉的问题，有些面试官问的却是怎么追热点。

除了了解招聘岗位部门的用意，我们还需要了解这个岗位是否是公司的核心部门或者说是主要部门，因为往往对公司越有价值的部门其工作价值越高，在后续提升和行业中发展价值越高。

➤工作价值

对于任何一份工作，首先我们要判断这份工作的价值，从而决定这份工作是否值得花时间去干。

在薪酬的基础上，还要分优先级，主营业务上的工作价值要大于副业的工作价值。具体怎样理解呢？

我们举个例子，有一个培训岗位，如果放在一个专业培训公司，那这个岗位就是有价值的；如果放在一个卖产品的公司，公司主要做售后的客户培训，那这就是一个成本中心的岗位，工作价值就低了很多。

再拿财务来说，在有些企业它就不是创造价值的岗位，而是成本中心。那相反呢，如果是从事互联网金融的企业，这样的企业要求主营业务与财务业务融合，那财务岗位会发挥创造价值的作用，财务岗位的价值会增加很多。

➤工作内容的重要程度

还接着刚才这个培训岗位的案例，在培训课程体系里也要分重要程度，核心课程培训的价值要高于一般课程的培训价值。例如，公司主打商务礼仪培训，只是顺便培训管理。如果是一位企业管理培训讲师，相比核心课程的商务礼仪培训而言，在这样岗位上的工作价值就少一些。

➤工作岗位的热度

不是说为公司赚钱并且重要的岗位就一定好，我们还要看岗位热度。

例如，去一家做培训的上市公司，公司因为经营不善，需要把北京的一处房产卖掉，增加公司的利润，以对股东有个交代，所以现在高薪诚聘一位房地产销售经理。那现在去吗？这个岗位既赚钱又很重要，但因为不是热门职业，所以杠杆系数也减分了。

再举一个例子，有一家公司，之前一直认为是做互联网金融的，但是仔细分析才知道它主要提供风险识别服务，这算是科技公司而不是互联网金融公司。

➤时间的紧迫程度

看JD上对职位到岗时间的紧迫程度。如果透过JD的字里行间透露出雇主很急，那岗位价值就增大了。

➤工作职责

想知道这份岗位具体负责什么就看雇主期望你干什么，即识别工作职责，而职责越清晰越好。

➤工作定位

工作定位主要是要看岗位有什么风险。在职场里最大的风险是"内部扯皮"，其中，岗位定位不清、汇报关系不清是根本性的扯皮风险。

有份数据调查研究表明：在企业中，员工有70%的时间消耗在沟通和扯皮上，所以，大公司都采用项目制的工作方式。

比如，大家熟悉的腾讯，内部首先划分成几大事业部。大家经常玩的王者荣耀就是腾讯互娱事业部下的天美工作室当中的一个团队制作出来的，在这样一个团队中和一个小公司无差别，有主负责人、产品、技术、设计、市场、运营等人员，这样清晰的工作定位保证了高效的沟通。

➤工作技能

要把用人单位度量我们的内容剖析一下，看看工作技能要求，专业技能、软技能、工作经验、工龄，甚至年龄等。

➤为面试做准备

有过面试经历的同学都会被问到这样的问题："你是怎么理解某某岗位的呢？""你认为你哪些方面符合这个岗位的要求？""比起其他人，你有什么优势？"很多对JD一知半解的同学不是照着JD读一遍就是把自己的优点全部罗列。难道让HR去从中挑选你的优势？不管是哪种回答，显然都不是HR想要的。

要知道，公司邀请我们面试的唯一原因就是我们的简历和它们岗位要求的要点相匹配，而不是其他理由。所以，HR希望从求职者的答案中找到其对岗位的本质认识，明确求职者自身优势与职位要求的高度匹配，并且看到求职者为争取岗位所付出的思考和努力，这类问题回答得好是一个快速加分项，同样地，回答不好就会减分很多。所以，这也就是为什么求职者自己认为问题都回答上来了，面试的过程也很愉快，可就是迟迟收不到录用通知（Offer）的原因。

因此，看懂招聘JD是每个应聘者必备的技能。求职的重点不是投简历的这个动作，而是一开始对岗位的理解以及后续一系列有针对性的准备工作。只有掌握更多信息，才能有针对性地开展应聘准备工作，在应聘中四两拨千斤，顺利找到最合适的工作。

（2）简历不可一份通用

具体岗位具体分析，但可以有自己的简历系列。

把岗位职责和任职资格要求结合自己的实际情况逐一细致分析，在此基础上把简历加以完善，发展方向那一栏可以结合自己未来的职业发展规划。

简历技巧是表达清晰，重点突出，遣词表达上可以说得漂亮一点，但不是无中生有，秉承不造假、不废话的宗旨。努力在个人陈述或面试中展示清晰的思维逻辑，对行业和岗位的认识和思考，踏实肯学的品质。

形成自己的简历系列，每类岗位进行针对性修改、保存、备用。

（3）模板和格式规范

我们不知道 HR 喜欢什么样的简历模板，但我们可以用最好的、最有效的简历模板，即模板要简洁大方，让人在浏览简历的时候很高效。

高质量的简历模板基本上就是白纸黑字，英文的简历一般更是连头像都没有，纯靠文字硬货，但尽量不要采用形式过于刻板的表格。

**案例 3-5**

## 简洁的简历模板

**求职意向**

市场销售、经营管理、客户管理

**自我评价**

• 热情开朗、亲和力强，乐于与人沟通、合作。

• 善于观察，具有快速了解他人需求的能力。

• 思维开放，有一定的冒险精神，乐于尝试新事物。

**学习/实践经历**

• ××年××月——××年××月 与同学合伙创办了 123 读书社

业绩：2 个月实现赢利，月固定读者在 100 人次以上。

• ××年××月——××年××月 参与组织了校园歌手大奖赛

业绩：获得优秀学生干部称号。

• ××年××月——××年××月 担任小学生数学家教

业绩：被辅导的学生提升了 10 个名次，受到家长好评。

……

格式主要包括排版、字体、颜色、行间距等，这些对于大学生来说问题不大。主要提醒的几个点是：

• 模块和模块（比如求职意向和工作经历）之间要界限分明，一目了然，可以采用一些色块、线条来区分。

• 排版尽量紧凑一点，行间距不要太大。

• 非常重要的一点，一定不要有错别字。

- 通篇字体最好使用一种正式字体，比如黑体或宋体。
- 可以用颜色来突出模块或者重要内容，但是颜色不宜过多，简历中的颜色不要超过3种。

格式不是决定性的因素，但是，如果简历排版、字体很乱的话，那 HR 可能根本不愿意多看一眼。但是，也不要把时间过多花费在模板格式上，不要本末倒置。

（4）简历尽量保持一页

简历一页纸是一个不成文的规定，因为可以很方便地快速浏览，也能判断候选人是否匹配。内容过少，无法判断，内容太多，则重点不够清晰，一页纸的长度也是 HR 喜欢看到的。

注意，不要加封面！毕业生的简历，封面华丽、内页缤纷，做成厚厚的一大本真心没必要。HR 不会因此另眼相看，也许还在心里飘过浮夸浪费几个字。

当然，一份好的简历能帮自己在简历丛中脱颖而出，但到了面试，应该让面试官把注意力从简历转移到我们个人身上。从这个角度来思考，就可以理解简练、突出重点的一页纸简历是怎样的神器了！

（5）逻辑性强

逻辑性是简历中最重要的因素之一。什么是有逻辑性呢？简言之就是：结论先行、以上统下、归类分组、逻辑递进，如图 3-2 所示。

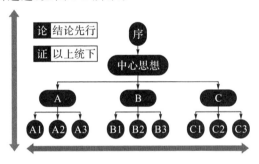

图 3-2　简历的逻辑性

不管是工作或项目经历，还是自我评价，总体上都要符合这一原则。比如工作经历，每个公司的工作经历（项目经历），横向上，构成一种归纳并列的逻辑；纵向上，按照时间进度体现为一种递进的关系。但是，每一个公司的经历，对自己又体现为一种演绎逻辑。在写每一段经历的时候，都先要有一句话统领后面说的内容，从而构成一个完整有逻辑的经历或故事。

（6）有故事性

要把项目或实习工作经历写得具体生动，有时间、有细节、有数字，让人读着就像是一个绘声绘色的故事。

继续用 STAR 法则描述每一个故事。比如：作为外联部部长，需要筹到社团经费，在3 个月时间内，带领一个 5 人团队，通过联系校友等方法，将社团获取的赞助金额从2019 年的 A 万提高到 B 万，增长达 50％。

STAR 已是老生常谈，但为什么很多人还做不好？因为不知道比例分配，很容易使

STAR 描述的经历失去焦点。尝试用 $S+T=25\%\sim30\%$，$A=50\%$，$R=20\%\sim25\%$ 来雕琢自己的项目或实习经历，或许能带来惊喜。

另外，要把项目或实习经历写成一个更加完整的故事，以便面试的时候有面试官提问，做好充分的准备。有的时候，可能仅仅一个准备充分的故事（经历）就能得到这份工作了。所以，再强调一次，项目经历一定要好好准备。

## 案例 3-6

### 突出实习经历

时间和岗位：2021 年 11 月—2021 年 12 月　　×××快递转运中心　物流实习生

**主要职责：**
- 参与双十一全市快递中转站存储的分区、分类管理工作；
- 监督检查中转站快递，保证快递的完整性；
- 对中转站快递进行统计，更新物流动态。

**工作业绩**

同期实践同学 30 人，最后包括我在内剩余 5 人，负责 4 个地区的快递管理工作，累积工作 300 小时，累积收件 10 万余件，0 误差。

别以为简历写完了，就大功告成了，要检查是否有错别字，语句、逻辑是否通畅，确认无误后转换成 PDF。

## 三、任务实现：输出你的简历，它能否在 PK 中获胜？

### （一）任务一：撰写你的简历

#### 1. 任务内容
- 全班同学参与，时间要求 20 分钟。
- 结合自己的目标岗位，参照自己心仪公司的岗位描述撰写简历。
- 要求简历主要内容齐全、亮点突出。
- 按照本节所学知识点和给出的参考建议，进行简历的优化升级。

#### 2. 简历批改
- 写完后，交给老师进行批改。
- 按照老师的建议进行简历修改、完善。

### （二）任务二：优秀简历 PK

#### 1. 任务内容
- 分组进行，每组 5 人至 8 人。
- 小组讨论，内部 PK 确定谁的简历写得好，时间为 10 分钟。

#### 2. 班内分享
- 每一组由一名代表就本组讨论结果发言，分享优秀简历的亮点与不足。
- 其他同学可以补充，时间要求 10 分钟以内。

• 每位同学根据分享收获,再次修改、完善自己的简历。

## 四、任务总结:完善简历是持续的过程

撰写、修改、完善简历是一个持续的过程,大部分人都是边投边改。由于每个人的经历各不相同且涉及隐私,因此很难直接拿到别人的简历来照搬。所以,大家还是要多动手,多与同伴讨论,互相借鉴。

刚开始可能很让人头疼,但是后面工作量会越来越小,同学们加油!

# 第二节 如何投递简历和充实简历？

## 任务：写好简历中的"项目经验"

### 1.任务名称

专项训练：写好简历中的"项目经验"。

### 2.任务分析

通过活动，了解用人单位如何筛选简历，并学习通过邮件投递简历的参考方法。在投递简历后的等待时间里，紧急寻找实习和项目机会，充实简历，持续完善简历。

| 实现准备 | 课堂活动 | 活动一：简历筛选活动 |
|---|---|---|
|  | 课堂讲解 | 知识点：了解用人单位如何筛选简历 |
| 实现参考 | 课堂活动 | 活动二：简历邮箱投递纠错 |
|  | 课堂讲解 | 简历如何有效投递到招聘方？ |
|  | 课堂讲解 | 紧急寻找实习和项目机会，充实你的简历 |
| 任务实现 | 课堂实训 | 写好简历中的"项目经验" |
| 任务总结 | 课后思考 | 不要海投和重复投递简历 |

### 一、实现准备：了解用人单位如何筛选简历

**（一）活动一：简历筛选活动**

**1.活动目的**

通过简历筛选、模拟 HR 的工作过程，了解、分析自己简历的优缺点，找到自己简历的修改点。

**2.活动流程**

（1）简历分类：收集所有同学的简历，按照应聘目标岗位进行分类。

（2）同学分组：按照简历分类数量，把同学们分成与各类简历数量相同的小组。

（3）简历筛选：

· 每组筛选一种目标岗位的简历，对简历进行排序，并分别分析每份简历的优缺点。

· 总结出筛选简历的标准依据和排序。

**3.课堂分享**

各小组安排 1 人分享小组讨论结论，其他成员可以补充，也可以分享不同观点。

**（二）了解用人单位如何筛选简历**

**1.HR 如何筛选简历？**

一份简历 HR 浏览的时间通常不超过 60 秒，工作量大的时候，30 秒，更甚者 10 秒就决定了一份简历的去、留。所以，如何在简历中突出重点内容让 HR 看到很关键。

· 花 2 秒，扫完整份简历。顺便看年龄、性别等是否符合要求，如公司前台通常要求为女性。

· 花 1 秒，看下求职意向，看应聘者是否"懂职位"。

- 花 1 秒,瞥一眼教育背景,过滤硬性条件,如对学历和专业的要求。
- 花 1 秒,看有没有工作经历。
- 花 1 秒,看工作经历跟求职意向是否一致。
- 花 5 秒,看完工作经历里的工作内容描述。初步判断工作经验是否满足要求。比如,找客服工作,工作经历最好是跟客服相关的。
- 花 5 秒,看完工作经历里的工作结果描述。判断做事稳妥程度与成功率,包括荣誉与奖励等内容。
- 花 5 秒,看完自我评价模块的内容。初步了解性格、个人优缺点等信息。

结束,合格或不合格？下一份!

### 2.面试官如何看你的简历?

(1)厘清简历中的"含糊"信息

求职者在撰写简历时常常会隐藏一些不利信息,夸大一些有利信息,而达到此目的的常用技巧之一就是运用含糊字眼。

- 水平含糊

例如,一位大学毕业生的简历中有这样的描述:"英语水平:具有较强的听说读写能力",用这种含糊的表达方式来描述自己的技能水平,基本可以推测该名学生在大学期间没有通过英语四级。

- 教育经历含糊

学历一般是非常硬性的指标,因此,不符合要求的求职者可能会做一些处理。例如,一位自考的大学毕业生,对受教育类型不做说明,从简历中受教育时间看很容易误以为是统招统分的学生。

- 时间含糊

例如,有一份简历是这样写的:"2014—2018 年,某某大学管理学院;2019－2021 年,某某有限公司。"如果从"年份"上看,一般人看不出什么问题,但实际上这里的空隙很大。如果这个人于 2018 年 7 月大学毕业,2019 年 7 月就职,中间就会有一年的空档。所以,通常需要求职者对时间的描述要具体到某年某月。

又如,求职者的简历中发现如下信息"1999 年 9 月—2003 年 7 月,武汉某某大学本科;2002 年 6 月—2004 年 8 月,广东某某公司。"从简历上看,学习和工作地点在两个不同的地方,大学四年的时间有一年不在学校。后来经过证实,发现该名求职者获得的学位是通过函授得到的。

(2)分析"逻辑性"

在审查简历时,要关注简历中有关信息的逻辑性,如,简历中的描述是否符合逻辑性、是否符合应聘者的真实身份、是否有互相矛盾的地方等。

- 不合逻辑

例如,一位求职者在描述自己的工作经历时,列举了一些著名的企业和一些高级职位,而他所应聘的却只是一个普通职位,这种不合常理的事情就会引起 HR 的重点关注。

- 不合身份

例如,一位应届毕业生的求职简历中,有关社会实践的部分有以下描述:"在某某公司,负责销售工作。"类似这样的表述明显不符合求职者的身份,公司会让一位做兼职的大学生负责销售工作,让人怀疑。

- 前后矛盾

例如,一份简历中有以下信息:"出生年月:2002 年 8 月;学历:中专;教育经历:2014 年 9 月进入某某中专;工作经历:2018 年进入某某公司。"在这份简历中,存在明显矛盾的地方。从时间推算,这位求职者应该是 12 岁进入中专学习,16 岁进入一家公司工作。按照现在的教育制度,12 岁应该正在念小学,就算读书早一点,也应该在读初中,不可能读中专,后来经过证实,这份简历的信息是虚假的。

- 自我评价与事实不符

主要查看求职者自我评价是否适度,是否属实,是否与工作经历中的描述一致。例如,一位求职者在自我评价中自称"细致耐心",可在简历中却发现多处错别字。

(3)关注"匹配性"

求职者的个人基本情况与应聘岗位、公司的发展状况是否匹配是审查简历时必须要考虑的问题,这里的"匹配"既包括求职者能力、个性与所应聘岗位的匹配问题,也包括其他方面需要匹配的问题。

- 专业匹配

有些岗位需要考虑求职者过去所从事专业与应聘岗位的匹配度,这个匹配度一般可以通过以下三个方面来考察:求职者所学专业与应聘岗位的专业对口程度;求职者过去在相同或相似岗位上工作或实习时间的长短;求职者曾经接受过的培训与应聘岗位的符合程度。

- 工作背景匹配

求职者曾经工作的公司大致背景与应聘公司的背景是否相似,如所在行业是否一致、面对的下属是否相似等。

- 工作地点匹配

要考虑求职者期望的工作地点与应聘职位是否一致。

- 期望薪资匹配

要考虑求职者的期望薪资与应聘职位的薪资水平是否一致。

- 稳定性匹配

要考察求职者的就职稳定性与应聘岗位是否一致。求职者的就职稳定性可以通过考察求职者在总的工作时间内跳槽或转岗的频率来进行推算。如果求职者在短时间内频繁跳槽和换岗,应聘职位又要求相对稳定,则要多加考虑。

## 二、实现参考:如何投递简历,紧急寻找机会充实你的简历?

(一)活动二:简历邮箱投递纠错

1. 活动目的

通过案例纠错的方法,了解正确进行简历邮箱投递的重要性。

## 2.活动流程

（1）仔细看下面的这些简历邮箱投递案例（图 3-3 至图 3-5）

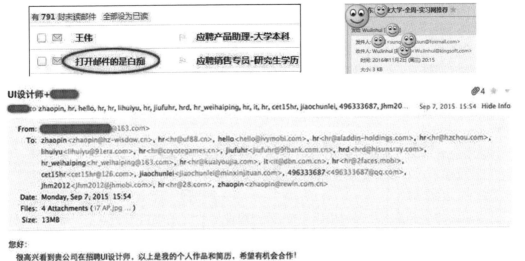

图 3-3　简历邮箱投递案例 1

图 3-4　简历邮箱投递案例 2

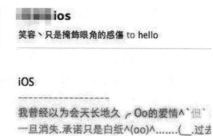

图 3-5  简历邮箱投递案例 3

(2)同学们分组,找出这些简历邮件投递中的错误之处。

(3)课堂分享

各小组安排 1 人分享小组讨论结论,其他成员可以补充,也可以分享不同观点。

### (二)简历如何有效投递到招聘方?

#### 1.简历投递前的审视

(1)审视简历,保留"干货"

审视简历:和同班同学相比成绩不突出,是否就觉得自己的简历没有吸引力?想要更多地介绍自己,于是简历里有了性格特点这个模块,写上了类似"认真、勤奋、执行力强"这样的词来褒扬自己,可是,科目成绩明明就只是一般,也没有太多的实习经历,谈什么"勤奋、认真"?"执行力强"又从何说起呢?

或许还颁了些头衔给自己,比如班干部、学生会成员等。写各种头衔前,还请慎重考虑,毕竟同一班同专业,投递同一个公司可能很大,出现五六个"班长"真的就太尴尬了。

求职信除非企业有要求或者有高人指点,一般不用写,因为写了未必有人会去看,或者看了也无法留下深刻印象。

如果担心自己的简历无法让面试官眼前一亮,那十分正常。不如,我们利用仅有的一些时间再做些努力。

(2)多做几份简历

从已毕业学长或者老师那里,问一问上几届学生的就职去向。什么行业?什么企业?

什么岗位？能打听清楚的都打听清楚。把这些行业岗位进行分类，简历也多做几份，即使其他信息基本相同，求职意向也可以做一些调整。

接着，要通过"无所不能的"网络或者其他渠道去了解这些行业的整体情况。这些岗位需要做些什么？基本的能力要求是什么？学长学姐应聘成功是因为哪一点？然后针对行业岗位的分类，利用收集掌握到的信息，准备好几套不同的简历和应聘方案。

### 2. 进行有效投递

如果说简历制作是一门艺术，那么简历投递就是一门学问。再优秀的简历，如果不能有效地投递到或呈现在 HR 面前，也是徒劳无功。有些求职者只重视简历制作，却忽视了简历投递过程中应该注意的细节和问题，影响简历有效送达招聘方或者不能以最佳方式和状态呈现在 HR 面前，这无形中扼杀了成功求职的机会。所以，简历的有效投递与简历制作同等重要，应给予高度重视。

依托于招聘网站平台，在线求职不断向高效、便捷的方式迭代。因此，在求职过程中，招聘网站是应届毕业生最主要的渠道（图 3-2），86.8％ 的 2022 届受访者都使用了在线招聘的方式。其次是企业官网（43.7％）、招聘会（39.7％）、宣讲会（23.9％）。

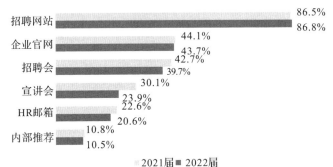

图 3-6　应届生投递简历的主要渠道

现在网络申请职位的使用率非常高，按照网页要求的步骤填写相关内容，有些还会要求附上简历附件。网申时，基本信息一定要核实好！比如出现希望薪资一年 8 000 元的情况，给用人单位的印象真的不好；电话和邮箱一定写对，要招聘方 HR 打来电话核实邮箱地址，就很不好。

而发邮件申请的方式也常常使用。HR 在考虑我们是否符合岗位要求时，永远都不是从下载简历那一刻开始的。邮件标题、邮件正文、附件标题、简历正文、排版格式等各种细节，都构成了 HR 对我们的综合印象，直接决定了我们能否进入面试名单。

(1)简历的标题不能随意

在投递简历的时候，HR 第一眼看见的就是简历文件名，所以文件名需要说明求职岗位、求职者是谁。在对方没有说明格式的情况下，文件名格式可以是：姓名＋学校＋求职岗位。

这里需要提醒的是用 PDF 格式保存简历。同一个 Word 文档在不同版本的 Office或者 WPS 上打开后的排版差异是很大的。

(2)投递给什么样的公司更有机会?

最好投递跟自己的兴趣爱好、专业关联性高一些的公司,因为用人方和 HR 也明白一个道理,用人用长处。喜欢运动健身,可以去一些健身类的互联网公司;喜欢旅行,出去玩,可以去一些旅行类的互联网公司……从自己的长处、兴趣爱好出发,往往会很加分。

(3)为什么 HR 不太喜欢一些同学用 QQ 邮箱?

因为 HR 经常收到来自网名版邮箱的求职邮件,而很多同学在用 QQ 邮箱投递简历时,邮箱名就是网名,显得确实有点不正式。所以,建议要么将 QQ 邮箱的名字改成专业一点的名字,要么直接用一个新的专业求职邮箱。

(4)邮件主题与正文要用心写好

很多人不注意对邮件主题进行优化,有人常常直接用"简历"或者"个人简历"这样的邮件主题。试想一下,如果你是 HR,每天收到一大堆此类同名邮件会是什么心情?如此取名不仅无法使 HR 对我们的简历产生印象,还影响了对方处理邮件的效率。可想而知,最后的结果往往是,我们精心准备的简历被默默丢弃在回收站。

优化邮件标题其实是非常简单的。如果对方公司对应聘邮件的主题格式有要求,就按照要求拟订邮件标题;如果没有特殊的要求,以"姓名+学校+应聘岗位+手机号码"这样的格式命名标题,也是比较规范的。

邮件正文不要空着,最好写一封简短的求职信。当简历太多的时候,HR 其实是会挑着下载附件的。在邮件正文处写简短的求职信可以增加简历被下载、看到的概率,也会让HR 看到求职者的诚意。邮件正文内容可以是:

- 把简历里自己的过往经历、技能匹配度再简要概括一下。
- 表达一下殷切地希望去招聘方工作的愿望。
- 使用"祝好!"等礼貌性用语结尾。

(5)尽量不要用邮件发送 50 MB 以上的附件

某些公司内网的网速会让 HR 完全失去下载超大附件的耐心。如果一定有必要,可以考虑在邮件正文贴个网盘链接。

(6)推荐在当地时间 06:00～07:00 投简历

人们通常都是每天早上打开邮箱,集中处理前一天收到的简历邮件。在这个时候投递的简历就会排在邮箱的最上方,被 HR 认真看的概率就会大一点。

(7)简历投递后的投递记录管理

在求职过程中,我们每天也许会向不同的公司投递不同的、有针对性的简历。但是招聘公司接收简历、HR 进行简历筛选并与通过简历筛选的应聘者取得进一步的沟通联系之间有一个时间间隔,不同的公司由于招聘进度不同,这个时间间隔有长有短。

如果没有一个已投递简历的记录,那么 HR 若干天或者几周后突然通知我们进行电话面试或者现场面试询问一些关于简历上的信息和应聘职位的情况时,我们可能已经想不起来是否向这个公司投递过简历、应聘的是什么职位、投递的是什么版本的简历。这些都会给招聘方留下不好的印象。

所以，在求职过程中，我们除了要学会写简历、有效地投递简历，更要学会管理已投递简历的记录，以便及时跟踪我们的求职进度。

网申或简历发出去后，该实习就实习，该学习就学习，该写论文还继续写论文，除了多了一份期待，还有更多的准备工作要做。

### （三）紧急寻找实习和项目机会，充实你的简历

智联招聘发布的《2022大学生就业力调研报告》显示，2022年，共有74％的毕业生有在校实习经历。高于2021年的57.9％。实习的学生中，77.3％认为实习经历非常重要，对找工作有帮助。

#### 1.认真梳理自己的过往，寻找充实简历的实践机会

找出自己简历的亮点，运动特长、实习经历、假期打工经历、职业背景……这些要素中的任何一点都有可能会帮助我们得到一份入职通知。

如实习经历，经过自己的梳理准备后，至少要达到能经得起面试官询问的程度，回答能言之有物或者吸引面试官的注意。

如果没有特长，实习经历很少，在毕业最后一年的第一学期刚开始的时候，仍然可以让它丰富起来。首先要做的是现在立刻去找，发动自己的父母、亲戚、朋友，即使无薪也可接受。如果找到了，记得不只要低头做事，还要抬头看路，既要努力干活，也要学会总结。

毕竟，我们最终的目的是面对面试官，让他看到我们从事某份工作的潜质，仅有经历是不够的，思考和新颖的想法更能让人看到各种发展的可能性。

#### 2.寻找最后的实习机会

实习经历和工作经验在大二（专科）或大三，甚至毕业最后一年的寒假或者第一学期刚开始的时候，仍然有希望让它丰富起来。因为自己的简历还可以修改，面试过程还可以新增可谈的内容。这是给简历"镀金"、带来招聘逆袭的最佳也是最后的机会。

先要做的是现在立刻去找，前面我们讲的如何找到实习机会的内容找出来再看看，想尽一切方法找到实习机会。而且，实习、写论文、准备应聘这几件事不能冲突，要合理安排时间，亡羊补牢，不留遗憾。

这个时候找实习机会，可能要降低要求和期望。事实上，即使一些餐厅、家教的工作经历可能和招聘的岗位毫无关系，但是却有一些通用的能力供HR参考。主要原因是实习是一个不断修炼自己的过程，是一种真实的工作环境，不同于学校，在工作场中可以像打开新世界的大门一样发现自身另一个层面的不足之处。一个资深HR曾经说过这样一句话："我喜欢实习过的大学生，他们能够用成年人的方式处理和解决问题。"

当然，要掌握必要的法律知识，要有保护自身合法权益的意识，保护好自身安全是最重要的。

此外，还要合理规划时间，解决实习和上课时间的冲突，这是不少实习生会经常遇到的问题，这时就看怎么平衡二者了。所以，要提前规划一下时间，尽可能既不惹老师生气，

也不惹老板发怒。

如果找到实习了,既要专注于本职工作,也要涉猎相关行业知识。

### 3.参与大赛或校外实践项目

大赛或校外实践具有个人能力要求高、参与企业知名度高、社会认可度较高等特点,对于有需要的同学,建议尽量多参加大赛或校外实践项目,而且,这种实践项目的性价比也比较高。

如果个人能力不足,还可以请求同学或学校老师给予帮助,或者组成团队一起参加。而且,大赛或校外实践项目最大的特点是时间灵活,不与学校的上课、写论文等在时间上产生冲突。

(1)名企举办的大赛

以互联网行业举例,比如:京东举办的"京微力小程序大赛",360举办的"360产品创新挑战赛"。但需要注意的是,这种比赛通常情况是不会发布到每一个学校里的,一般都只是在官网或指定的城市、地区、渠道进行推广,加之很多知识学校也不会教,这就要求学生自己的视野宽广,信息不闭塞。

(2)一些小企业/个人提供的实践项目

比如一个人工智能的研究生,自己人工智能方向的公众号想要招志愿者帮忙,虽然可能付不了工资,但是和这样优秀的人一起做事,实际上能获得的东西,远不能用金钱所衡量。

为了项目的机会,对于刚刚进入社会的大学生,不要想着去哪儿都先想别人给你怎样怎样的好处,上来就谈薪资,首先要想的是能不能帮助别人解决问题,然后才有谈其他的资本。

(3)不建议参加自费实习项目

"付费实习"是指实习接收单位为了降低因实习引起的成本上升,向实习派遣学校或实习学生收取一定的费用而进行的实习,或者求职平台、中介机构等为大学生寻找好的实习机会,收取中介费用的实习。

这种自费实践项目,适合个人能力实在是太薄弱,个人认知面太狭窄的同学。这一定是属于没办法的办法,毕竟现在一个付费实践项目,动不动就是2000元以上,对于一个大学生来说,实在是一笔不小的费用,而且相比上面所说的实践项目,这种不是很能锻炼自己独立解决问题的能力,更多的可能是学习别人解决问题的模型。

而且"付费实习"方在利益的驱使下,逐渐变味,负面乱象层出不穷,亟须加以规范和整治。

所以,永远别只想"买"份实习,硬实力才是王道,一定要找正规公司和个人创业者的实习机会!

## 三、任务实现：写好简历中的"项目经验"

1. 如何写好简历中的"项目经验"？

简历中的重点内容之一是项目经验，因为，面试官可以通过项目经验了解求职者从事实际项目的经验和能力。

项目经验反映的是求职者某个方面的实际动手能力、对某个领域或某种技能的掌握程度。项目经验要挑选出含金量比较高的一两个项目做重点介绍，介绍包含项目内容、个人在项目中的角色和作用、项目开展过程、项目结果等。

简历中，请牢记描述一个完整的项目经验应该包含以下五大要素：项目名称、项目时间、项目描述、角色和业绩。面试官在看到这些内容时，就能够对求职者的技能、素质有直观的印象，就能明白求职者所擅长的领域在行业内的知名度。

（1）项目名称、项目时间、项目描述

这三项用简短的语言来介绍，不要有太多的技术词语。

（2）求职者的角色

这是求职者应该向面试者重点介绍的内容，要说明自己的身份、职责，突出自己工作中的难点、重点以及解决问题的方法。

一个项目的成功，显然非常倚仗优秀团队的协作。举个例子，在某头部电商企业工作过，这期间参与了一个比较成功的项目，并且有非常好看的数据支持。但这个成功的项目到底是不是因为你才如此成功，HR并不知道。可能只是因为该公司的品牌影响力强，也可能是因为你所处的团队能力强，跟你并没有多大关系。因此，在项目经验中，你要阐明自己主要负责的工作职责，这才是 HR 所重视的部分。如果该项目是由你主导的，一定要标注出来。

（3）业绩成果

注重项目成果、相关技能的总结说明，同时适当地对项目效果进行简要介绍。最好用可量化的数据来说话，不可量化的可以给出定性的结论，比如通过某某部门验收或直接进行、促进某某项目顺利回款等。

2. 完善你简历中的"项目经验"

分析自己的目标岗位，升级自己的简历，注意结合岗位描述（JD）内容来组织文字。

请按照上面的参考方法，完善自己简历中的"项目经验"部分。具体到如何写作，可以通过上节所讲的"STAR"法则来介绍项目经验。请写真实的、深入参与的项目，切忌自作聪明去编造或过度包装项目经验和数据，因为容易被看穿，面试时很可能被问"倒"！

请记住，这不是最后的修改，在完成紧急寻找的实习和项目机会后，可以继续补充和修改；而在准备面试中多次熟悉自己的项目经历时，可以持续地进行完善修改。

## 四、任务总结:不要海投和重复投递简历

海投一直是被企业诟病的行为,但是仍然有少数人在海投。很多人采用海投的原因主要有三个:简历长时间没回音;有多种意向或是工作意向不明确;转行或转岗。

另外一个糟糕的现象是,投完简历后有很多人不会记录自己所投的公司,这不是一个好的求职习惯。想象这样一个画面,影评公司来电通知面试,你在电话这头却呈现出"断片"、茫然状,公司对你的印象分一定会大打折扣。

海投还会出现一个很不好的后果:重复投递简历时有发生。

# 第三节　充分准备面试

## 📖 任务：如何精彩地讲述项目经验？

### 1.任务名称
如何精彩地讲述项目经验？

### 2.任务分析
面试准备非常重要，正如考试需要准备一样。在了解面试、正确认识面试后，要实实在在为面试做好"功课"。作为重要的一环，项目经验的讲述需要悉心准备和演练。

| 实现准备 | 课堂活动 | 活动一："我"的面试犯了哪些错误？ |
|---|---|---|
| | 课堂讲解 | 认识面试：没那么简单 |
| 实现参考 | 课堂活动 | 活动二：面试，不打无准备之战 |
| | 课堂讲解 | 提前了解行业、公司及业务情况 |
| | 课堂讲解 | 再次研读岗位JD，准备专业技术和面试作品 |
| 任务实现 | 课堂实训 | 精彩地讲述你的项目经验 |
| 任务总结 | 课后思考 | 面试准备，心理准备同样重要 |

## 一、实现准备：认识面试

### (一)活动一："我"的面试犯了哪些错误？

#### 1.活动目的
认识面试准备工作的重要性，认真对待面试准备和面试各个环节。

#### 2.活动流程
(1)阅读案例

今天来某某公司复试，因为之前初试表现还不错，得到了面试官的肯定和赞扬，所以，基本胸有成竹就来复试了。

按约定时间到公司，在我前面还有一个男生。在他复试期间，我也偶尔听了几句，感觉总监还是比较温和的，所以放心了一些。等到我时，我先起身礼貌性地跟他打招呼问好，我始终面带微笑地跟他谈话，自认为表现得还算得体，可是，他竟然不按套路出牌，上来问了一堆问题，我一一回答了，但他貌似中间皱了下眉，通过微表情我猜测他可能对我的回答不满意，瞬间感觉气氛就不对了，他说他感觉我太淡定，他问什么我回答什么，话比较少，说我回答的不是他想听的，说我对这个工作不在意。

我一听，赶紧表达歉意，重新表述自己，但依旧不能让他满意，瞬间有点心慌。然后我主动抛问题，问是什么样的表现让他有这样的感觉，他说他觉得我态度不认真，很多问题回答时没有思考他想听什么，对公司了解不够，种种问题抛出来后，我才发现他说得挺对的。感觉像瞬间对自己抽丝剥茧，在他面前最后一层保护壳也没有了，十分不好意思。

(2)同学们分组，快速讨论

• "我"面试中犯了哪些错误？请列出来。

• 你得到了哪些启示？请写下来。

（3）课堂分享

各小组安排 1 人分享小组讨论结论，其他成员可以补充，也可以分享不同观点。

### （二）认识面试：没那么简单

#### 1.面试的含义

面试是在特定的场景下，由组织者精心策划的，通过招聘主持者与应聘者双方面对面的接触，采用边提问边观察的方式了解应聘者素质情况、能力特征及动机等信息，以确定应聘者是否符合岗位要求的一种人员甄选方法。

面试的具体内容包括应聘者的仪表风度、求职动机与工作期望、专业知识与特长、工作经验、工作态度、语言和文字表达能力、综合分析能力、反应能力、自我控制能力、人际交往能力、兴趣爱好等。

一般情况下，面试可以反映求职者的各方面素质，所以面试是公司及各部门挑选员工的重要方法。面试向公司和求职者提供了在入职之前的一个双方面交流的机会，使公司与求职者提前了解，以便更准确判断是否招聘和入职。

#### 2.面试的特点

首先面试分结构化面试和非结构化面试。

（1）结构化面试的特点

• 面试测评要素的确定要以工作分析为基础。

• 面试的实施过程对所有的应聘者相同。

• 面试评价有规范的、可操作的评价标准。

• 考官的组成有结构。

（2）非结构化面试的特点

• 面试方法简单易行，不拘场合、时间、内容，简单灵活。

• 缺少一致的判断标准，容易走样，且难以数量化，有时会转移目标。

• 对考官的知识与经验要求很高。

#### 3.面试的作用

• 为招聘单位提供多角度观察应聘者的机会，如应聘者的仪表特征，了解其知识、能力、经验，推断其个性特征、动机，预测其未来实际工作的情形等。

• 给应聘者提供了解工作信息的机会。面试是一个双向交流的过程，通过沟通，应聘者可以了解应聘单位的基本情况、应聘职位的工作信息等。

• 为招聘单位提供介绍、宣传企业及听取应聘者对工作设想、见解的机会。

#### 4.面试不是一次"聊天"，而是多场"考试"的组合

面试和笔试是互补关系，面试可以考察笔试中难以考察到的内容，可以综合地考查应聘者的知识、能力、工作经验及其他素质特征，可以测评应聘者的多方面表现。

明确告诉同学们，面试不是一次简单的"聊天"，而是多场"考试"的组合！要全部一路过关斩将到最后，其实是一件很不容易的事情。

（1）面试的时长：预留 1～2 天

面试不是一次 30 分钟到 90 分钟的聊天，如果每场面试需要 60 分钟左右，面试 4～5 个

环节，一共需要 4 小时到 5 小时，加上各个环节的衔接等待，时间预留 1 天至 2 天是比较合适的。如果去外地面试，千万不要买当天来回的车票。

（2）面试的环节：4～6 个

➤技术或业务面试；

➤ HR 面试；

➤集体面试；

➤外语口语；

➤心理测试；

➤……

➤综合面试。

每个企业的面试环节可能不同，但业务或技术面试、HR 面试、综合面试一般是包括的。因此，每一个环节的面试成功，都是下一次面试的起点，要再接再厉才能保证最终的成功。

（3）面试的方式

• 笔试/面试/上机测试；

• 单独/集体；

• 面对面/电话；

• 宣讲/答问；

• ……

（4）每个环节都是"生死存亡"的较量，摧毁自信的压力面试可能贯穿所有环节

一些基本问题是要提前想想的："为什么选择这份工作？""为什么适合这份工作？"再基本的问题，如果不提前想想梳理一下，到时候可能回答得不满意。但是，准备问题不可能面面俱到，很多环节问来问去无非都是自己的那些经历，所以，梳理好自己直到面试前一天的重要经历是最重要的。

如果觉得没有头绪，梳理的时候可以尽量把它数据化。做项目的，可以按项目来说；做过不止一个职位的，可以按照不同职位的心得来说，这样，面试官听起来会比较直观、有记忆点。

虽然很多问题可能都会被问多次，因为会在不同的面试环节出现，但面试者的每次答复一定要如"初面"般认真对待，而答复的效果要一次比一次好，因为每个环节都可能决定面试的成败。

压力面试的目的是考察应聘者对压力的承受能力、应变能力和人际关系处理能力等。一般不会有专门的压力面试环节，压力面试会穿插在技术面、HR 面、群面当中，尤其是群面，面试官会提出不礼貌、冒犯的问题，或者用怀疑、尖锐、挑衅的语气发问。请记住：

• 语气尽量友好，千万不能被激怒。

• 保持冷静、自信。

• 机智回答，可以不直接回答问题。

例如：

➤"你认为自己最大的缺点、弱点是什么？""你所讲的，根本不是你的缺点。"

➢ "你认为你哪方面的能力需要加强？用具体项目来说明。"

➢ "工作中什么样的人最难相处？请评价刚才每个成员的表现,谁是最差的?"

➢ "你的学校只不过是个普通的二本,我觉得你没有足够的能力担任我们的工作。"

➢ "你人生中最失败的一件事是什么?"

➢ "你所做过的最对不起父母的事情是什么?"

（5）了解面试的考核点

每个环节都有不同的考核侧重点,比如技术面试和人力资源面试侧重点不同。我们要根据不同的环节去调整我们的面试策略。面试环节考核侧重点见表3-1。

• 技术部门主要关注求职者工作经验、岗位必需素质和相关技术知识硬指标。

• 人力资源部更关注求职者的性格与岗位的匹配性、工作态度、素质能力、工作稳定性等软指标。

• 公司高层则可能既关注基本素质,也关注思维能力,还考核业务能力。

表 3-1　　　　　　　　　　　面试环节考核侧重点

| 考察维度 | 内容说明 | HR 面试环节 | 业务面试环节 | 业务负责人/公司高层面试环节 |
|---|---|---|---|---|
| 基本素质 | 个性特点、沟通表达能力、学习能力、价值观、个人志向；与企业文化匹配度 | 重点 | | 重点 |
| 应聘动机 | 成就动机、稳定性 | 重点 | | |
| 思维能力 | 系统思考能力、综合管理、统筹能力 | 重点 | 重点 | 重点 |
| 业务能力 | 胜任素质能力：解决、处理专业问题,成功达成业务目标的能力 | | 重点 | 重点 |
| 经历经验 | 岗位匹配程度：与岗位相关的业务、管理、培训等工作经历 | | 重点 | |
| 薪酬期望 | 自我定位与认知；期望与招聘预算匹配度 | 重点 | | |

即使相同或类似的环节,每个公司的面试考核点也是不同的。表3-2的某公司 HR 考核要点仅供参考。

表 3-2　　　　　　　　　　　HR 面试考核点

| 1.仪表仪容 | 着装　□整齐　□一般　□不讲究　　　仪表　□优　□良　□好　□一般　□差<br>精神面貌　□佳　□一般　□不佳　　　气质　□优　□良　□好　□一般　□差<br>态度　□优　□良　□好　□一般　□差　待人　□得体　□一般　□较差 |
|---|---|
| 2.求职动机 | □生存　□发展　□慕名　□其他： |
| 3.沟通能力 | □强,表达能力强　□良　□好　□一般　□差 |
| 4.心理状态 | □特优　□优　□良　□好　□一般　□差　□难判断 |
| 5.稳定性 | □好　□较好　□一般　□流动性比较大　□难判断 |
| 6.成熟度 | □成熟　□比较成熟　□一般　□不大成熟　□难判断 |
| 7.人际关系 | □特优　□优　□良　□好　□一般　□差　□难判断 |
| 8.合作性 | □特优　□优　□良　□好　□一般　□差　□难判断 |

## 二、实现参考：了解公司业务，再次研读岗位JD，准备面试

（一）活动二：面试，不打无准备之战

1. 活动目的

通过案例了解面试要做哪些准备，将其作为求职准备参考。

2. 活动流程

（1）阅读案例

临近毕业，小李（某外语院校国际贸易专业）忙得团团乱转，哪里有人才市场，哪里就有他的身影。房地产公司、财政部门、银行、高校、咨询公司、销售公司……几乎把所有与专业有所挂钩的单位都跑遍了，投了很多简历。不久，各个单位的面试通知开始陆陆续续地来了。

小李经历的第一次面试是失败的，主考官要求即兴做一回5分钟的推销员。毫无准备的小李当时就懵了，不知道还有这招。

后来又经历了一次面试。这回，主考官的要求是将10位求职者围成一个圆圈做抢答题。吃一堑长一智，小李这次妙语连珠，而且把答案设计得与众不同。当时他觉得自己表现得很出色，可还是落选了。事后他从主考官处得知，单位最看中的是招聘者有务实的工作态度和真诚的合作意识，他口才很好，但合作性不强，别人不需要。小李这才悟出了一个道理：不同的单位、不同的职位有不同的需要，大智若愚与锋芒毕露都要"适销对路"才有用武之地。

小李开始寻找面试的资料，在每次面试之前详细地了解对方的基本情况。在面试的前一天，拿着产品介绍书，专门跑到大商场里去辨认这些东西，并且扮成顾客的模样，请售货员讲解产品的性质和特点，还从中了解到许多市场信息。

第二天面试的时候，有备而来的小李凭着过硬的专业知识和灵敏的头脑，不仅流利地回答了考官的问题，还就产品结构与销售情况谈了自己的建议。最后，小李就这样进入了他喜欢的单位。

（2）快速思考

• 小李的面试经历说明了什么？

• 他做的哪些面试前的准备工作，值得我们借鉴？

（二）提前了解行业、公司及业务情况

面试时，需要先了解一下行业、公司和所服务业务的情况。

1. 了解行业

对于自己求职所在行业的了解，可以采用下面的方法：

• 了解这个行业的整体信息

了解行业发展的整体态势，对这个行业有一个大概的了解，学习行业基本规律，从而建立起对这个行业的一个整体认识。可以通过行业调研报告、行业专业网站、行业专家等途径进行了解。

• 关注行业知名企业的最新变化、资讯

头部企业往往代表着这个行业的关键走向，研究这些公司的最新动态、人员调整、企

业文化、业务发展等信息,能让我们基本知悉这个行业的发展趋势。

• 关注行业最新出现的发展比较迅速的企业

行业最新出现的迅速发展的企业数量和质量,可以让我们了解这个行业的发展方向以及新的可能性。

• 了解行业的上、下游产业链,思考行业的价值链

行业企业从开始到结束,都经历了哪些环节?每个环节的价值点在哪里?思考行业的价值链。

• 对收集到的信息进行整理,形成自己的行业认知体系

如果信息比较松散,没有体系,了解会比较片面。整理信息有助于对掌握的行业信息进行优化补充。

除了上面的方法外,还可以找一些求职机构的介绍服务,当然有些服务是付费的(图 3-7),但仍然有些信息是免费的。

图 3-7　行业介绍

现在的求职服务机构比较多,如一起求职、offer 先生、职业蛙、知行公社、面包求职、互联派、爱思益、小灶能力派、职优你和职问等。自己要擦亮眼睛、多方比较,选择合适的机构。当然,这些机构也会提供一些免费的服务,所以,多关注这些求职机构的 App、网站、微信公众号是会有所收获的。

最后,对收集到的信息进行整理,形成自己的行业认知体系。

2. 收集公司的资料

招聘单位的资料,我们要提前收集整理,一是企业介绍,二是产品,三是客户,四是行业或企业的最新信息。

• 企业介绍:看企业发展历史,还有特别注意的就是企业文化,如一般都会有核心价值观"口号"之类的内容。

• 产品:看公司的产品是什么,有什么特点。想一想怎么介绍人家的产品,说出你对这种产品的理解和认可度,也是获得面试官好印象的法宝。

• 客户:公司产品的最终用户和服务对象。要给他们做一个用户画像。

• 行业或企业的最新信息：了解公司所在行业的发展现状和趋势、行业内竞争对手情况，搜索最近的新闻和大事件对行业有什么影响。

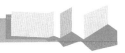

**案例 3-7**

### 不了解公司，面试直接结束

李同学面试中信集团总部时，面试官问他对中信了解多少，他想了半分钟然后说道，我接到面试时还没来得及查看中信的资料，所以不太了解。

面试官对他说："我们招人自然希望他能了解中信。你还是回去再多了解了解吧！"

（资料来源：根据某校毕业生就业案例整理）

**案例 3-8**

### 提前了解应聘公司信息的小赵，当然"走运"！

小赵同学来到就业指导中心，自己毕业了，他来找老师为自己推荐工作。老师告诉他，让他第二天早晨8:30来办公室，老师要带他去一家广告公司面试平面设计的岗位。

小赵向老师了解公司的简单信息后，马上行动，他要上网查查这个公司，搜集公司及应聘岗位的相关情况，因为他明白只有做到知己知彼，才能提高面试的成功率。他顺利地查到了需要了解的情况。

第二天早晨8:20将面试需要的物品准备齐全后，提前来到就业指导办公室，和他一起面试的还有其他两位同学。在老师的带领下他来到了所应聘的广告公司，紧张的面试开始了。

由于小赵昨天的准备，了解了单位的基本信息及应聘岗位的要求，面对主考官的提问，小赵都能发挥自己的优势，避开自己的劣势。而另外两位同学，只知道单位名字和所应聘的岗位，其他的老师没告诉，也没去问，面对主考官的提问，显得手足无措，面试情况当然也不乐观。

最后，小赵顺利被公司录取，开始了自己的试用期。面对自己面试成功，小赵归功于精心的准备和对单位及应聘岗位的提前了解。小赵告诉大家：面试前一定要精心准备，并且做到知己知彼。只有这样你才能在面试中扬长避短，顺利通过。

（资料来源：根据某校毕业生就业案例整理）

因此，利用公司的网站、年报、报纸、商业杂志、互联网等，尽可能多地收集信息，对面试是有益无害的。

3.求职岗位详解

准备入职场时，一个个陌生的岗位名称让求职者产生疑惑。深入地了解岗位职责，对于我们的面试，非常有裨益。

现在互联网很发达，我们要充分利用这些资源为自己服务。例如，通过互联网可以找到对"运营"岗位的分析。

## 案例 3-9

### "运营"岗位分析

运营就是对运营过程的计划、组织、实施和控制,是与产品生产和服务创造密切相关的各项管理工作的总称。从另一个角度来讲,运营管理也可以指为对生产和提供公司主要的产品和服务的系统进行设计、运行、评价和改进的管理工作。

运营的岗位大致分为:新媒体运营、用户运营、产品运营、社群运营、活动运营等。

细分运营的工作可分为:文案编辑、活动策划、微博博文、微信文章、方案策划、微博活动、线下活动、数据运营、用户运营、社群营销、短视频营销、拍摄、剪辑等。

- 新媒体运营

新媒体运营是借助现代化移动互联网手段,通过微信、微博、贴吧等新兴媒体平台工具进行产品宣传、推广、营销的一系列运营手段。利用新媒体平台进行内容的输出,然后沉淀粉丝,获得流量。例如,微信公众号就属于新媒体,如果用公众号实现拉新、涨粉、转化,这就是新媒体运营。

对于新媒体平台来说,其内核的价值在于口碑的沉淀和用户互动。

➤社交类平台:微博、微信、贴吧、知乎、豆瓣等都属于社交化新媒体。

➤娱乐类平台:IN、秒拍、美拍、一直播、映客、喜马拉雅 FM 等。

➤信息资讯类平台:百度百家、头条号、网易、一点资讯等新闻自媒体。

以上是新媒体运营当中常运用的平台,在投入这些媒介渠道的时候,需要清晰认识各类新媒体,对每个媒介渠道做好定位。

- 用户运营

用户运营是以用户为中心,遵循用户的需求设置运营活动与规则,制定运营战略与运营目标,严格控制实施过程与结果,以达到预期所设置的运营目标与任务。

用户运营的核心:开源(拉动新客户)—节流(防止用户流失与流失用户挽回)—维持(已有用户的留存)—刺激(促进用户活跃甚至向付费用户转化)。

用户运营,要首先了解用户结构。用户的性别、所在城市、年龄、兴趣点有哪些,这些都是用于分析用户的数据资料。

那么,用户运营都要做些什么呢?

➤搭建用户体系:负责产品的用户拉新、激活、留存、召回界面等工作。

➤建立用户流量池:不断提升拉新渠道的 ROI,提高用户的活跃度跟留存率。(ROI:投资回报率,是指通过投资而应返回的价值,即企业从一项投资活动中得到的经济回报。)

➤制定用户运营策略:对用户进行分层,制定和落实不同层级维护策略和运营方案。

➤制订用户运营方案:比如,双十一活动,要制订整改促销活动方案,并对整个活动效果负责。

➤发现问题并提出解决方案:依靠数据,分析运营过程中遇到的相关问题,并提出解决方案。

• 产品运营

产品运营是有针对性地开展用户活动，增加用户积极性和参与度，并配合市场运营需要进行活动方案策划。产品运营的工作内容主要有：

➢产品研发期（产品上线前）：首先要搞清楚产品的定位以及目标用户。

➢产品种子期（产品内测期）：在这个阶段，产品运营的主要目的在于收集用户行为数据和相关的问题反馈，和产品策划一起分析讨论，进行产品优化。

➢产品成长期（产品爆发期）：产品要爆发，活动策划是必不可少的一部分。

➢产品成熟期：稳定期对产品意义重大的就是小版本的迭代更新。产品运营就要起好产品策划和用户之间的桥梁作用。

➢产品衰退期：这个阶段，用户的流失加剧，用户活跃度也明显下滑，营收贡献也急剧下降。公司策略方面，技术的支持减少，新产品开始推出。

关于产品运营的发展前景，很多人以为产品运营最终的发展方向就是产品经理。其实，除此之外，还可以往运营经理方向发展。

• 社群运营

社群运营就是通过运营手段，集合并活跃这些群体，使他们与产品有持续、多频的联系。

在互联网工作中，一切能通过一个主题，把用户聚集到一起的团体，我们都可以理解为是一个社群。它是以社交工具作为承载（QQ群、微信群、贴吧、社群、线下活动），满足用户与用户之间的沟通需求的团体或组织。

社群的运营目的分为三点：拉新、促活和留存、转化。

➢拉新：可以采用裂变的方式。首先要明确采用哪种方式裂变，用户分享海报到朋友圈，朋友圈好友看到扫码进群，还是用户邀请两个或者更多的好友加入。

➢促活和留存：先要明确主题，是否能够产生共鸣。并且，在群内需要产生大量有价值的内容，这些内容会让用户觉得这个群有价值，就会继续留存。

➢转化：在运营过程中，建议运营者先建立框架思维，再学习流程思维。

• 活动运营

活动运营是指针对不同活动、不同性质的活动进行运营，包含活动策划、活动实施，以及嫁接相关产业打造产业链。

活动运营一直都被看作最重要的营销手段之一，主要目的是用户拉新，促活用户，用户留存。

一份完整的活动策划方案包括：活动背景、活动主题、活动目标人群、活动时间、活动概述、活动规则、广告投放、风险控制、埋点、效果预估、Q&A。

对于活动运营来说，需要思维足够活跃，有很好的逻辑思维能力和数据敏感度，能够洞察到改进的地方。

沟通是很重要的一个技能。要保证活动完美执行，就要与公司各部门进行有效的沟通，只有高效的沟通，才能够产生高效的执行力。

（资料来源：根据网络信息整理）

同样的，如果不在网上去收集和整理，也可以在求职机构找到类似的服务产品。图

3-8 所示为"一起求职"网提供的岗位详解服务。

　　这样的知识介绍对于同学们了解今后要从事岗位的具体工作内容是很有帮助的,可以提前准备一些基本知识,以免面试时一问三不知,也以免工作后才发现对这个岗位没有兴趣。

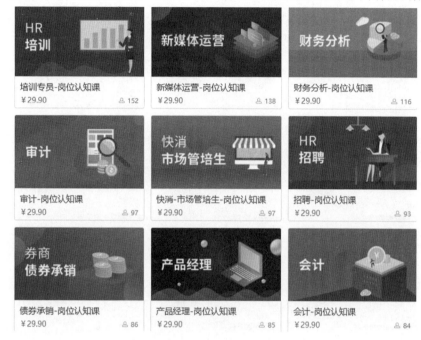

图 3-8　求职岗位详解

## 4. 名企求职经验和求职手册

　　如果面试的是知名企业,在网上很容易找到网友分享的求职经验。比如,图 3-9 所示为百度搜索到的阿里巴巴求职经验分享内容。

图 3-9　阿里巴巴求职经验

同样,如果不在网上自己去收集和整理,也可以在求职机构找到类似的内容,也可能是免费的。图 3-10 所示为"一起求职"网提供的名企求职手册。

比如,阿里巴巴求职手册里面的内容还是比较丰富的,还有过去的面试真题可以参考,这对于面试准备来说比较有用的。

图 3-10 名企求职手册

### (三)再次研读岗位 JD,准备专业技术和面试作品

#### 1.再次研读岗位 JD,准备专业技术

一家严谨、合格的公司在做招聘时一定会输出一份相对全面、表达清晰的岗位 JD。如果把面试当考试,那么岗位 JD 就是我们手头有的最接近"考试真题"的"考题范围"。因此,根据岗位的每一条描述准备相关的案例或经历,基本上面试就成功了一大半。

那如何把岗位 JD 要求"恰到好处"地包装到自己的面试中呢? 核心是挖取岗位 JD 核心关键词,并将这些关键词放到自我介绍或面试官问题回复中。

## 案例 3-10

## 从岗位 JD 入手,准备面试

以营销岗位为例,通过阅读岗位 JD 可以归纳出这几个关键词:"整合营销""数字与社交营销""与海外团队对接""追踪效果"。

然后将它们做能力项分类:

• "整合营销"强调战略性和全局观;

• "数字与社交营销"看中经验;

• "海外团队对接"说明岗位英文能力要求高;

- "追踪效果"说明岗位设有明确 KPI。

清楚需求之后,可以这样准备:

- 在自我介绍里着重强调自己做整合营销的经验;
- 能用英文流畅沟通和写 PPT 的能力;
- 对数字和社交营销的认知和经历的梳理;
- 提问环节,列岗位 KPI 考核标准问题:

➢岗位 KPI 是什么? 团队目标是什么? 是否做销售情况考核?

➢团队组织架构是什么样的? 团队内有多少人? 大家的职能是什么? 团队外供应商情况? 市场预算情况?

➢工作产品范围覆盖哪些?

所以,这样提前准备,整体面试沟通下来,基本能预测面试官是会满意的。

(资料来源:根据网络信息整理)

(1)准备专业基础和技术知识

从岗位 JD 上了解对求职者的技术要求、做到心里有数后,接着要对其要求掌握的技术进行复习。面试官会在面试的过程中问一些基础的技术问题,这些问题一定要记清楚,知识一定要掌握牢固,最好是将这些知识点进行总结和记录,便于其他类似岗位再次面试时补充准备和复习。

技术面试以考查基础能力与实际应用能力为主,包括可能会要求手写一些小算法,比如排序、字符串处理之类的,也可能偏重对技术深度的考察。例如,可能对一些项目经历进行询问,同时可能会要求画出项目的架构图、交互流程图等,并对项目存在的问题和改进方案进行询问。因此,相关的技术准备要充分。

以下面的 JAVA 开发岗位为例,至少要做这些准备工作。

**案例 3-11**

## JAVA 开发 JD

职责:

- 根据产品需求和设计,参与关键性技术架构的分析及设计工作,协同团队一起完成技术风险评估、技术选型、技术预研、技术设计等工作;
- 根据产品需求和设计成果,保质保量完成相应系统功能的研发工作;
- 负责与产品技术架构组、前端开发组以及其他相关产品组保持紧密的沟通和协作;
- 主动监控并跟踪产品线上运行情况,及时修复发现的问题,并持续进行技术改进。

要求:

- 专科及以上学历,1 年以上 Java 开发经验,有互联网医药行业、卫健应用行业、政府采购系统、内容管理系统等开发经验者优先;
- 能够熟练写出可靠性好、可维护性好、性能好的 Java 程序,熟悉常见的设计模式;
- 能够熟练使用 Java Web 开发主流框架、工具,如 Spring MVC、Mybatis 等;

• 掌握 Web 应用构建和管理工具，如 Ant、Maven 等，了解 Web 应用部署运行的系统架构，有较强的故障排查定位能力；

• 熟悉 SQL Server、My SQL、Qracle 等数据库开发，有较强的 SQL Server 编写和优化能力；

• 熟悉 HTML/CSS/Java Script 等前端编程语言，熟悉 Bootstrap、jQuery、jQuery-Mobile 等前端框架、规范或工具者尤佳。

（资料来源：根据网络信息整理）

• 了解技术风险评估、技术选型、技术预研、技术设计的工作内容。

• 了解技术架构组、前端开发组的工作职责划分，想想自己怎么跟他们配合。

• 看自己是否有"互联网医药行业、卫健应用行业、政府采购系统、内容管理系统等开发经验者"方面优势，回顾总结一下。

• 复习"Java Web 开发主流框架、工具，如 Spring MVC、Mybatis 等""Web 应用构建和管理工具如 Ant、Maven 等"。

• 复习"SQL server，My SQL，Oracle""HTML/CSS/Java Script 等"相关编程知识。

通过技术准备要做到：

• 基础扎实（熟练编程语言、熟练掌握数据结构、熟练掌握常用算法），比如复习基础的数据结构和算法，包括链表、二叉树、排序算法、查找算法等。

• 可以写高质量代码（实现功能、边界考虑到、异常情况考虑到），可以每天去 LeetCode 网上刷几道算法题练手，避免手生。

• 清晰的分析和设计思路，画图、具体化、分解。比如一些比较复杂的算法，海量数据处理的几种算法（TopN 法、Hash 法、Bit-map 等），只要懂原理，能说出思路即可。

• 一定要用自己使用比较多的开发语言作为核心开发语言。一般核心开发语言不超过两个，从熟悉到精通，修炼之路无止境。

• 优化效率，善于复用已有成果，提高程序的时间和空间复杂度。

• 综合能力，即沟通、学习、合作能力。

（2）准备项目经验

自己做过的项目经验要回顾、梳理。项目经验主要梳理出：

• 技术选型和架构能力等。

• 使用什么技术解决了什么问题、遇到什么困难和怎么解决这些困难。

• 对于项目里用到的技术点，要一一列出来搞清楚。

相关技术知识、项目经验准备过程中，对每一个可能面试的问题，用几句话简洁地记录答案，这样整理下来，面试知识点经过提炼后会变得很简洁，每一次面试前，只需要回头翻看一遍这些精炼总结就行了。

看完自己总结的技术资料再去面试，自然信心满满的。积极的状态当然能为面试添加信心和好运。同时，这些精炼的总结毕竟文字少，多看几次就能记住，在回答面试问题时，可以很好地帮助我们组织专业术语。

2. 准备面试作品

这部分对于在校生找工作而言，绝对是很加分的！一来，这样的准备，比起"我什么都不会,但是我愿意学"这句话,更有诚意。二来,让你具备和面试官交流的"谈资"。

如果只是一味地讲学校的事情,一般来说面试官不会太感兴趣(除非与他是一个学校),相比之下,面试作品这种能够具备一点点专业性的东西,更能让自己与面试官搭得上话,让面试官看到自己做这种专业性东西时候的思路,如果做得好,面试官透过作品的思路自然就能看出能力;如果做得不好,还可以把自己的问题提出来,然后请教他,让他看到应聘者确实有思考,而且去做了,但毕竟成长都有一个过程,遇到问题是很正常的。作品能证明积极性以及自己不是一个"饭来张口"的人!

面试作品,以产品经理实习生为例,可以写写产品分析报告。竞品分析报告;广告学专业的同学,可以做一些广告的分析;设计专业的同学则是可以做一些设计作品。但是准备这些作品的时候,一定要注意体现专业性!

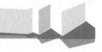

**案例 3-12**

### 准备面试作品要体现专业性

A 同学去面试游戏公司,人家上去就直接列出来几十款游戏,和面试官说让他挑两款,直接和面试官讲这个游戏哪不好,为什么不好,从自己的角度怎么去改善,改善的方案是怎么样的,具体怎么落地去做。

而另一个想做游戏策划的 B 同学,面试官问他为什么想做游戏策划,他说:"我挺喜欢玩游戏的。"然后面试官说:"你能分析一款游戏吗?"然后他说了一堆我感觉这个游戏有哪些做得不好的地方。面试官再问:"你觉得游戏公司为什么不改这个不好的点呢? 那应该怎么改进呢?"他就一片茫然……像 B 同学,完全没有体现专业性。

(资料来源:根据某校毕业生就业案例整理)

因此,再强调一遍,面试作品一定是要能够体现专业性的! 哪怕做得不好都不要紧,绝对不要出现那种"我感觉""我以为"的主观和业余现象。

#### 3.思考你要问面试官的问题

面试并不仅仅是公司在单方面选择,我们同样在选择合适的公司,这是一个双向的过程。在面试的过程中积极参与,将使面试官了解我们对该职位非常感兴趣,这时候不提问题是不可取的,会给人一种不够积极的印象。

其实,面试官让我们提问是有目的的:一方面,他可能想知道哪些问题是我们最关心和重视的 ;另一方面,给我们一个机会提问,可以突显我们的专业和态度。问得好的话,有加分的可能。但注意一定要提和工作相关的问题。

(1)可以问一些反映你对公司未来前景关注的问题

"公司在未来几年是否会探索新的市场?""这个职位的职业发展机会有哪些?"或者"公司的用人标准是什么?"这些问题都表明自己与未来雇主和公司在同一频道上,也能获取更多信息,以帮助我们判断这个公司是否合适自己。

(2)应聘岗位相关的问题

比较切题的问题会给面试官留下很好的印象,他会认为应聘者是因为很想进入这家公司,才会问这么多细节。

- 这个职位在公司的具体职责是什么？目前最紧要的任务是什么？
- 公司对我面试的这个岗位的定位是什么？最希望个人达成的工作指标有哪些？
- 如果我有幸加入,公司希望我三个月完成哪些工作？
- 公司希望通过这个职位实现的长期目标是什么？

（3）可以问一些在面试过程中讨论到的问题

通过询问更多的细节,可以表明自己在持续关注任何不太明白的问题,并试图弄懂。避免为了问而发问,这会显得自己没有跟上面试的节奏。比如可以问,通过刚才和我沟通,您对我的评价是什么？您觉得我的优势和劣势是什么？

避免问到任何可以被轻易回答,或者可以通过互联网快速搜索到答案的问题,这类问题只会让面试官感到应聘者的懒惰。

### 4. 准备英语面试

面试遇到英语的概率很高。现在大多企业都会在工作中或多或少遇到需要英语的情况,所以,多数面试官都会想要考察一下面试者的英语水平。

这里最关键的点是弄清楚工作需求和自己的英语水平,如果差很多,那真的不妨补习一段时间再说。即使工作对英语的要求不高,面试心仪的工作之前学好英语也不会徒劳无益,毕竟这是迟早都要学的能力。

在英语学习方面,面试之前能做的准备其实很少,但可以准备一个英文版本的自我介绍,并可以思考一下自己的哪些问题用英语是想不明白的,如果觉得自己还没有办法用英语进行逻辑思考,可以先用中文想清楚,再把关键词换成英语。

## 三、任务实现：精彩地讲述你的项目经验

项目经历和自我介绍一样,几乎每一次面试当中都会提及。虽然说技术面试非常重要,但是很多事情太不可控,无法预知面试官会问一个什么问题,无法预知这个问题自己之前接触过没有,更无法预知自己的表现如何。

而在项目经历这个环节当中,大部分时候我们是可控的。因为,面试官的提问也是在项目所在的领域当中的,所以,从这个角度来看,项目经验才是每个人最应该好好准备的部分。

### 1. 如何介绍项目经验呢？

（1）在面试前做好准备,别紧张,因为面试官没我们知道得多

前面我们已经讲了,在面试前做好这方面的准备,因此,不必紧张。而且面试官拿到简历的时候是没法核实项目细节的（一般公司会到录用后,用背景调查的方式来核实）。更何况,面试官最多用几分钟来从简历上了解我们的项目经验,所以,我们对项目的熟悉程度要远远超过面试官,所以,一点也不用紧张。

（2）但项目的各种细节,一旦被问倒了,就说明自己没做过

一般来说,在面试前,大家应当准备项目描述的说辞,自信些,因为这部分自己更了解；流利些,因为经过充分准备后,可以知道要说些什么。而且,这些是我们实际的项目经验。那么,一旦让面试官感觉我们自身经历的项目都说不清楚,可信度就很低了。

不少人是拘泥于"项目里做了什么业务,以及代码实现的细节",而忘记了最应该告诉面试官的项目关键信息,这就相当于把后继提问权直接交给面试官。

(3)建议按下面给出的要素准备项目介绍

• 项目基本情况,控制在 1 分钟内

比如项目名称、背景,给哪个客户做,完成的基本事情,做了多久,项目规模多大,用到哪些技术,数据库用什么,然后酌情简单说一下模块。重点突出背景、技术、数据库和其他和技术有关的信息。

• 主动讲自己在项目中的职责

描述自己在项目里的角色,要主动说出做了哪些事情,这部分的描述一定要和自己的技术背景一致。

• 可以讲述用到的技术细节

可以描述用到的技术细节,特别是自己用到的技术细节,这部分尤其要注意,自己说出口的技术,一定要熟悉,因为面试官后面会根据这个提问。如果自己做了 5 个模块,宁可只说能熟练讲清楚的 2 个模块。

• 项目结果和价值体现

项目结果很重要,项目结果中自己的价值体现更重要。能用数据说,效果更好!

• 设想面试官可能问的问题

前面讲述的哪些地方可能面试官会问问题,自己可以预想或"设置"。如果不露声色说出一些热门的要素,比如 Linux、大数据,大访问压力等,面试官基本就会直接问细节。

(4)一定要主动,面试官没有义务挖掘我们的亮点

我们项目里有什么亮点? 或者作为应聘者,有什么其他加分项能帮我们成功应聘到这个岗位? 作为面试者,应当主动说出,而不是等着问。

面试的时候,如果面试者回答问题很简单,有一说一、不会扩展,或者用非常吝啬的语句来回答面试官的问题,那么处于被动情况的概率就会增大。

请记住,面试官不是我们的亲朋好友,面试官很忙,能挖掘出我们亮点的面试官很少,而说出自己的亮点是我们的义务。

(5)一旦有低级错误,可能会直接出局

• 前后矛盾

后面的回答无法证明自己的项目描述,比如,一开始说用到了 Spring MVC,后面没法说出最基本的实现,不知道 Spring 有哪些类,或者没法说出项目的细节。

• 基本概念混乱

项目里一定会用到的基本概念性问题都回答不上,如,Spring 的依赖注入概念是什么? 怎么用的? 或者 Hibernate 的一对多怎么实现?

• 面试时说出的工作经验和简历上的不一致

简历上的技能描述和回答出来的明显不一致,比如,明明是只会简单的 Linux,但吹得天花乱坠。

让面试官感觉不稳定,很浮躁,比如说话不庄重,或者面试时打扮非常不正规等。

- 明说不能加班，不能出差

单位还没确定录用与否，就跟单位讲条件，哪个单位喜欢呢？

综上，面试前一定要准备，大家可以按本文给出的方向结合自己的项目经历做准备。但本文给出的方法不是教条，仅供参考。

2. 课堂训练：讲述项目经验

- 全员参与；
- 按照自己简历的项目经验来简述；
- 每人用时不超过 3 分钟；
- 老师或模拟评委提出问题，并给出评语。

---

### 四、任务总结：面试准备，心理准备同样重要

面试心理准备比面试技巧和面试方法更加重要。面试技巧、面试方法固然很重要，但是，适合的心理调整效果会更加明显。

先问问自己内心"面试是什么？"有人说面试是考试，有人说面试是谈判，也有人说面试是推销自己，其实，面试可以说是一种展示，如何把自己适合对方需求的方面展现给对方，这样认识，自己的心态是否平和了很多？

在面试中，面试者需要调整自己内心，感受到一种让他人舒服的状态。如怀着真诚、笃定、渴望的心情去面试，相信在面试过程中，该说什么，不该说什么就很顺了。对方也能感受到面试者的真诚、笃定等情绪。

我们可以去觉察自己在进入面试场合时，见到面试官时内心的感受，是紧张的，僵化的，放松的，兴奋的，还是其他什么？在感受中，我们能够区别正向和负向的感受，正向的感受能够吸引对方，负向的感受让对方感觉不舒服。所以，在面试中，让自己处在一种积极正向的感受和感觉（如放松、热情、兴奋等）很重要。

我们在面试之前会注意自己的仪表，得体的仪表能够让自己在他人眼里有一个好的印象。然而，肢体语言也是"潜意识的语言"，它能够很真实地表达内心在说什么。因此，在面试中，关注自己肢体语言的表现，让自己呈现出一种放松、敞开的状态，同时内心是恭敬和真诚的状态。

无论是面试、谈判，还是销售员销售产品，内心状态的调整都是非常重要的。面试好比推销自己，心理上必须准备好一种开放、真诚的状态，再辅助一些理性的技巧，相信一定能够把握好面试。

# 第四节　除了打扮光鲜,还要面试演练

## ◆任务:自我介绍演练

### 1.任务名称

自我介绍演练。

### 2.任务分析

面试前的自我介绍演练非常必要,建议模拟正式面试的场景进行演练,包括着装、礼仪和行为动作等。

| 实现参考1 | 课堂活动 | 活动一:毕业生面试失败只因穿衣太正式? |
| --- | --- | --- |
| | 课堂讲解 | 面试着装与仪表准备 |
| 实现参考2 | 课堂活动 | 活动二:表达能力训练体验 |
| | 课堂讲解 | 自我介绍准备 |
| 任务实现 | 课堂实训 | 自我介绍比赛 |
| 任务总结 | 课后思考 | 面试就是通过交谈展现你的绝对实力 |

### 一、实现参考1:面试着装与仪表准备

(一)活动一:毕业生面试失败只因穿衣太正式?

1.活动目的

认识到面试着装的重要性,不同的企业文化和应聘岗位需要选择不同的面试服装。

2.活动流程

(1)阅读案例

山东省某高校计算机专业的毕业生刘广森去一家网络公司应聘网络编辑,没想到却吃了闭门羹。对方拒绝他的唯一理由是对企业文化了解不够,着装过于正式。对此解释,许多老师和毕业生表示不能接受。

据刘广森介绍,他接到了这家网络公司的面试通知后,赶紧去商场买了一身名牌西装和一双皮鞋,共花了1 200多元。"我的家庭并不富裕,之所以肯花钱买这套衣服,是因为我对这份工作期盼已久,希望通过改善着装,给招聘方留下良好的第一印象。"

"可是没想到弄巧成拙了。"刘广森回忆说,他和该公司的面试人员聊了不到3分钟,就被告知"没有通过面试"。临走时,其中一位面试人员道出了拒绝他的主要原因:"我们公司的工作和文化氛围很轻松,而你的穿着很正式,所以你不适合这里。"

对于刘广森的遭遇,许多同学都表示不能理解。"这样的理由其实是不给我们展示专业才能的机会。""许多同学都是穿西装参加面试,也从没听说谁因穿着过于'得体'而遭到拒绝。"

(2)同学们分组,快速讨论

• 你怎么看待刘广森的面试经历? 你觉得是公司小题大做了吗?

• 你觉得应该如何准备面试着装？

（3）课堂分享

面试着装有讲究

各小组安排1人分享小组讨论结论；其他成员可以补充，也可以分享不同观点。

3. 观点分享：面试着装有讲究

面试如何着装？请扫描二维码阅读参考观点。

### （二）面试着装与仪表准备

#### 1. HR 都是"外貌协会"会员

收到面试通知后，站在镜子前，看看自己：是否体重超标？是否发型很个性？拉开衣柜，是否只有卫衣、球鞋或者纱裙、背带裤？

### 案例 3-13

### 设计师面试可以穿奇装异服吗？

小高和小李都是数字艺术专业的学生，由于是老乡，并且入学时被分在一个宿舍，两个人很快成了好朋友。马上要毕业了，小高周末约小李去买套正式的衣服以便面试的时候穿，而小李却认为设计工作就是要有创意，穿衣也不能死板、太拘束，只要舒服就行，小高只好自己去买了一套面试的衣服。

两个人很快接到了就业老师的电话，安排了一家家装公司去应聘家装设计。小高和小李一起去了公司面试，而两人的打扮却截然不同：小高西装革履，头发短而精神，整个人也显得干净利落；而小李却穿得非常休闲，牛仔裤、T恤，留着长发，戴着耳环。

公司位于高档的写字楼，来到公司后，公司的员工紧张地忙碌着。小高第一个进入面试房间面试，面试顺利而充满紧张，不一会，小高微笑着走出来对小李说："不用紧张，面试挺简单的，主考官也很和蔼。"小李走进面试的房间，三个主考官都穿着西装坐在对面，小李的形象让主考官有些吃惊，小李看出三位主考官的疑惑，先解释了自己穿衣打扮的观点，三位主考官听完后，皱起了眉头，面试很快结束。

两天后，小高接到了复试的通知电话，而小李一直没有等到。小李最后通过小高了解到，公司没有录取自己的原因，就是因为自己的服饰和打扮上不符合公司的要求。

公司认为：设计师的创意不是靠自己的穿着打扮体现的，也许一名成功的设计师会对穿着不太在意，但是自己在没有成为出色的设计师之前还得让自己看起来像一个职业者。

（资料来源：根据某校毕业生就业案例整理）

找工作就像是择偶，自己要符合对方的要求才能成事。发型不太主流，就考虑修剪一下，一般企业选人都是以成熟稳重为佳，如果你太要求个性，其实不是很适合在一般企业工作。

面试前，记得为自己准备一身衬衣、长裤加皮鞋，是不是套装不要紧，干净、挺括、整洁为佳。露脚趾的凉鞋、脏兮兮的球鞋、蓬蓬的纱裙都收起来，皱巴巴的西装至少熨烫好了再穿。

研究表明,带给别人的第一印象中约有 10％是能力表现传达的,30％是肢体语言传达的,60％是根据着装和相貌传达的。由此可见,形象有多么重要。我们可以说,形象的好坏直接影响我们的未来。因此,我们不要遗忘"人不可貌相"的同时,也要深刻地学习"人靠衣服马靠鞍"。

之前我们讲过的"职场礼仪与形象",请大家再去查阅、参考。这里主要再强调的是与面试有关的形象和礼仪准备要求。

### 2.面试着装准备

(1)女生着装准备

• 整体要求

头发不要遮挡脸颊,发型干爽利落,化淡妆,妆容不宜过浓,趾甲干净,不要涂指甲油,避免使用香水,因为面试官有可能对香水过敏。

• 服装

衣着要匹配商务着装规范,裙子要在膝盖的位置,或者西裤要恰当穿着,全身 3 种颜色以内。

• 衬衫

亮色调的职业女衬衫,或者在夹克衫里搭配一件内衬衫。

• 袜子

绝对不要跷二郎腿,穿着接近肤色的丝袜,要多准备一条丝袜以防破掉。

• 鞋子

要穿低跟的鞋子并且不能露脚趾,鞋子光亮、清洁。

• 配饰

简单的配饰,首饰不宜过多,不要有明显的文身或者打太多耳洞,可以戴一对耳环或者小的饰品。

(2)男生着装准备

• 整体要求

短发,清洁、整齐,不要太新潮,太重味道的古龙香水应该避免,或者其他强烈刺激气味都应避免。

• 西装

销售类工作:正装,穿着传统的黑色、面料要得体的西服(天然的纤维,如羊毛),最好是两个或三个纽扣的,口袋不放物品(笔);西裤平整,有裤线。

技术类工作:干净整洁的休闲装。珍视机会,远离拖鞋、沙滩裤、背心等奇装异服!

• 领带

选择传统样式丝绸质料的领带。领带应紧贴领口,系得美观大方。

• 衬衫

白色或单色衬衫,领口、袖口无污迹。

• 鞋子

穿着舒服的皮鞋。皮鞋光亮,深色袜子。

• 饰品

皮带应该匹配鞋子的颜色,不要有明显的文身或者打过多的耳洞,有耳洞的别戴耳钉(除非是民族风俗习惯)。

### 3.面试仪容、仪态和行为举止

(1)仪容

• 发型

发型能直接地反映应聘者的精神面貌,也能看出应聘者的品位和对细节的关注程度。应聘者头发的长度是有讲究的,头发也不能五颜六色。

男性的发型发式,一般要求干净利落、整洁自然。不宜过长,但最好也不要剃光头。基本的要求是"前发不覆额,侧发不掩耳,后发不过领"。

女性发型总体要求是清爽利落、美观大方,不要披头散发、发饰过多。女性可以烫发,但要给人稳重感,不要太前卫或轻浮。

• 面容

面容的总体要求是端正庄重、修饰避人、整洁干净、简约朴实、得体自然。

男性应养成每天修面的好习惯,保持干净整洁,鼻毛不外现,饭后洁牙、口无异味;女性在面试场合应该以裸妆为宜,保持清新、自然、柔和、淡雅,突出眼、唇,且建议面试时尽量不要使用香水。

• 指甲

应聘者在面试时应保持手部清洁,不蓄长指甲,不使用醒目的指甲油。

(2)仪态

• 表情

在面试场合,应聘者的面部表情应从容、镇定、自信,目光坚定,表情自然,不慌不忙、不急不躁,体现出应有的气度与风貌。答题时要做到表情自然,切忌僵硬死板、面无表情。笑是面部表情的一种,是在面试考场除口头表达外的另一种语言。应聘者从进入面试考场那一刻起,要懂得适时微笑。

• 目光

应聘者在答题时,应注意与考官的眼神交流。这一点非常重要,应聘者不能只关注一个考官,而"不闻不问"其他考官。用眼神与每位考官进行交流是十分必要的,可以为高分打下基础,应聘者在面试时以正视主考官为主,环视其他考官为辅。

(3)行为举止

• 手势

应聘者的手势应当规范,尽量少用,不可滥用。面试答题时,应聘者的手势不宜过多,动作不易过大。

应聘者面试答题时不得用手抓挠身体的任何部位,避免出现拉衣袖、抓头发、抓耳挠腮、玩饰物、揉眼睛、不停抬腕看表等手势动作。

• 小动作

从进入面试考点到离开考场要注意不要有一些小动作,如:望天花板、不停翻眼、拂头发、摸耳朵、咬嘴唇、抖腿,无意识地玩手指、玩笔,或笑场用手捂嘴的情形。

这些要求都可以通过练习达到,建议应聘者,对于姿态方面可以多照镜子来观察自己的行为是否得当。仪表仪态是给人的第一印象,同时也可以增强个人自信心。良好的仪表仪态是好的开端。

## 二、实现参考 2:如何准备自我介绍?

### (一)活动二:表达能力训练体验

#### 1.故事一:武侠故事

要求:

• 至少有五个人物(英雄、和尚、公子、公主、叫花子)出现,每个人物都有名字及出场介绍,不允许一起出场。

• 故事中必须出现的词语:千里冰封、玉树临风、万里雪飘、刀光剑影、历尽沧桑皆英雄、狗叫、鲜血。

• 故事必须有情节,且有结论,最后一句必须是"数风流人物,还看今朝"。

#### 2.故事二:悬疑故事

要求:

• 至少有四个人物(美女、小偷、小男孩儿、老太太)出现,每个人物都有名字及出场介绍,不允许一起出场。

• 故事中必须出现的词语:千里冰封、玉树临风、万里雪飘、刀光剑影、历尽沧桑皆英雄、狗叫、鲜血。

• 故事必须有情节,且有结论,最后一句必须是"数风流人物,还看今朝"。

#### 3.活动方式和内容

• 故事接龙,班上同学分组进行,看哪一组得分最高。

• 每组同学共同编撰、完善两个故事,并记录最终版本,时长 20 分钟。

• 每一组派一位同学进行讲解,其他组同学可提问题,同组同学可参与回答疑问。其他组同学进行评分,包括故事性(20%)、逻辑性(15%)、满足要求的情况(10%)、表达能力(40%)、答疑活跃程度(15%)。

### (二)自我介绍准备

#### 1.了解自我介绍

(1)自我介绍的意义

• 自我介绍是沟通的起点,也是做好一名职业人的起点。

➢增进了解,建立联系。

➢寻求帮助,获得支持。

• 自我介绍有助于自我展示、自我宣传,应把握机会。

(2)自我介绍的形式

• 幽默式:适用于轻松、欢快的氛围,如公司晚会、联欢会等,前提是使用者必须具备幽默自嘲的态度。

➢林肯竞选时的自我介绍:"我叫林肯,我所有的财产就是一位妻子和三个女儿,都是无价之宝。此外,还有一个租来的办公室,室内有桌子一张、椅子三把,墙角还有大书架一个,架子上的书值得每人一读。我本人既穷又瘦,脸很长。我实在没什么可依靠的,我唯一的依靠是你们。"

• 应酬式:适用于某些公共场合和一般性的社交场合,这种自我介绍最为简洁,往往只包括姓名一项即可。如:你好,我是张强。

• 工作式:适用于工作场合,它包括本人姓名、供职单位及部门职务或从事的具体工作等。

➤你好,我是张强,是某某公司的销售经理。

➤我叫李波,我在某某大学中文系教外国文学。

• 报告式:适用于讲座、报告、演出、庆典、仪式等一些正规而隆重的场合,包括姓名、单位、职务等,同时还应加入一些适当的谦辞、敬辞。

➤各位来宾,大家好! 我叫张强,我是某某公司的销售经理。我代表本公司热烈欢迎大家光临我们的展览会,希望大家……

• 问答式:适用于应试、应聘和公务交往。问答式的自我介绍,应该是有问必答,问什么就答什么。

➤A:先生,你好! 请问您怎么称呼?

B:您好! 我叫张强。

➤A:请介绍一下你的基本情况。

B:各位好! 我叫李波,现在 26 岁,北京人,汉族……

(3)自我介绍的技巧

• 前提:认清自己。

• 条件:相信自己。

• 结果:敢于表现。

➤强化自我训练:秘诀是勤学苦练。大家看过电影《九品芝麻官》吗? 周星星是如何锻炼自己的口才的?

➤扬长避短,表现自己

• 如果长得不好,就让自己有才气;如果才气也没有,那就保持微笑。

• 气质是关键,如果时尚学不好,宁愿纯朴。

(4)自我介绍注意事项

• 注意时间:要抓住时机,在适当的场合进行自我介绍,对方有空闲,而且情绪较好,又有兴趣时,才不会打扰对方。

• 讲究态度:进行自我介绍,态度一定要自然、友善、亲切、随和。

• 真实诚恳:进行自我介绍要实事求是,真实可信,不可自吹自擂,夸大其词。

## 2.重视自我介绍准备

通常面试的时候,面试官开场白都是:"您好,请简单地做一下自我介绍。"虽然这已经是惯例了,很多求职者还是比较懵。原因是缺乏准备工作,战略上不够重视,当然结果就是吃大亏了。那么,职场新人如何准备自我介绍呢? 把这份自我介绍准备好,需要注意什么? 我们一起来了解吧!

自我介绍时间上不能太长,最好简短,3 分钟为宜。一般自我介绍语速要求每分钟

180 字到 200 字,这样面试官听起来会比较舒服,也容易接受。所以自我介绍文稿需要准备字数在 500 字至 600 字。

其实,自我介绍最主要的是要突出自己对该职位的胜任能力。切记,面试是面试,不能当作"相亲",不需要全面无死角地介绍自己,陈述的重点要突出。总体意思是,我干这岗位一点问题没有!

这种自我介绍都是简历的浓缩精华,因此,在准备自我介绍时,可以照着简历来写,把自己的优势彰显出来,自己独特的经历和能力、职业选择的意愿方面也要表达清楚。而且,书面表达需要正式一些,这样内容会更加丰富。

• 在写到个人信息的时候,需要简化来写。个人信息涵盖内容基本上是姓名、年龄、哪里人、毕业学校、所学专业、应聘职位等,简单说一下这些就可以了。

• 在写工作经历的时候,一定要把自己的工作经验、工作优势、过去的成绩晒出来。获得过什么证书、在什么方面取得的成绩也要写清楚。

自我介绍切忌啰唆,所写内容要突出自我亮点,点到即可。对于自己突出的特长要着重描写和阐述。

自我介绍切忌流水账。写自我介绍的时候一定要思路清晰、有条有理、按类归纳。总之,职场中自我介绍很重要,同学们要多注意!

### 3. 自我介绍的方式与内容

进行自我介绍,其实就是体现"自我销售"能力。

(1)自我介绍有两种比较推荐的方式

➤基于自我经历提纲挈领地介绍

先简单地概括自己叫什么名字、从哪里毕业、有什么项目经历,然后再说有什么优势。比如,我曾在咨询公司做过半年的项目经理,跟过多少的项目,我在数据调研、市场分析、Excel 建模、PPT 制作方面有什么优势;我也曾经在学校社团担任过什么职位,多项工作证明了我的领导力。

➤只介绍性格的某一点或者着重讲让大家直观地记住、能反映自己性格的一件事情

这一点恰恰是公司和岗位最在意的素质。

对于面试的同学来说,两个方式都可采用。一般每次面试开始时都采用基于自我经历提纲挈领地介绍;而在回答问题时,可以采用第二种方式。

有时,进行自我介绍会被对方打断。遇到这种情况不要担心,放松和面试官继续对话就行了。那些我们想说却没来得及说的内容,在后面的合适时机,一般都能补充出来。

(2)自我介绍的内容组成

自我介绍中,和学习相关的比重应该占据 70% 左右。我们可以介绍自己来自什么学校、学过的专业或者喜欢的专业、有没有参加过实习、外语学习情况、项目成功案例等。也可以介绍自己看过哪些和专业相关的书、有哪些和专业相关的经历。

其他 25% 的内容,可以介绍一下自己的个人情况,比如兴趣爱好、性格,让对方能够对自己有比较立体的了解。

另外,个人介绍不一定局限于介绍自己的过去经历。有的时候,稍微说一些自己的未

来打算、计划（5％），也能够让自我介绍增色不少。

应该尽量把自己曾经取得的成果放在自我介绍里。比如，考试取得好成绩、大学获得奖学金、参加过一些重要的比赛等。这样，才能够让对方尽快对我们产生好感。

面试中，一定要避免出现否定自己的表达。例如：有些同学会说，我选择学法语的原因，是因为我的英语不好。这也许固然是大实话，但在面试这种别人挑选我们、别人占了主导权的场合，却会让听话的人怀疑我们的能力。

所以，面试中，必须说自己的缺点时，一定要注意技巧。

（3）针对不同的面试场景准备不同版本、不同时长的自我介绍

比如，在群面时，最重要的是在团队讨论过程中的表现能否让人记住自己，因此，一般自我介绍的时长留得比较短，不会超过1分钟；单面时，则有更多时间可以让面试官了解自己，可以准备一个3分钟的版本。

通常在单面中，HR会拿着应聘者的简历，但是很有可能没有时间提前看，所以，单面开场的自我介绍就很像一个引导面试官阅读简历的过程。从教育、实习、项目经历、社团经历到特长爱好，自己心中要有一个介绍的优先级，而且介绍的内容需要尽量和公司、岗位的要求相匹配。或者也可以选择前两分钟做引导阅读，最后一分钟介绍简历上没有涵盖的内容。比如，参与过一些著名的营销事件、有自己创业的经历等，在简历中没有展开具体的介绍，可以在自我介绍的最后来一个点睛之笔，让面试官记住你。

（4）自我介绍要做的就是不停地回忆细节，再包装细节

虽然不能胡编乱造，但也可以稍稍夸大一下自己的故事，使它更贴近企业的要求，善于自我销售也是一种重要的能力。

一定要自信（越讲会越自信的，就算有小小夸张的部分，最后也不觉得有夸张了）。不要觉得自己的故事微不足道，自信会带动面试官进入你的世界从而记住你。

（5）自我介绍的自我演练

自我介绍是人生中需要无数次实践的微型演讲。人为什么会在演讲前紧张？紧张是人类衍生出来的一种自我保护心理机制。因此，紧张是一种很正常的现象，不必为了紧张感到丢脸，重要的是如何正视紧张，克服慌乱。

自己在心里默默地读或背诵多少次，都不及大声说出来的感觉，一方面是对自己演讲声音的适应，另外一方面是气息、转承、音调的磨合，这都不是默读可以体验到的。因此，建议同学们把自己关在屋子里面，自我放声进行演练或在同学们面前进行模拟演讲。这样，在自我介绍的时候便更能得心应手。

• 面对镜子的自我训练

面试是个人演讲与口才的集中表达，除了对问题的理解以外，表达是否流畅，语气、表情是否自然，通过自己看到真实的自我，反复矫正训练。

• 通过录像加以训练

有条件的同学，可以将自己面试模拟的视频全部录制下来，反复观看，加以矫正和训练，类似于学习英语的复读机一样，反复模拟、提升。

• 课堂活动进行自我介绍比赛

因为在这里自己将面对一群真实的观众，大家是一群渴望让自己变得更有影响力的

同学,也是一群愿意互相帮助、反复打磨自我介绍的伙伴。这样的环境就像一面镜子,让自己表达力方面的进步与不足,都能清清楚楚地呈现。

## 三、任务实现:自我介绍比赛

面试的公司都会让同学进行自我介绍,很多学生在这方面相对欠缺,所以,从大学开始就要培养每位同学能够在公共场合进行自我表达的能力,这是勇敢走出进入职场的第一步。为了能够提高同学们的自我表达能力,特进行自我介绍比赛。

1. 自我介绍内容

• 参照完成的简历,写出自己的基本情况、所具备的能力,参与的实习项目、特长、优点、缺点和未来 3 年的职业规划等。

• 文字准确,有条理,能吸引他人。

• 简历突出自己的个性。

• 简历不能出现雷同和抄袭现象。

2. 参赛要求

• 赛前提交一份简历供老师查阅参赛选手的个人情况。

• 时限为三分钟。

• 内容介绍符合本人实际情况。

3. 评比项目和考核标准

• 仪表着装　15%

• 气质仪态　10%

• 语言表达　40%

• 优点展现　15%

• 问题回答　20%

## 四、任务总结:面试就是通过交谈展现你的绝对实力

面试就是通过交谈展现绝对实力。提前了解谈话对象,熟悉岗位要求和应聘公司,这是需要提前准备的功课。对于常见的问题要提前准备;对于简历上和项目经历上对方可能针对细节的发问做到心中有数;对于自己的职业目标和事业情怀要做到真诚可信;多准备一些有意义的问题,也让面试成为单位坚定选择自己的途径。

面试本不是考试,也非闲聊、应酬,甚至辩论,这是我们和对方的一段承诺,请负责对待。

# 第四章 面试进行时

> 通过一对一的模拟面试等方法有效地提高大学生求职成功率。

> 群面模拟活动让大学生应对面试的各种状态,尽量做到顺其自然、不卑不亢。

> 学会如何把握就业机会,并开始做入职准备。

## 任务安排

> 完成一对一模拟面试。

> 参加模拟群面。

> 拿到多个 Offer,该如何选择?

## 学习指南

> 恰当回复面试通知,并从容淡定、有条不紊地进行面试前准备工作,完成一对一模拟面试。

> 从"实现参考"学到如何完成一次成功的面试,参加模拟群面,提升应对各类面试场面的能力。

> 充分利用每一次面试的机会提升自己,并且学习如果拿到多个 Offer 该如何选择。

# 第一节　面试前准备，从容淡定、有条不紊

## 任务：一对一模拟面试

### 1.任务名称
一对一模拟面试。

### 2.任务分析
在详细了解恰当回复面试通知的基础上，从容准备面试出行的方方面面，并参加一对一面试模拟和群面模拟，切实提升自己的面试经验，改进其中的不足。

| 实现参考1 | 课堂活动 | 活动一：接听面试电话 |
|---|---|---|
| | 课堂讲解 | 面试考核从接通知面试开始，恰当回复面试通知 |
| 实现参考2 | 课堂活动 | 活动二：找不到面试地点的D先生 |
| | 课堂讲解 | 面试前准备，从容淡定、有条不紊 |
| | 课堂讲解 | 学习各环节面试技巧 |
| | 课堂讲解 | 视频面试技巧和注意事项 |
| 任务实现 | 课堂实训 | 完成一对一模拟面试 |
| 任务总结 | 课后思考 | 模拟面试有效地提高大学生求职成功率 |

### 一、实现参考1：恰当回复面试通知

#### (一)活动一：接听面试电话
#### 1.活动目的
演练接听面试电话，了解存在的问题和正确的回答方式。

#### 2.活动流程
(1)活动内容

挑选两名同学，其职责是接企业的面试电话。

HR：您好，请问是某某先生(女士)吗？

候选人：是的，我是。

HR：您好，我是某某公司人力资源部的某某。

候选人：您好。

HR：我收到您投给我们公司的简历，您应聘的岗位是产品销售。

候选人：是的，我投了。

HR：我这次打来电话，想跟您进行一次简单的电话沟通，请问您现在讲话方便吗？

候选人：方便。

HR：请问，您住在哪里？

候选人：我住在……

HR：我们公司在某某地方，距离有些远，您看这会给您上班带来不便吗？

候选人：不会。

HR：我看您的简历，您学的是软件技术专业，能说一下您的职业目标吗？

候选人：……

HR：通过学习和实习，您感觉您有哪些该职业的专长呢？

候选人：首先，我办事思路比较清晰，做事风格比较果断，比如……

HR：能举例说明一下您最突出的专长吗？

候选人：……

HR：能不能简单讲一讲，您实习阶段所遇到的困难？

候选人：……

HR：聊了这么多，您看您明天上午十点能到公司进行面试吗？

候选人：好的，没问题。

HR：我们公司的具体地址是……，您可以乘坐××路车到××站下车。

候选人：好的，我记下了。

HR：记得来的时候，带上您的相关证件、笔、简历。

候选人：好的，我记下了，明天见。

（2）分组讨论，记录要点

- 他的回答中哪些方面做得好？

- 他的回答中存在什么问题？

- 给我们什么启示？

（3）课堂分享

各小组安排1人分享小组讨论结论，其他成员可以补充，也可以分享不同观点。

（二）面试考核从通知面试开始，恰当回复面试通知

有人说，能收到面试的通知，那就相当于优先录取啦！其实并非如此。但是这也证明你的简历还是优化得挺棒的，能够从众多的简历中脱颖而出，也很不容易。所以，当我们过关斩将地收到面试通知时，一定要认真对待，做好足够的准备！

其实人的第一印象非常重要。也许你没有留意，但在HR那里，从通知你参加面试那一刻，就已经开始"计分"了。

1. 接到电话通知时

- 电话打一次就接通；

- 接通后听到有礼貌，并且平和的声音；

- 能够迅速反应出公司的名称和职务；

- 爽快接受约定面试时间；

- 确认对方HR称呼和联系方式；

- 通话结束等对方先挂电话。

当然，面试前一定要保持电话畅通，尤其是周一到周五上午9点和晚上6点的时候，不要出现静音、关机、停机等状况。

**案例 4-1**

## 接面试电话的常见不良表现

- **态度不积极**

有的同学在接到电话的时候,表现出的是一副无所谓的语气,一点也听不出来他对于接到面试通知感到高兴。对于这样的同学,HR 往往会怀疑他的求职意向是否强烈,所以,会反复确认是否可以准时参加。这样的态度也会给 HR 留下一个不好的印象,也可以归结为礼貌问题。

- **记录慢**

既然打电话通知面试时间和地点,那必然需要同学们记录下面试时间和地点。建议各位同学在找工作这段时间,最好做好随时记录的准备,在 HR 说面试时间和地点的时候,快速、准确地进行记录,之后可以向 HR 复述一遍用以确认。

有些人既没有在身边准备纸和笔,也没有在听到某某公司的时候想着一边接电话一边找纸和笔;有人听到面试通知时间和地点信息,才想起来要用纸和笔,动作也不快一点、磨磨蹭蹭。不要在电话里指使别人"给我找支笔"(听语气是在跟父母说话),不要在 HR 说完之后,却说"我记不住啊,你等我找支笔。"

在接电话的时候,不注意记录或者动作慢等情况,给人留下的印象是做事没有逻辑性,没有条理性,思维慢。

- **犹犹豫豫**

在约面试的时候,HR 希望能够得到同学们一个明确的答复:"我明天可以准时参加面试"或者"我明天那个时间有事,不能参加面试。"对于后者,换个时间就是了。但就怕有的同学说:"我应该能来面试吧!"或者"我尽量参加面试。"

能不能参加面试要确定好,什么叫"应该能来"? HR 每一组安排的人是有数量要求的,要是不来参加面试就告诉对方,对方好安排其他人。

比如,在 HR 问到明天是否能够面试的时候,他说"我尽量吧!"或者这位同学这样:"嗯……(5 秒)我想想……(10 秒)明天下午四点……(10 秒)"如果不是 HR 打断他,不知道他还要想多长时间。HR 只能打断他:"同学,是这样,如果您明天不方便的话,我们可以再重新安排一个时间,定下来时间的话我会再通知您的,好吗?"这位同学如释重负般说:"好的!"HR 也如释重负地挂断电话,而且再也不会给他安排别的时间了。

- **留下不成熟的印象**

"我记不住啊,你能给我发条短信吗?"面试时间和地点就是一句话的事儿,如果连一句话都记不住,你觉得你符合对方的招聘要求吗?

"我找不到那个地方啊,在哪儿呀?"就算你不知道,可以上网搜索,难道还让 HR 在电话里画一幅地图?

还有,就算你知道面试的地点,知道面试需要准备什么材料,知道其他的什么,但是在 HR 好心地做解释的时候,请不要打断,这是一个礼貌问题。

(资料来源:根据某校毕业生就业案例整理)

设想一下，如果自己青睐的公司突然打来电话，听到的回复是"抱歉，你所拨打的电话已停机"是什么感觉？不仅会给自己减印象分，甚至会错失这次面试机会。

2.收到邮件通知时

- 确认应聘岗位时填的邮箱地址是哪个，正确与否。
- 留意时间范围，注意查收邮件。
- 收到面试邀请，立即回复。
- 回复邮件要简短礼貌。

## 二、实现参考2：面试前准备，从容淡定、有条不紊

（一）活动二：找不到面试地点的D先生

1.活动目的

了解自己进行面试准备的重要性和必要性。

2.活动流程

（1）阅读案例

D先生即将毕业找工作，经过筛选，他给一家心仪的公司投递了简历，应聘的是销售工程师的岗位。HR通知D先生前来面试，他回答说他找不到地方，因为他对那个区域不熟悉。HR就询问D先生的所在地，同时告诉他公司附近有哪些公交车，并且告知D先生可以上网查一下，D先生却说他的手机没有流量了，暂时不能上网。

HR建议他去网吧，或者询问一下路人，D先生希望HR直接告知他路线，不太愿意自己去问。HR表示，D先生应聘的是销售岗位，如果连这个问题也不能解决，以后如何在当地开展工作。D先生遂同意自己查找路线。

（2）同学们快速思考

- 你觉得D先生犯了哪些错误？
- 你从中受到了哪些启发？请写下来。

（二）面试前准备，从容淡定、有条不紊

1.面试过程详尽了解

前面介绍了面试通用流程，具体到某个行业和公司，可能不尽相同。如果面试通知有介绍，当然比较好；如果没有的话，请自己通过网络或其他方法详尽了解自己面试的流程环节，做到心中有数。

不过，一般都是先网申笔试，再进行群面、1轮至2轮技术面试，外加HR面试，最后综合面试这些环节（图4-1）。

| 笔试 | 群面 | 技术一面 | 技术二面 | HR面试 | Offer |

图 4-1 面试的一般流程

2.查阅交通路线

- 查阅途径：(移动)互联网地图或熟人处了解。
- 预计乘车时间：留出富裕的时间，一般提前15分钟到。

### 3.整理必备用品

• 资料证件

➤简历(若干份)、1 寸免冠照片、笔记本、笔、白纸(若干张)。

➤学历证书、身份证、技能证书、获奖证书等(原件及复印件)。建议将身份证、各种重要证书全部提前扫描,与简历一起,存放到 U 盘或邮箱,以便随时打印。

➤自我介绍(1 份)。

➤公司的相关信息(1 份)。

• 着装:正装、整洁大方,可以准备纸巾(1 包)、小镜子(1 块)进行查看与整理。

• 面试问题准备——常见问题熟练掌握。

• 做好心理准备,放松心情。

• 调整饮食,睡个好觉。

### 4.出门前的准备

• 带上提前准备的必备用品。

• 先洗头,整理发型,干净清爽出门。

• 忌讳:

➤不要带同伴,除非是一起去面试的。

➤不带杂物。

➤不喝酒。

### 5.早起的鸟儿有虫吃

• 千万不能迟到! 提前十五分钟到最佳!

• 为确保不迟到,请提前按地图规划好乘车路线,并按提前十五分钟到做好从宿舍出发的计划。

• 如果有 3~4 个人一起前往,可以坐出租车。

• 千万别做被鸟吃掉的虫子!

### 6.避免常见的面试硬伤

(1)不善于打破沉默

面试开始时,应聘者不善于"破冰",而等待面试官打开话匣。面试中,应聘者又出于种种顾虑,不愿主动说话,结果使面试出现冷场。即便能勉强打破沉默,语音语调也极其生硬,使场面更显尴尬。

实际上,无论是面试前还是面试中,面试者主动致意与交谈,会留给面试官热情和善于与人交谈的良好印象。

(2)与面试官"套近乎"

具备一定专业素养的面试官是忌讳与应聘者"套近乎"的,因为面试中双方关系过于随便或过于紧张都会影响面试官的评判。过分"套近乎"也会在客观上妨碍应聘者在短短的面试时间内,做好专业经验与技能的陈述。聪明的应聘者可以列举一至两件有根有据的事情来赞扬招聘单位,从而表现出对这家公司的兴趣。

(3)为偏见或成见所左右

有时候,参加面试前自己了解了有关面试官或该招聘单位的负面评价,会左右自己面试中的思维。误认为貌似冷淡的面试官或是严厉或是对应聘者不满意，因此十分紧张。还有些时候，面试官看上去比自己年轻许多，心中便开始嘀咕："他怎么能有资格面试我呢？"

其实，在招聘面试这种特殊的关系中，应聘者作为供方，需要积极面对不同风格的面试官，即客户。一个真正的销售员在面对客户的时候，他的态度是无法选择的。

（4）缺乏积极态势

面试官常常会提出或触及一些让应聘者难为情的事情，很多人对此面红耳赤，或躲躲闪闪，或撒谎敷衍，而不是诚实地回答、进行正面解释。比方说面试官问："为什么5年中换了3次工作？"有人可能就会大谈工作如何困难、上级不支持等，而不是告诉面试官，虽然工作很艰难，自己却因此学到了很多，也成熟了很多。

（5）丧失专业风采

有些应聘者面试时各方面表现良好，可一旦被问及现所在公司或以前公司时，就会愤怒地抨击其老板或者公司。在众多国际化的大企业中，或是在具备专业素养的面试官面前，这种行为是非常忌讳的。

（6）不善于提问

有些人在不该提问时提问，比如，在面试中打断面试官谈话而提问。也有些人面试前对提问没有足够准备，轮到有提问机会时不知说什么好。而事实上，一个好的提问，胜过简历中的无数笔墨，会让面试官刮目相看。

（7）职业发展计划模糊

对个人职业发展计划，很多人只有目标，没有思路。比如，当问及"您未来5年事业发展计划如何"时，很多人都会回答说"我希望5年之内做到全国销售总监一职。"如果面试官接着问"为什么"，应聘者常常会答不上来。

其实，任何一个具体的职业发展目标都离不开您对个人目前技能的评估，以及您为胜任职业目标所需拟订的粗线条的技能发展计划。

（8）假扮完美

面试官常常会问："您性格上有什么弱点？您在事业上受过挫折吗？"有人会毫不犹豫地回答："没有。"其实这种回答常常是对自己不负责任的。没有人没有弱点，没有人没有受过挫折。只有充分地认识到自己的弱点，也只有正确地认识自己所受的挫折，才能造就真正成熟的人格。

（9）被动面试

面试过程应积极主动，避免一问一答的尴尬情况。有机会的话，可以就该职位反问面试官几个问题，找出公司对本岗位重视的点，在阐述自己项目经历的时候，要着重根据这几点讲述，让公司认为自己就是他们要招的人。

（三）学习各环节面试技巧

1. 技术面考察硬实力

技术面的目的是了解面试者专业技能，例如：熟练掌握哪些技能？熟练操作哪些设备？具体到做过什么项目，在项目中担任的角色、起到的作用。

前面已经讲过多次，如果做过项目，先总体介绍这个项目的规模、功能、参与人员，然后再表明自己在团队中担任的角色,起到什么作用,完成了这个项目中的哪个部分,效果如何等;如果没有参加过任何项目,那就谈自己参加过的比赛,比赛规模、最终获得的奖项等。

这个阶段面试官可能会问具体的专业知识,给一个题目或案例让面试者解决,这个阶段需要注意以下几点:

• 诚实回答,切忌不懂装懂。

• 如果是没有任何思绪、完全不懂的问题,就诚实地承认自己确实没有接触过这方面的知识,然后虚心向面试官请教。如果面试官解释了,要表示感谢,表示又学到了新知识。

• 但凡对问题有一点了解,就表达自己所了解的部分,最后表明自己对这个问题了解不多,只能理解到这些,请面试官不吝赐教。

• 尽量将话题往自己懂的方向转移。

有些技术面试会进行两次,我们这里分别称作技术一面、技术二面。

(1)技术一面

以考查基础能力与实际应用能力为主,时长大概一小时,是纯技术面。IT 行业可能会被要求手写一些小算法,比如排序、字符串处理之类的。

实习经历和项目经历将是最多被问的内容,同时也考察应聘者的资质和潜力。拿产品岗位举例,会重点考察产品感觉、学习能力、沟通能力、逻辑思维能力等。在这一面,要换位思考,多想想面试官为什么要问这个问题,和面试官更有效地沟通,展示自己的专业能力。

(2)技术二面

技术二面,主要也是以技术面为主,偏重对技术深度的考察。例如:可能对一些项目经历进行询问,同时可能会要求画出项目的架构图、交互流程图等,并对项目存在的问题和改进方案进行询问。

一般技术二面的面试官是入职后的直属领导,一些规模较小的公司,技术面到二面就结束了。而大部分公司,技术二面一般是半技术面,同时会有一些项目经历、架构设计题目。还会涉及职业兴趣、技术试验、架构能力、技术敏感度、发展潜力等一些信息的考察。

技术二面经常会碰到所谓的压力面,面试官会不停地否定面试者的想法,对面试者施加压力,看看面试者在压力面前的表现,这时候不要慌张,沉着对答就行。技术二面过程有时候比较难以预料,和面试官投缘也很重要。

2.群面——刷人利器

一般非技术类岗位都有群面(技术类岗位笔试通过后就直接是技术面)。群面一般每场 12 人到 20 人,分两组进行 PK。面试官会让每个人先自行我介绍,这里和后面技术面的自我介绍不同,尽量简洁,介绍一下姓名、学校、专业,然后说一两个能让面试官产生兴趣的亮点就可以了,陈述不要超过 1 分钟。

之后面试官会出一道题目让大家一起讨论,并给出解决方案,题目通常是近期比较热门的互联网方面的话题。一般群面小组讨论中,面试同学会自发在讨论中成为几个角色:领导者、计时者、总结者、参与者等。

• 领导者:这是个高风险、高收益的角色,如果自己是逻辑思维很强、表达能力很好,有领导能力的人,可以尝试这个角色。

• 计时者:更像是一个项目管理者,告诉大家时间怎么分配,五分钟讨论什么、十分钟讨论什么,谁来最终总结谁来补充,把控时间点,不要简单地说还剩20分钟了,还剩10分钟了,像一个闹钟,反而打断了团队讨论的节奏。

• 总结者:可以是领导者来陈述,也可以是其他人,如果要陈述总结,记得做好笔记,最后有条理地输出大家讨论的结果。

• 参与者:在领导者组织下,参与讨论,献言献策。不要觉得这是个"打酱油"的角色,实际上,只要在讨论中能提出一两个令人信服的观点,并获得大家的认可,群面就十拿九稳了。

(1)群面的形式:多对多

• 多名面试官,多形式;

• 全方位性格、能力测试;

• 耗时长;

• 面试官一票否决。

(2)群面的特点:全面展现面试者素质,无所遁形

• 耗时较长,从50分钟到80分钟不等;

• 大庭广众下自我介绍;

• 小组活动表现;

• 宣讲和答问;

• 问题追问。

(3)群面的注意事项

• 表现适度,不用去抢角色;

• 面试过程中做好记录;

• 善于聆听,不要打断别人发言;

• 不要沉默或游离事外,要积极参与讨论;

• 不要态度摇摆,但合理的意见需要听;

• 讲话简练,提升总结能力,发言不在于多而在于精;

• 不要执着于题目对错;

• 关注小组之间关系、小组内成员之间关系,如注意发言时的举止,不要指责队友,不要急于表达自己意见。

### 3. HR面

通过1关到2关初试,就到了HR面试。大部分公司HR面试主要考察应聘者的人生态度、求职动机、个人素质、价值观、职业规划、有没有明显的性格缺陷,还会看求职者的适配性与稳定性。

通常来讲,不是特别严肃的HR会跟你聊几句家常让你放松一下,例如:"今天来的时候堵车吗?"大多数人只是随便应付两句,给出一些毫无信息量的回答。比如:"还行,有点堵。"

虽然对于这些问题的回答没有对错之分,但可以利用对这种问题的回答拉进和HR

的距离,并体现你的特质。"交通的确有点堵,也有点远,好在我留足了时间,到贵公司的时候比原定时间还早了 10 分钟呢!"

部分公司 HR 比较强势,喜欢考察专业能力,这时候拿出自己的气势,相信也不会有太大的问题。注意要正常交流沟通,不要有奇葩的言论。

### 4. 外语口语面试

那些全球化布局的大公司或外企一般会安排外语面试,外语面试以口语表达为主,一般也是以个人自我介绍的方式展开,再辅以一些话题进行,主要考察听、说能力。

有些公司的外语面试可能以远程电话面试的方式展开,而有的公司比如华为可能在校园招聘时统一让外国人来电话面试应聘者的外语水平,这样的面试比较客观,当然,只要是人都可能受到人情、心情或环境等因素的影响,面试时要随机应变。

### 5. 心理测试

企业的心理或性格测试只是想选择更加匹配工作岗位的员工,并不是给大家的性格做一个好坏的定性,所以,测试考查的目的,往往就是选择哪些同学更加适合本企业的工作及文化。

心理测试的回答一定要根据自己真实情况来作答,一方面企业只是考察匹配度而不是判断性格好坏,另一方面是企业的性格测试往往都会有检测真实性的问题设置。测试中,对于同一个维度的考察会出现内容不同、位置不相连的多道题目,对于非心理学专业的我们来讲,短时间内是很难分辨并记忆一个理想化答案的。一旦在测试结果中出现了很多矛盾的回答,系统就会判定测试者是在作弊。所以,回答性格测试的时候一定要遵守真实作答的原则,不然哪怕最终的得分很高,也依然是会因诚实问题而被淘汰。

心理测试一般是上机测试,读题一定要细心,在回答的时候注意答案的选项位置。另外,建议大家不要一直选择中间答案,可以根据企业用人的喜好适当突出自身的优势。

### 6. 综合面试

很多人对综合面试不是特别重视,所以也不做准备就去面试了,其实这一环才是最终决定录用与否的关键。看似轻松环境下的闲聊,不乏压力测试的内容,也未必不提很深的技术问题,如果碰巧面试官是技术出身的话,这样的面试,才是我们展现真实自我能力的时候。

**案例 4-2**

#### 综合面试,拜拜了!

问我的兴趣爱好,我那个时候也不知怎么回事说我喜欢研究技术,经常和朋友一块研究新的技术,做一些好玩的游戏软件。面试官顺着问我怎么获利,我也坦诚地说,刚开始只是把项目做好,获利的话可以通过内购、广告等。然后就是工资砍价,然后就拜拜了。

点评:这问题就是一个坑,业余做项目,没有足够的精力放在工作上!

(资料来源:根据某校毕业生就业案例整理)

这里提醒下要谨慎回答的问题:

（1）关于我们公司你有什么需要了解的吗？

越来越多的面试官把这个问题作为一场面试的结尾。不要以为这个回答不重要，这其实是一个陷阱问题，可以很大程度上影响面试结果。

有些问题会暴露应聘者的关注点：问五险一金缴纳比例、福利等，体现关注的是福利待遇；问具体放假安排，体现的是在休息方面有要求；问大概薪资，体现你为薪酬而来……但是，大家忽略了一点，每个人大多数时间都在工作，那么工作除了给我们带来收入以外，更应该给我们带来愉悦感和成就感。

所以，最后的提问，请更多地去问关于职位的内容。这本身才是稳定性的缘由，请表现出对未来工作细节的关注，对团队和组织架构的关注，这才是核心要素，仿佛在跟对方说：我对这个工作很感兴趣。

- 进入公司以后有师傅带吗？
- 如果我遇到问题，可以通过哪些方式获得指导？
- 公司希望我在三个月左右能达到什么水平？
- 目前，公司里最优秀的新人是什么样的？
- 这个岗位需要完成的指标是多少？全年指标是多少？
- 这个职位是否有职业培训？在公司的晋升路线是什么？

最后放一个万金油的提问，一定程度上把问题抛还给了面试官，也带有强烈的暗示，表现出对公司的极大兴趣：请问面试官，您在贵公司任职多久了？公司哪些方面能够让您稳定地在此工作呢？

（2）问私事

面试常常会问一些私人问题，或许有时应聘者会觉得很奇怪为何对方要这样问，但其实都是有目的的，想借这些"私事"判定应聘者是否跟他们是同道中人，而且问某些"私事"，是想确认应聘者会不会因为"私事"而容易离职。举例：

➢你自己租房子或跟爸妈住？

可以知道面试者有没有房租压力，面试官就会担心未来应聘者会不会因为无法负荷房租而决定返乡，进而离职。

➢家人在做什么行业？

通常这个问题有可能是为了了解应聘者跟该行业有无渊源，或了解对方会不会"因了解而离职"，也或者，如果应聘者父母是开公司或工厂的，你未来是否要回去接班。

因此，虽然面试官在问"私事"，可却是为了更了解应聘者的背景，甚至从交流中推断应聘者的个性或待人处事态度等，只能说有时候"私人状况"比"工作专业"还重要。所以回答私事时，要顺便去推测面试官在意什么，并且打消他的疑虑。

总之，面试是个双向沟通、综合判断的过程。面试的过程确实是一场修炼，和不同的人接触，不断展现自己、挑战自己的承压能力。面试也是重要的事，抱侥幸心态不认真对待，肯定最后输多赢少。通过自己的面试表现，把自己与这份工作契合的特质表达清楚，就可以了。

不过归根到底，面试技巧只是让我们更好地展现自己，更好地挖掘自己的价值，以及让对方感受到我们的价值。长期来讲，面试的王道归根到底还是提升自己的能力和价值。

### (四)视频面试技巧和注意事项

数据显示,在 2022 年招聘季,63.8% 的企业采取了视频面试、视频介绍或线上双选会等可视化招聘方式。

现在的毕业生是伴随着互联网成长起来的一代,对于可视化应用具有丰富体验。从图 4-2 所示数据不难看出,70.2% 的毕业生认为可视化求职"效率更高,面试进展更快",也有 67.3% 和 56.8% 的毕业生表示,可视化求职"省去跑腿精力,求职体验提升""地域限制减少,可选择机会增多"。当然,视频面试也有局限性,但不影响其作为面试的新形式而广泛应用。

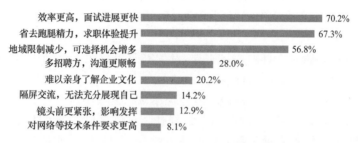

| 效率更高,面试进展更快 | 70.2% |
| 省去跑腿精力,求职体验提升 | 67.3% |
| 地域限制减少,可选择机会增多 | 56.8% |
| 多招聘方,沟通更顺畅 | 28.0% |
| 难以亲身了解企业文化 | 20.2% |
| 隔屏交流,无法充分展现自己 | 14.2% |
| 镜头前更紧张,影响发挥 | 12.9% |
| 对网络等技术条件要求更高 | 8.1% |

图 4-2  应届毕业生对于视频求职的体验

很多人认为视频面试并没有什么难度,只是将过去的直接面对面,转变为了通过屏幕面对面,但只要你亲身经历过,就会发现,视频面试往往比面对面更容易让人紧张,并且期间还可能伴随各种网络、设备等问题。所以,虽然视频面试只是转换了面试的方式,但仍然有很多新的技巧和方法需要学习。

#### 1.选择高清设备,确保网络流畅

试想一下,如果你是面试官,正在面试一位求职者,可你根本看不清对方的脸,而对方还不时地摇动镜头,让你感到头晕眼花,没说几句话,对方就卡住了,不停地"喂喂喂",你此时可能根本没有心思继续面试,而是只想赶快关掉视频,直接将这位求职者 Pass 掉。

所以,在视频面试中,首先要做的一件事情就是选择好的设备、好的网络环境,这样才能让整个面试流畅地进行,只有先给面试官流畅的体验,才能让其将心思放在面试本身,认真听我们回答问题。

关于设备的选择,建议一定要选择高清设备,虽然绝大多数面试官都不会以貌取人,但你的长相、穿着、神态等,都需要让面试官看得清清楚楚,因为这是我们给对方带来的第一印象。此外,还需要注意麦克风的收音效果,面试多半是问答,如果面试官听不清楚说什么,或者听到的内容都是断断续续的,那么他很难根据面试表现打分,只会直接放弃。

如果选择用笔记本电脑,自带摄像头不清晰,那么可以采用外置高清摄像头;如果选择用手机,前置摄像头不清晰,那么可以固定好角度采用后置摄像头。当然,还要注意选择光线相对好的环境,这样可以增强视频画面的清晰度。

除了要有好的设备,流畅的网络也很重要,如果面试的过程中总是卡住,那么不仅会影响面试官对自己的印象和评价,还会给自己带来紧张的情绪,进而把自己的节奏打乱。所以,在面试之前,最好先检查一下网络设备,并进行几轮测试,确保网络稳定且通畅。在此,不建议使用公共场所的网络,因为公共场所的网络一般稳定性不强,同时公共场所相

对比较嘈杂,会影响面试的效果。

简而言之,要提升视频面试的成功率,第一步就是要选择好的视频设备,并保持网络通畅,只有把这两项基础工作做到位,才能确保面试顺利进行。

## 2.注重仪容仪表,营造正式感

相比于面对面的面试,视频面试的仪式感差了很多,因为不需要为了面试提前很多做好时间安排,也不需要掐着时间赶到应聘的公司,更不用从头到尾都小心翼翼,所以很多人在视频面试时,就表现得很随意。比如,不注重自己的仪容仪表,也不注重视频的环境和背景,更不注重面试时候的体态和肢体。其实,这些细节在视频面试中同样重要,虽然隔着屏幕,面试官可能不会观察得特别仔细,但如果太过随意,那么必然不会给面试官留下好印象。

对待视频面试要跟对待普通面试一样,都要在仪容仪表上下功夫,需要选择相对正式、端庄的衣服,保持干净整洁的仪容。

在面试时,最好能选择一个相对安静,并且相对独立的场所和空间,要为自己营造出一种正式感。如果使用笔记本电脑,那么最好选择将电脑放在书桌上,这样一坐在电脑前,就会有一种正式感,这有助于我们快速进入状态。如果使用的是手机,那么最好将手机固定在手机支架上,并将其放在书桌上,切忌将手机拿在手里,因为拿着手机会给面试带来心理干扰,进而影响发挥。

简而言之,视频面试虽然隔着屏幕,但也要给予足够的重视,要给自己营造出一种正式感,这样有助于进入状态,并实现良好的发挥。

## 3.日常多用视频功能,适应视频通话

很多经历过视频面试的人都觉得相比于传统面试,视频面试更让人感到紧张,这是因为日常生活中,我们多数都是面对面沟通,很少采用视频通话,甚至很多人从来都没有用过视频功能,所以没有形成视频通话的习惯,猛然要采取这样方式交流,并且还是面试,就会格外紧张,而紧张的情绪一旦上来,词不达意、思维混乱等一系列问题就会伴随而来,最终影响整个面试的发挥。

所以,要克服视频面试带来的紧张情绪,日常生活中就要试图多采用视频功能,熟悉并适应视频通话。比如,可以和家人从语音通话改为视频通话,可以和朋友开启多人视频聊天模式。如果实在没有机会和条件视频通话,那么可以有事没事将前置摄像头打开,自己对着镜头进行三分钟自我介绍。自己反复练习,直到面对摄像头也能够像面对着真人面试官一样自然进行表达,就能够大大提升视频面试时给面试官的整体印象。

总之,我们要想尽办法让自己熟悉镜头,适应视频通话的形式,这样在视频面试的过程中,才会表现得更为自然,不会被紧张的情绪干扰。

## 4.在视频面试过程中,注意以下事项

面试正式开始前,跟面试官先做一个简单的测试,确保双方都能够很好地听到对方的声音。

若视频面试过程中出现卡顿、突然听不到声音或者看不到画面等,应及时调整,若问题较长时间得不到解决,及时跟面试官取得联系,表示歉意并征求面试官意见:是另外约时间,还是再稍等几分钟继续。

每一次视频面试结束后,都应该做一个简单的总结复盘,以便下一次能够表现得更好:从面试过程的网络、设备、环境等的顺畅度看,有没有遇到网络卡的问题、电脑或手机及耳机等有没有出现问题、有没有中途因为噪声或其他事项被打断。如果有,看看是什么原因造成的,下次可以如何改进。从面试过程中跟面试官的交流互动看,自己在视频面试中的整个表现是不是得体、是不是符合这个岗位的要求设定。从面试结果来看,如果面试成功通过,哪些点是下次视频面试可以继续沿用的? 如果这次面试失败,最大的几个原因可能是什么? 自己以后可以如何去调整?

在这样一个视频面试环节和流程中,如果我们力求每个环节都做到最好,那么几次面试下来,拿到心仪 Offer 的可能性就大大增加了,即便还没有拿到,自己也能够在这个过程中,大大提升应对视频面试的能力。

## 三、任务实现:完成一对一模拟面试

模拟面试对于刚刚毕业的学生来说非常有必要,在不了解业界招人和面试标准的时候,对公司招聘流程和难度认识难免存在偏差。

通过模拟面试训练,同学们可以掌握面试技巧,克服真实面试过程中出现的紧张情绪,有针对性地解决在面试准备、面试过程中暴露的问题,并提高真实面试的成功率。

**案例 4-3**

### 模拟面试1

应聘者:应聘某某公司网络销售人员的一位男士

面试官:某某网 CEO

面试过程:

问:请用三句话来介绍自己,评价自己。

答:(1)干劲冲天;(2)一定给公司挣钱;(3)善于和同事合作。

问:五年内对个人制定的目标是?

答:做一个职业经理人。

问:对我们公司了解吗?

答:在上学的时候经常上这个网,我感觉是人力资源网站里做得最好的。

面试官点评:对自己的评价,是在测试他的表达能力和思维能力,看他的思维方式是否能够让人理解;五年以后如何定位,是看他做事情的目的性;问对公司是否了解,在于了解他是否对我们公司真正了解、真心感兴趣。我们很多人把面试过程看得很紧张,就是拜对公司不了解所赐。如果你了解这个企业,你完全可在面试中变被动为主动。不用了解很深,只要在面试时,表现出对这个企业的兴趣就可以了。要把握一个平衡,不要以辞藻来堆砌自己的才能,而要通过故事来表达此意。最后一点,面试时不紧张是好的,但也不能自由得无拘无束。

**案例 4-4**

# 模拟面试 2

应聘者：一位研究生

面试官：某网络技术有限公司亚太区经理

面试过程：

问：应聘什么职位？

答：技术支持。

问：有一个 10 人的软件项目，但经济光景不好，预算要减掉一半，但上司还要求要做得更好。你怎么办？

答：最重要的是企业文化和人情味。朋友对我的评价是，有困难的时候，总喜欢找我。作为一个项目负责人，我可以通过自己影响他们。我相信，他们会支持我在这种情况下做好项目。

面试官点评：预算砍掉一半，你没有说不能做，说明你有一定的能力，但你的回答很难看出你的技巧。我对你的印象是：人情味很重，关心下属，譬如你可能不会因为预算减半而裁员，但可能对生意并不是很敏感。其实，更好的答案应该是："老板，我可以做得更好，但我是否可以帮助您，来解决那个使我的预算要减掉一半的危机？"至于具体如何去做，应该和你的老板去商量。

（资料来源：根据某校毕业生就业案例整理）

全班同学都参与全程，通过观察其他人的面试情况，来发现自身所存在的问题，课后可以注意改正。

模拟面试采用的招聘信息必须是与学校有合作的企业信息，在模拟面试之后可以安排优秀学生前往企业进行真正的实战面试。

## 1.模拟面试准备

老师将企业招聘信息（至少 3 份）提前一周发给同学们，同学们准备面试，准备上面讲解的所有内容，即从着装到仪表，从准备简历到了解岗位和企业等。

## 2.模拟面试流程

同学们一个一个与面试官进行模拟面试，内容包含自我介绍、问答等多个环节。面试官填写"面试评价表"，记录同学的面试结果。

（1）学生自我介绍：2 分钟

让面试学生提交 1 份简历给面试官，做 1 分钟的自我介绍，面试官的考核点如下：

- 学生的着装、仪表和精神状态等。

- 查看简历的质量，求职意向是否清楚，自我介绍时间的把控。

- 考察学员的表达能力、沟通能力、逻辑思维能力及个人风格。

- 自我介绍应有的放矢，能针对应聘岗位进行自我推销。

- 如果有过实习工作经验，可以问实习工作的感想。

• 侧面询问,可以通过怀疑甚至反驳学生,直接给学生施加压力,以了解学生对于敏感问题的准备程度。

• 可以设置一些陷阱问题,让部分学生了解面试技巧。

(2)对应聘职位的了解:2分钟

请学生回答:

为什么公司这个岗位应该聘用你?

• 学历不符合应聘标准?

• 需要招聘有工作经验的人员?

• 职业规划怎样?

(3)技术实力的印证:3分钟

请学生简单介绍一下做过的项目,面试官的考核点如下:

• 了解是否将项目的背景、内容、所用技术、自己所做的工作叙述清楚。在项目中所体现的独特价值等。

• 是否能将项目经验和应聘岗位联系在一起,必要时深入不停地追问有关问题。

(4)测试职业稳定度:2分钟

应聘者期望薪水及福利是多少以及理由,应聘者的性格、爱好等。

考核点至少包括:

• 以真诚的态度征求面试人对福利要求、职业发展的意见和其他要求。

• 从性格和爱好中考察其主动性、影响力等素质。

(5)结束面试

一对一面试评价表

告知应聘者,公司将在一周内通知结果。通过结束时是否表示谢意等考察应聘者的面试礼仪。

3.面试评价

一对一面试评价表的模板请扫二维码,请面试官认真填写。

面试官将记录的面试评价表反馈给学生进行改进、提升。

## 四、任务总结:模拟面试有效地提高大学生求职成功率

如何提升高校大学生面试能力,从而有效提高大学生求职成功率,已成为一个崭新又颇具实用价值的课题。

模拟面试搭建了一个逼真的模拟平台,大学生不仅可以从模拟体验中发现自身存在的问题,获得经验总结,使各方面技能在锻炼中完善,还可以学会倾听问题的重点、注意语言组织和表达方式、加强交流合作的精神,从而掌握面试技巧,提升求职能力。同时还可以学会换位思考,了解用人单位的需求和标准,从而端正求职动机,塑造良好的求职心态,更加准确地把握职业定位,逐步完成从大学生向职场人角色意识的转变。

因此,模拟面试可以加强大学生可迁移技能的培养与锻炼,不仅可以有效地提高高校大学生求职成功率,对促进高校大学生就业创业工作也有极其重要的作用。

# 第二节　面试过程,不卑不亢

## 📖 任务:群面模拟

### 1.任务名称
群面模拟。

### 2.任务分析
进入面试前,再次整理所带材料和自己的思绪;在面试过程中,以良好的心态、稳定的情绪,不卑不亢地从容应对。

| 实现准备 | 课堂活动 | 活动一:回答问题最多的小李为何被淘汰了? |
|---|---|---|
| | 课堂讲解 | 等待面试,不要浪费一分一秒 |
| 实现参考 | 课堂活动 | 活动二:余杰的求职之路 |
| | 课堂讲解 | 打造良好的第一印象 |
| | 课堂讲解 | 做一个成功的自我介绍 |
| | 课堂讲解 | 灵活应对面试中的问题 |
| | 课堂讲解 | 不要轻视电话面试 |
| 任务实现 | 课堂实训 | 参加模拟群面 |
| 任务总结 | 课后思考 | 面试最好的表现是顺其自然、不卑不亢 |

## 一、实现准备:等待面试,不要浪费一分一秒

**(一)活动一:回答问题最多的小李为何被淘汰了?**

### 1.活动目的
通过案例,了解面试者容易犯的错误,从而在面试中尽量规避。

### 2.活动流程
(1)阅读案例

**案例4-5**

### 回答问题最多的小李为何被淘汰了?

李某,男,23岁

专业:国际贸易

应聘岗位:营销企划

参加学校的招聘会时,小李杀入了一家国内知名企业的面试现场,据说投简历的就有数百人,最后杀进面试的只有30多人,因此小李觉得要脱颖而出就必须表现得更积极。

在面试时,别人还没说话,小李就不停地抢着回答,面试下来有2/3的问题都是小李

回答的。一个星期后收到通知,小李被客气地告知不需要参加复试了。

(资料来源:根据某校毕业生就业案例整理)

(2)同学们分组,快速讨论

• 小李在面试中犯了什么错误?

• 为什么用人单位不喜欢小李这样的人?

• 你得到了什么启发?

(3)课堂分享

各小组安排1人分享小组讨论结论;其他成员可以补充,也可以分享不同观点

**(二)等待面试:不要浪费一分一秒**

1.面试心理调适:自信与平常心

(1)自信,做到不卑不亢

有的人面试时,认为面试官很厉害,开始觉得自卑、过于紧张,讲话也凌乱没逻辑,或者根本没有针对面试官的问题回答,接着开始畏畏缩缩。

当畏缩、看起来很没自信时,不论平常是什么样子的人,在这么重要的场合,看起来就非常不得体,使人感觉无法胜任工作。如此一来,既难以获得理想工作,更不可能谈到自己想要的薪水。

**案例 4-6**

## 不自信

王某,女,24 岁

专业:法律

面试岗位:招商顾问

在招聘会上,小王看上了一个日商投资的外贸公司。"我们招的是专科学历,你是本科,怎么会来应聘这个岗位?"小王支支吾吾地回答:"我觉得你们公司挺好的,也比较适合我的专业。"小王忐忑地答完了所有问题后,主考官面带微笑地告诉她:"以后再去面试要自信点……"

**点评**:缺乏自信会让人产生你学习或综合能力弱、推诿塞责和追求成功欲望不强的联想,肯定不受用人单位欢迎。

(资料来源:根据某校毕业生就业案例整理)

面试时不能过于胆小,过度紧张。走起路来畏畏缩缩,说起话来哆哆嗦嗦,感觉手脚放在哪里都不自在,眼睛不敢直视面试官,这些都是过于自卑的表现,面试时要尽量克服。

当然,面试过程中也不能过于胆大、高亢,不能手舞足蹈、说话声音过大,这样让人感觉态度不够谦和,甚至自以为是,没把考官放在眼里。这是走到了另一个极端,要做到不亢。别自视过高,毕竟自己是来谋得一份发挥才能的职位。

案例 4-7

## 太自负

小刘是即将毕业的学生，学的是艺术专业。由于对设计的热爱，她在学校的学习成绩在班级中一直名列前茅，并且是班级的学习委员。凭着自己对软件的掌握程度，小刘憧憬着自己的美好未来。

毕业后，就业老师为她推荐了一个家装公司去面试家装设计师。小刘带着自己的简历和作品去公司面试，主考官让小刘介绍一下自己的优势，小刘顿时眉飞色舞地谈起了自己在学校的成绩，并且表示自己的软件掌握得非常熟练，如果在班级中说是第二，没人敢说是第一。由于平时的习惯，小刘始终把双手抱在胸前和主考官在交流，面试结束了，小刘感觉自己的表现还是让人很满意的。但是一天天过去了，始终没有等来公司的电话。

通过这次面试，给小刘的自信心造成了打击，小刘很长一段时间不敢去面试。最后通过和就业老师交流找到了自己的问题所在：自己在面试中不注意细节，说话的语气过于自大，把自己的优势转化成了劣势。

（资料来源：根据某校毕业生就业案例整理）

面试过程中一定要注意自己说话的语气，自信是应该有的，但是不能过于自信。要是不踏实，心比天高，任何公司都不希望要的。

找工作是一个双选的过程，不要过于谦卑，这样会显得自己没有自信；也不要过于自负，因为过于自负会给面试官带来一个极不好的印象，即使再有能力，公司录用也会慎之又慎。

综合起来，面试时要做到不卑不亢、张弛有度，既不过于胆小，也不过于张扬，最好能自然而然地表现自我。无论何时，谦虚、自信且大方的举止十分重要，过度自信或过度讨好，都不会有什么好结果。

（2）战略上藐视面试，正确看待每一次面试结果

对于面试，前面我们悉心准备得那么仔细，在战术上非常重视了，那么，对于某一次面试，战略上应该藐视它。

面对任何一个面试的机会，都不过分在意，因为一切都是机缘巧合，在我们挑选并投递这个职位到对方筛选简历并通知面试的过程中，已经出现很多不经意的疏漏，我们和对方能互相选择坐到一起来参与面试，这本身就已经带有极大的偶然性，那么，我们为什么要对这么一次"偶然"的面试如此耿耿于怀呢？

机会的天平是对等的，对方有筛选的权利，我们也有选择其他公司、更多岗位的机会，双方一定要站在平等的基础上，否则，我们一味低姿态去面试，结果只会被问得体无完肤，面试结果很可能惨不忍睹。

面试拼的是能力，当然也有运气的成分。有时自己已经很优秀了，但竞争对手比我们还优秀那么一点点，结果也只能是遗憾。然而，结果不能寄希望于对手身上，只有不断地提升自己，才会拥有更多的胜券。

所以,要做好充足的心理准备:因为面试带有偶然性,所以不要过分在意某一次的面试结果。当然,每次面试都独一无二,所以每次都要全力以赴。

### 2.临时再抱抱佛脚,不要浪费一分一秒

(1)提前到达面试地点

一般建议应聘者提前 10 分钟到 15 分钟到达面试地点。提前熟悉一下环境,可以调整自己紧张的心态,做一些简单的仪表准备,以免仓促上阵,乱中出错。

(2)在等待面试时间段做这些事情

• 背诵自我介绍、项目实习经历;

• 翻看公司简介、职位信息等;

• 解决内急;

• 保持双手干净清爽(有可能要握手)、保持面部皮肤干净无油;

• 缓解紧张心情。

(3)心理调适

要在面试中自信、从容地展现自己的水平和能力,需要一个平和的心态,这就要求毕业生在面试前做好心理准备,也可以叫作心理调适、心态调整。

一是不要紧张。几乎每个参加面试的人都会紧张,并不是只有毕业生才会这样,即使是阅历丰富的职业人,在面临被选择的面试中也会紧张。只有两种人不紧张:一种是心理素质超强的人,一种是根本不重视这次面试的人。

二是在面试前以及面试过程中,我们需要尽量调整情绪,缓解紧张,消除和掩盖紧张的表象。

• **面试紧张的表象有哪些呢?**

手心出汗、声音发颤、听而不闻、视而不见、结巴支吾、腿脚发抖、十指紧扣、玩弄手指、搓弄衣角、抚弄皮包……

很多毕业生脑子里并不缺乏面试的知识甚至"技巧",但是真正到了面试考场,由于紧张,所有的"技巧"都忘了或者不会用了。有的考生,一进入考场,脑子就一片空白,考官怎么问的,自己怎么回答的,全都不记得,处于一种类梦游状态,全凭直觉回答问题,这样的面试结果怎么会理想呢?还有的考生,面试表现中规中矩,但是当考官宣布"今天的面试就到这里,再见"时,便如释重负般长长地舒一口气,然后一溜碎步快速地"逃离"考场,这样结束面试往往把前面所有的努力毁于一旦。

• **怎么缓解紧张情绪?**

最好的办法就是给自己积极的心理暗示。面试等候期间,阅读一些能让自己放松的书籍,或者听一听轻音乐、相声,也可以闭目养神,让想象的翅膀把自己带到一个山清水秀、鸟语花香的美妙地方……

面试过程中,应该暗示自己:坐在你对面的那个人,不一定是面试专家。如果面试成功,那么会与他成为同事,在同事面前紧张什么?面试不成功,更简单,和面试专家之间只是陌生人,在陌生人面前更不必紧张!

➤深呼吸

尝试着在等候的时间,闭起眼睛,连续做几次深呼吸,最好是腹式呼吸,试一试,能否

在一分钟内只完成一次深呼吸。呼吸频率与心跳快慢有直接关联,而心跳快慢与紧张与否又直接相关,深呼吸有助于放缓快速的心跳,从而有效消除各类颤抖。

➢力量转移

可以双手用力推墙(注意是"推",不是"敲""砸"或者"捣"),把力量尽量传递给周围的物体,有助于缓解肌肉的紧张。

➢面试时把手放在合适的地方

如果座位前面有桌子,双手可以自然地叠放在桌上,一只手掌压住另一只手掌,不要用力,面试时手里不可以拿任何东西,一只手握紧另一只手也不可以。如果座位前面是空的,那么一只手必须握另一只手了,不要用力,自然地叠放在大腿上。

➢冷静,不要激动,不要患得患失

即使是一家向往久已的企业,即使是一个声名远扬的单位,现在得到的仅仅是一次面试机会而已,没有必要忐忑不安。自己仅仅是一个候选人,那个职位还不是我们的,不要患得患失。

关键是保持一个好心态。不要急功近利,心急吃不了热豆腐。面试成功固然好,不成功又能怎么样? 还有机会! 当然,更不能得意忘形,不能拿一次面试向别人炫耀!

## 二、实现参考:如何完成一次成功的面试?

**(一)活动二:余杰的求职之路**

**1.活动目的**

从视频中了解面试的过程,并吸取经验和教训。

余杰的求职之路

**2.活动流程**

(1)观看视频:扫面二维码,观看视频。

(2)同学们分组,快速讨论

• 余杰的求职表现哪些地方优秀? 还有哪些地方需要改进?

• 她为何没有选择接受厂家给的 Offer?

• 她的求职面试过程,你得到了什么启示?

(3)课堂分享

各小组安排 1 人分享小组讨论结论,其他成员可以补充,也可以分享不同观点。

**(二)打造良好的第一印象**

整个面试过程中,考官也许会一直探寻应聘者身上的优点,也许会不断地找应聘者身上的缺点,而这与应聘者给考官的第一印象有关系。在进入考场的那一刻,到回答第一个问题,考官只要有时间,就会很仔细地观察应聘者,并由此产生第一印象,毕竟这个时候,应聘者已经进了门,走了路,说了话,也和考官交流过了。依靠这些完全可以形成对一个人的初步印象,即便有时不太准确。

**1.注意细节,礼貌、谦虚、谨慎**

• 敲门:一次三下,咚咚咚、咚咚咚……轻重合适,得到允许后才进入。

• 打招呼:与各位面试官打招呼"各位面试官,上/下午好"或者"您好",并轻微鞠躬,神态自然,放松,面带微笑。

· 就座：找到自己的位置坐下，椅子坐一半，身体前倾，双手放桌上，如果离桌较远，双手轻握放在腿上，不要跷二郎腿，不要抖腿。

· 面试全程使用敬语，用"您"不用"你"。

进入考场时，要看起来充满自信，精神状态好，不要畏缩，也不要趾高气扬。一般走到考生桌子一边，站定，问好，鞠躬（幅度不要太大），没必要向不同方位鞠躬。

等考官说坐下后，道声谢谢，坐下即可。问好时简单干脆，不要说太多，比如简单地说："各位考官，上午好"就可以了。凳子不合适时可以调一下，不要拖动，可能声音很大，双手自然放在桌子上。

坐下后抬头看考官，这是很多人容易忽视的。考官讲话时要仔细听，并自然地微微点头示意，或简单说"好的""明白了"。

### 2. 面试过程中的礼仪

· 眼睛平视，注重和考官的眼神交流。突出主考官，兼顾其他考官。面试中，会有些考官大多数时间低着头，当他抬头的时候，要马上去看一下他；有些考官一直注视着你，那你也要多注视一下这位考官。

· 面带微笑，但不要嬉皮笑脸。微笑要自然，不自然就不要笑了，否则适得其反。

· 说话清晰，声音洪亮，音量适中。

· 神情专注，切忌边说话边整理头发。

· 千万不要抖腿或者有其他的不雅行为。

· 面试的过程要注意细节，不要有多余的小动作，比如双手抱胸前，不要因为自己的坏习惯影响了自己把握成功的机会。

### （三）做一个成功的自我介绍

通过自我介绍，面试官可以对求职者有一个具体的初步印象，也能明确后续的面试方向。面试官只有在了解了求职者的基本信息后，才能够有针对性地进行提问。同时，自我介绍也能为求职者提供缓冲时间，避免一上来就回答问题的紧张心情，有助于求职者更好地展现。

· 介绍内容要与个人简历一致，但自我介绍绝对不是把简历念一遍！

· 表述方式上尽量口语化。

· 要切中要害，不谈无关、无用的内容，清楚简单地说出自己的背景和所申请的工作之间的联系是什么。

· 条理要清楚，层次要分明。

自我介绍中的内容，很可能是面试官后续发问的内容。所以，一定要引起重视，讲最重要的，最想让面试官知道的内容。同时，要做好准备，扬长避短，不要给自己挖坑。

比如，说自己学习能力强，但是没有举例子。面试官很可能顺着话追问，怎么证明学习能力强呢？结果答不上来，或者是非常普通的成绩，根本不能算是"学习能力强"。那就是给自己挖坑了。

### 1. 不要乱放自己的简历和随身物品

把自己的东西随意放在别人的办公桌上也是不礼貌的行为。不管是带着多么重要的文件去面试，也不要草率地放在桌子上，最好是用双手亲自交给面试官。

### 2.将手机调到静音模式

随身带手机已经是现代人的习惯,甚至在大学课堂上,也时常会听到各种各样的铃声,许多大学生认为,手机调成振动已经是"文明上课"了,但是在面试时,请务必将手机关机或者静音。如果面试过程手机振动甚至响铃,会让面试官对应聘者的印象大打折扣,这是不职业化的表现。

### 3.回答问题时,要注意这些要点

（1）真实（可以适当美化）

可以选择通过讲故事的方式,在面试时阐述项目案例,所以,真实是首要基础。并且真实的经历,才能避免 HR 追问细节时,回答不上来。

（2）恰当

应聘时需要识别 HR 为什么问这个问题,然后,从准备好的案例中,选择一个恰当的来回答。

**案例 4-8**

#### "学习能力"案例举例

有的候选人面试技术岗位,说到学习能力,虽然可以举滑冰的例子,但是滑冰的学习能力,主要体现在肢体协调性上,和技术岗位的脑力学习能力,还是有比较大的差别的。这种情况,最好是举技术方面的例子。

比如多少时间内,从零开始,如何学习了一种新的语言或算法（看书、查询网络、收集经典案例、咨询前辈、从简单程序开始尝试、不断试错并总结……）,然后是如何完成了一个什么样的程序开发。（一般情况下,别人需要多少时间才能完成,但是自己只用了多少时间就完成了。）

（资料来源:根据网络信息整理）

（3）逻辑和总结

虽然案例是早就准备好的,但是也不要像背课文一样。听到 HR 提问后,可以稍微停顿几秒,表示在思考,并确认讲解逻辑。

然后用讲故事的方法,娓娓道来,结尾时,可以加一些总结。比如,我知道我自己在某某方面,可能经验不是非常足,但是我能通过学习,并且付出比其他人更多的努力,以最快速度弥补上。

### 4.自我介绍环节常见问题的答复技巧

（1）请你简明评价自己,用形容词

• 回答在 3~5 个词。

• 词性是强烈的。

• 应包括 1 个到 2 个可以被称为缺点的中性词,如完美主义、太过随和、显得软弱等。

（2）你认为自己最大的优点是?

• 要注意考官问的重点,有时优点不是指具备的技能,要从性格和素质上考虑。

- 优点一定是要对公司有帮助的。
- 优点一定要简明扼要。
- 对优点要做一定的解释。

## 案例4-9

### 你的优点

"我具有朝着目标努力工作的能力。一旦我下定决心做某事,我就要把它做好,例如,我的职业目标是成为一个出色的公关经理,我喜欢接触不同的人,服务人群,为了实现这个目标,我目前正在修读有关课程。"

(资料来源:根据某校毕业生就业案例整理)

(3)你认为自己最大的缺点是?

这是个棘手的问题。若照实回答,可能会毁了工作机会,面试官试图使应聘者处于不利的境地,观察应聘者在类似的工作困境中将做出什么反应。

回答建议如下:

- 回答这样的问题应诚实。
- 不宜说自己没缺点。
- 不宜把那些明显的优点说成缺点。
- 不宜说出令人不放心、不舒服的缺点。
- 可以说出一些对于所应聘工作"无关紧要"的缺点,甚至是一些表面上看是缺点,从工作的角度看却是优点的缺点。
- 完满地回答应该是用简洁、正面的介绍抵消反面的问题。

在谈到自己缺点的时候,尽量避开三观、性格方面的缺点;思维方式作为可选项,但不是优选项。最好还是着眼于知识和技能,因为这两点改进空间大,速度快。

但是,这绝不等于可以张口就来。比如,今天去面试一个交易员岗位,说自己数学不太好,金融知识薄弱,结果可想而知了。

## 案例4-10

### 你的缺点?

- "我妈妈说,我最大的缺点,就是太执着,不撞南墙不回头……"
- "我觉得我最大的缺点就是善良,比较容易心软……"
- "我最大的缺点是太拼了,不懂得平衡工作和生活,之前熬夜加班,身体吃不消就病倒了……"

你确定不是在变相夸自己?

- "我最大的缺点是智商有余情商不足,不太会察言观色。"
- "我比较缺乏耐心和意志力,长久地坚持对我来说不是易事,当然我在改了。"

• "上一段工作很忙碌，压力很大，我不太能适应，在这种高压环境的适应力上，我还要加强。"

这些应聘者实诚得让人心疼。

（资料来源：根据网络信息整理）

那么，怎么描述自己的缺点？

建议如下：

• 往高处说

能力层次有高有低，请挑一个与目前所在层次相隔较远的能力缺陷来说。比如，执行力、协同合作、带团队、战略思维、大局观，是一个逐步往高走的能力。作为一个基层员工，有了执行力，就是好员工；至于缺少战略眼光，没啥关系，那更多是 CEO 的事儿。

所以，如果去应聘一个基层岗位，以下例句可参考："我的执行力不错，通常领导交代的任务我都能完成，冲 KPI 对我不是问题。但是正因为如此，我主动地深入思考就相对少了一些，更多是在行动上。如何站到更高的格局上去看待工作，如何思考战略布局，这类深度的专研我还需要加强。"

• 往远处说

术业有专攻，找一个与自己本职工作间隔较远的专业能力缺陷来说。假如应聘一家证券公司的财务岗位，可以这么说："这么多年，我都是在财务领域纵深发展，对行业知识、业务细节的了解和学习还不够，我自己也意识到了这一点，我已经报考了证券从业资格，其实也就是想弥补自己这个不足，相信对我开展财务工作绝对也是有好处的。"

• 包装语言的技巧

比起赤裸裸地谈不足，改成需改进的句式，更柔和。比较以下句式：

➢我的不足是缺乏战略思维。

➢我觉得在战略思维方面，还要加强学习，继续改进。

第一句的立足点是缺乏，是没有，第二句的立足点的改进和变化，明显第二句更好，巧妙把关注点从缺乏引开了。

（4）你的职业规划是？

• 问你职业规划，考察什么？

➢你的稳定性：企业喜欢用稳定的员工。

通过分析应聘者的职业规划，判断公司提供的工作，与应聘者想要的是否契合。如果契合，就不会因为公司发展与自身发展不一致而离职。

➢你的做事习惯：企业喜欢做事有计划的员工。

先计划再行动是一种习惯，如果连自己的职业都没有规划，说明工作也不太可能有计划性。

➢你的主动性：企业最欢迎主动性强的员工。

职业规划需要消耗大量的时间、精力和智慧。如果做了职业规划，可以间接证明主动性较强。

• 怎么回答职业规划

➢一定要有规划，即使是粗略的。

➤规划方向要与面试公司一致。举例：我不是海投,而是特意投递给贵公司,公司的行业、文化、工作,都是我喜欢的。

➤不要太简单,要有细节才真实。举例：我计划三年后在本行业成为专家,为了实现目标,我做了哪些准备。

➤规划别超过三年,否则,给人感觉不切实际。举例：我计划在三年后,成为独当一面的骨干员工。

### (四)灵活应对面试中的问题

#### 1.面试问题的回答技巧

应聘者回答问题是面试中最主要的环节,主考官会就广泛的问题向应聘者提问,并根据应聘者的回答和表现,对他们的能力、素质、心理特点、求职动机等多方面内容进行评价。那么,面试中回答问题的技巧有哪些呢?

(1)正确有效倾听

面试过程中,"倾听"对于考官和应聘者都是十分必要的。首先要耐心,即使对一个知之甚多的普通话题,也不能心不在焉;其次是专注,始终保持饱满的精神状态,专心致志注视着对方,以表明应聘者对对方谈话感兴趣;再次要细心,也要有具备足够的敏感性,善于从对方的话语中找出他没有表达出来的意思。

(2)确认提问内容

面试主考官向应聘者提出问题时,应聘者应该全神贯注,目光跟随着主考官的提问做出相应的反应。如果对主考官提出的问题,一时摸不着边际,不知从何答起或难以理解对方问题的含义时,应聘者要保持冷静,可将问题复述一遍,并先谈自己对这一问题的理解,请教对方以确定内容。对不太明确的问题,一定要搞清楚,这样才会有的放矢。

(3)表达把握重点

应聘者在确认提问内容以后,回答问题要结论在先,论据在后,先将自己的中心意思表达清晰,然后再做叙述和论证。这样可以让主考官产生一种条理清楚、有理有据、简洁明了的感受。由于面试时间有限,切不可长篇大论,言多必有失,而且容易走题,使听者感到厌烦。

(4)凸现个人特色

主考官要接待许多名应聘者,相同的问题要问若干遍,类似的回答也听过若干遍,因此,主考官会有乏味、枯燥之感。只有具有独特的个人见解和特色的回答,才能引起对方的兴趣和注意。要凸现自己的特长,一定要结合具体的例子来充实自己的回答,切勿讲套话,自吹自擂,这样才能给主考官加深印象。

(5)语言表达的技巧

面试时,应聘者的语言表达艺术标志着自己的成熟程度和综合素养。对应聘者来说,掌握语言表达的技巧无疑是重要的。那么,面试中怎样恰当地运用谈话的技巧呢?

• 说话口齿清楚;
• 适当控制语速;
• 表达语气平和;
• 用语言幽默;

- 关注听者反应。

（6）别被偏见或成见所左右

这个问题前面已经讲过了,请同学们不要进入对面试官或公司持偏见这样的误区。

2. 面试中的常见问题

（1）为什么不谈谈你自己?

- 分析

这是个开放性问题。从哪里谈起都行,但是滔滔不绝地讲上一两个小时可不是面试官所希望的。这样的问题是测验应聘者是否能选择重点并且把它清楚、流畅地表达出来。显然,提问者想让应聘者把自己的背景和想要得到的位置联系起来。

- 回答对策

有几个基本的方法。一个是直接简要回答所问的问题,另一个是在回答前要求把问题问得更明确,在上述两种情况下,都要很快地把答案转到自己的技能、经验和为得到目前这份工作接受的培训上来。

- 回答样板

"我来自一个小家庭,有一个弟弟,父母都还在工作。中学毕业后,我攻读市场营销。其间在一家商业机构担任行销执行员,学了不少管理方面的知识。例如,我全权负责的一个批发销售公司的业务,销售总额一年为 200 万元。在那里我学习到怎么管理人事,在压力下解决问题。我希望能更好地运用我的技能。我相信我的经验和学历将助我迎向未来更大的挑战。"

- 评语

只简单地介绍了个人历史,很快地将重点话题转到与工作有关的技能和经验上来。也可请面试官把他确实想了解的东西集中到一点,比如,可问:"您是不是想知道我受过的教育,或者与工作有关的技术和经验?"大多面试官都会乐意告诉你,他们感兴趣的是什么。

（2）为什么不讲一讲你私人的情况?

- 分析

一个好的面试官很少这样直接地提出这个问题,通过随意的、友好的谈话也可以得到想了解的情况。在大多数情况下,面试官会竭力地打探有关证明面试者不稳定或不可靠的信息。

- 回答对策

还有一些其他可能使某个面试官关注的问题,以上问题只是对某些性格的人的一种推测。这都是些不相关的问题,但是,如果面试官想以此来了解是否可靠,应聘者就得全力以赴地去应付了。要记住,即使是随意闲谈也要避免提及隐晦的问题。在回答个人情况时,要态度友好而且自信。

- 回答样板

➢有孩子的家:"我有两个小孩,都在上学。他们和我的一个好朋友在一起,照料孩子不成问题。"

➢一人主家:"我没有结婚,但是我有两个孩子。对我来说有一份稳定的收入很重要,照料孩子不成为问题。"

➤年轻、单身:"我没有结婚,即使结婚,我也不会改变做专职工作的打算,我可以把全部精力用在工作上。"

➤新搬来的:"我决定在成都龙泉驿区长期居住下来,我租了一套公寓,搬家公司的车正在卸家具。"

➤赡养人:"我有个愉快的童年,我父母住的地方离我只需一小时飞机的路程,我一年去看他们几次。"

➤闲暇时间:"在我不去上班时,我主要待在家里。我爱参加社区组织的活动,我每周末都要参加志愿者活动。"

(3)我为什么要雇用你?

• 分析

这是个直接、正面的问题,尽管这个问题有时不会问得这样明确,但是会在其他问题之后被提出来,这个问题没有隐含的意思。

• 回答对策

直接的问题需要直截了当地回答。为什么要雇用你呢?这个问题会使你向他们提供证据,以证实你可以帮助他们改进工作效率,降低成本、增加销售、解决问题(如准时上班,改进对顾客的服务、组织一个或多个管理工作等)。

• 回答样板

"我是个经验丰富的经理,在员工队伍建设方面,从组织项目的实施到鼓励员工合作,我得心应手。多年来,我已经掌握了一套雇人和留人的技巧。此外,我还擅长帮助公司顺利实现技术改造和员工培训。我经常对主要客户进行示范讲解,我们的销售额在过去两年平均增加了87%。"

• 评语

在回答中,以实例提供有力的证据,直接而自信地推销自己。

(4)你想得到的薪水是多少?

• 分析

如果对薪酬的要求太低,那显然贬低自己的能力;如果对薪酬的要求太高,那又会显得自己分量过重,公司受用不起。一些单位通常都事先对求聘的职位定下开支预算,因而,第一次提出的薪酬往往是所能给予的最高薪酬。面试官只不过想证实一下这是否足以引起应聘者对该工作的兴趣。

• 回答对策

在商谈薪酬之前,应聘者已经调查了解了自己所从事工作的合理市场价值。在与对方商谈时,不妨尽可能插入"合理市场价值"等语汇。请记住,商谈薪水时,降低自己的薪资轻而易举,但一旦开出低价后,想再提上去就难乎其难。

不要开门见山地讨论薪酬,最好让面试官先谈及问题。在提出薪酬要求时,要尽量做到有的放矢。

• 回答样板1

如果尚未彻底表现自我价值,不妨参考以下答案:

"钱不是我唯一关心的事。我想先谈谈我对贵公司所能做的贡献,如果您允许的话。"

"我对工资没有硬性要求。我相信贵公司在处理我的问题上会友善合理。我注重的是找对工作机会,所以只要条件公平,我不会计较太多。"

• 回答样板 2

如果已经阐明该职位的重要性,可是对方仍旧告诉你,给你的报酬已是最好的。你不妨指出岗位的工作性质实际上值得获得更高的报酬,阐明将如何通过努力缩减公司的开支;说明在工作中,你得自我承担哪些费用等,以证明你对公司的价值,以及表明你要求更高报酬是以你的工作表现为前提的。但是如果不愿妥协,你可以这样说。

"谢谢您给我提供工作机会,这个职位是我很想得到的,但是,工资比我想要的低,这是我无法接受这份工作的原因之一。也许您会重新考虑,或者以后能有使我对你们更有价值的工作时再考虑我。"

• 评语

即使拒绝对方,也要为协商留有余地。如果雇主需要你,他会乐于满足你的要求。当然,一旦你对他们提出的标准说"不",至少暂时就做不成了。

(5)你以前的经验和我们现在的工作有哪些联系?

• 分析

这个提问要求应聘者在与其他求职者进行比较时,克服自己背景中显示出来任何弱点。

• 回答对策

首先要介绍你的优势,假如其他求职者明显比你受的教育多、工作经验多或知识多,那么,你就要强调自己的优势。

• 回答样板 1

"如您所知,我刚刚结束电脑编程方面的加强培训。另外,我在企业方面有两年多的工作经验,其中包括在老板不在时管理小型企业,我在那学会了处理财务及基本的会计工作。这些经历帮我认识企业使用电脑编程的作用。虽然我刚接触编程工作,但我对电脑语言是熟悉的。我受的教育是全面的,我有 300 多个小时的电脑操作时间,这是我课程的一部分。因为我是新手,我决心比别人更努力地工作,以便及时完成任务。"

• 评语

这种回答强调了可转换性的技能(会计工作知识)和适应性技能(按时完成任务,更努力工作)。这对缺乏工作经验的程序员来说是必要的。在这种情况下,在学校学的知识也非常重要,也要像正式工作那样予以强调。

• 回答样板 2

"在以前的工作中,我使用过很多与做好这项工作所需要的相同的技术。尽管是不同的企业,但管理企业都需要我具有组织和监督能力。在过去的几年里,我使我的部门成为我们公司盈利最多的部门之一。在我工作期间,每年销售额平均上升 30％,利润也提高 30％。由于这是个老公司,这样的业绩是很不一般的,几年中我得到两次晋升,并很快地荣升到管理层。我想在你们这样的发展型公司接受挑战,我感到我的经验为我走向这一步做好了准备。"

- 评语

应聘者明白以前的工作领域与现在考虑的不同,但是,他强调了以前的工作内容、成绩和成功。为完成这项工作,各种管理技术都会用到。回答中还谈到继续接受新公司工作挑战的动力。

(6)你对以后有什么打算?

- 分析

这个问题是在考察应聘者的工作动机。它是在探究是否可以信赖应聘者,能否把工作长久地干下去,而且干得出色。

- 回答对策

最好的对策就是诚实。这并非是要你把负面的信息摆出来,应该准备坦率地、正面地回答面试官关心的问题。而哪些是雇主关心的问题取决于你介绍个人背景的具体情况。

- 回答样板

对于一个刚刚参加工作的人,他可以这样回答:"要在这一领域造就自己,我很愿意从此开始。我想过我要做什么,而且肯定我的技能正是做好这项工作所需要的。"

- 评语

面试官想确认你会长期工作下去并努力工作。这样的回答使对此表示关注的面试官感到安慰。

(7)你为什么要找这样的职位?为什么是在这里?

- 分析

面试官想了解是否应聘者是那种无论什么公司、有活干就行的人。果真如此,他或她就不会对你感兴趣,面试官想找那种想解决工作中问题的人。他们有理由认为这样的人工作起来更努力,更有效率,而那些想去特定公司工作的人也是如此。

- 回答对策

这个问题实际上有两方面的含意。一是为什么选择这个职位,二是为什么选择这个公司。事先了解哪些工作适合自己的技能和兴趣非常重要。要回答这个问题,就要谈到选择工作目标的动机,工作岗位的要求是否符合自己具备的技能,各种专门培训或与职务有关的教育证书。

如果有选择这个公司的理由,或选择这个公司是自己最大愿望,就要准备回答为什么。如果可能的话,在面谈前,要事先尽可能地对它进行了解。

- 回答样板

"我花费了很多时间考虑各种职业的可能性,我认为这方面的工作最适合我,原因是这项工作要求的许多技能都是我擅长的。举例来说,分析问题和解决问题是我的强项,在以前的工作中我能比别人更早发现和解决问题。有一次,我提出一项计划使得租借设备的退货率减少了15%,这听起来不算高,但是取得了年增长 25 000 元的好效益。而成本仅为 100 元。目前贵公司似乎是能让我施展解决问题能力的地方,这个公司工作运行良好,发展迅速,善于接受新思想。贵公司的销售去年上涨了30%,而且准备引进几项大型新产品。如果我在这里努力工作,证实我自身的价值,我感到我有机会与公司共同发展。"

- 评语

这种回答巧妙地运用了"提供证据"技巧，这样的话符合一个出色经理的身份。

（8）会议时和上级争执，怎么办？

- 分析

这是陷阱问题，下级根本就不应该在公开场合与上级激烈争执。

- 回答样板

在告之面试官根本不会产生这样的问题后，可以说一下与上级意见不统一时的处理。

➤发生意见不统一时，不要在公开场合表现出来，可以在私下的场合和上级进行诚恳的沟通。

➤如果沟通后，上级还是坚持原来的决定，那就坚决按照上级的决定执行。

（9）你对加班的看法？

- 分析

在 IT 类企业中，程序员的工作很多时候是跟着项目走的，因此阶段性的加班是非常正常的事，因此企业要考察求职者是否能够承受加班。

- 回答样板

说明自己的工作会很高效，不会把应在工作时间内完成的拖到休息时间。如果是工作需要，特别是项目进度的要求，是非常乐意加班的。最好再说明自己可以加班的条件，比如目前尚无家室或家庭比较支持，可以抽出较多的时间来工作。

（10）如何评价过去的公司？

- 分析

这是非常危险的题目，不要在背后对自己过去的公司说三道四，议论人非、品评别人在很多时候是犯忌的。

- 回答要点

只对以往的公司做事实判断——诸如企业性质、从业范围、人员构成等，不去涉及其经营状况等商业机密。

尽量避免价值判断——像其经营思路是否正确、用人是否妥当、关系是否融洽、客户是否挑剔、前景是否看好、老板是否有过人之处等。

3. 如何应对难题？

面对难题，你不能沉默，而你又不想结结巴巴地说，那么，作为一个求职者这个时候应该怎么做呢？

- 坦白地讲，我对这个问题不太了解。但我对某某问题倒是有一些研究，我可以讲讲这方面的内容吗？（没有人知道所有的知识）

- 您的意思是？（进一步确认）

- 不知道您看出来没有，我太重视这次面试了，所以有些紧张，您能给我一分钟时间让我考虑一下这个问题好吗？

- 给出解决问题的方法所涉及的知识点。（虽然不知道怎么解决，会按照什么思路想解决办法）

### (五)不要轻视电话面试
#### 1.电话面试其实并不简单

在所有面试中,电话面试其实是难度最大的面试方式。因为在人与人之间的沟通中,语言只占很小一部分。在现场面试时,应聘者得体的着装、自信的笑容都能带来加分效果,即使表达有些瑕疵,也有机会通过观察面试官的表情和动作(全部沟通效率有55%来自肢体语言),调整回答策略,弥补失误。而电话面试的核心组成部分:语言,只占全部沟通的7%;而占比38%的声音和语调,很容易受到电话信号、网络状况甚至周边环境的影响。

电话面试比现场面试难度更大的原因还包括:

(1)来得突然

有些公司会和求职者约定电话面试的时间,有的则希望直接开始电话面试,因为这样更能发现真实情况。猛然接到这样的电话,应届生马上进入面试状态有一定的难度。

(2)机会的稀缺性

之所以采用电话面试,是因为简历数量太多,特别好的简历直接通知现场面试,而相对不出彩的简历,则先通过电话面试进行筛选。现场面试时,即使求职者和岗位的匹配度不高,但出于礼貌和尊重对方的角度考虑,有素质的HR会至少给予5分钟的面试时间。而电话面试则不同,只要应聘者的回答不能让面试者满意,招聘方可随时中断电话。因此,这意味着,在电话面试中,应聘者很难展现出自己最大的优势和能力,被中断的可能性很大。因此,对待电话面试,更要打起十二分精神,做好充分的准备,来应对这场战役。

凡事最重要的是积累,只有厚积,才可能有薄发。写简历如此,参加招聘会如此,现场面试如此,电话面试也是如此。电话面试也是完全可以练出来的。

#### 2.电话面试,平时要怎么练习呢?

(1)养成记录的习惯

理论上来,每个人都应该从小就培养随时记录的习惯。如果还没有,现在开始也不晚,可以记在手机等电子设备上,但是纸笔是最简单有效的工具,因为纸笔不会断电,不会死机,也没有开机时间。记录这个习惯将在找工作的过程中起到巨大的作用。

(2)熟记自己所投递的公司及职位

如果采用海投,那请实践一下数字的"3"原则,在记录本上先列出最重要的3个,次重要的3个,不太重要的3个……

重要公司和重要职位应更重视地对待:特别想去的公司和职位,要多了解一些情况,记录在本子上,后面用得着。

(3)熟悉简历

简历上的内容应熟记于心。从面试官的角度斟酌,对这份简历可能会问哪些问题,预先准备答案,反复推敲。

(4)随身携带简历

专门制作一份用于电话面试的简历,做好标注,不断更新。

(5)预先设计好情境和应答语言

罗列一下自己的生活场景,哪些情况下可以接,去哪接;哪些情况不能接,如果不能接,怎样另行约定时间。

（6）做好时间计划

随时可查阅近几天的时间安排,这个习惯将来在工作中也用得着。

（7）模拟演练

一边演练,一边录音,注意改掉口头禅。特别要练习如何在第一句应答中就能感受到你的热情及活力。或者,与朋友进行一场"电话演习"。

### 3. 如何做好电话面试?

（1）主动选择通话地点和时间

- 晚上八点多,正在玩手机看视频,突然接到电话说要开始电话面试……
- 昨晚熬夜打游戏,早上10点多睡得正香,被电话吵醒,接起来是面试……
- 和同学出来逛商场,刚买到一杯奶茶,结果接到电话,HR说要和我面试……

如果接到这种"突袭"的电话面试,碰巧刚睡醒,没有任何准备,又或者所处地点声音嘈杂,这时,可以主动要求另约时间再联系。

比如,可以说:对不起,我在外面,比较吵,能不能等我找个安静地方,十分钟后给您回电话? HR一般都会答应这样的要求,毕竟安静的环境能保证你们双方都能听清楚,不会有漏听或误听。

如果刚睡醒,可以利用这几分钟,洗把脸,把自己的简历拿出来,看一下公司的招聘要求,思考自己的优势和特长。

总之,确保自己在一个良好的状态下,进行面试。

（2）做好记录

如果有可能,在接到面试电话时,第一时间拿出纸笔,可以记录面试问题的要点,还可以写下自己回答的思路,分点概括,避免回答啰唆、无重点。

（3）注意电话礼仪

表情和姿势会影响说话的声音,所以在和面试官沟通时,可以面带微笑,坐姿端正,保持积极自信和向上的声调。面试时整体的状态,是可以通过话筒,传递给面试官的。所以,不要以为是电话面试,就"苦瓜脸"和"葛优躺"。

（4）对所有问题给出积极答案

在电话面试中,可能会被间接地问到实习过的公司或者公司竞争对手的看法,谨记不要跌入这个陷阱。任何给出对曾经的上司或者竞争对手负面评价的应聘者,都会被看作对工作有负面的态度。取而代之的是,需要注重回答从过去的公司和工作中学到了什么,或者是什么可以让你的公司变得更好。

对了,面试结束的时候,别忘了表达对电话面试机会的感谢。

（5）询问面试官结果何时通知

不像传统的面试,电话面试的结束通常十分匆忙。所以,一旦可以从面试官那里确认面试已经结束了,就需要询问接下来的步骤是什么。

比如说,询问面试官什么时候可以得到公司的通知,或者公司会以什么样的通知形式联系你。

### 三、任务实现：参加模拟群面

越是行业顶尖公司,越会用群面来获取自己需要的人才!不夸张地说,群面这种无领导小组淘汰率高达80%。当之无愧是求职第一大难关。

而群面中一个表现优秀的应聘者,毫无疑问会脱颖而出,获得面试官和心仪公司的青睐。当你还在犹豫自己性格特征适合 Leader、Timer、Reporter 时,优秀的人已经参加模拟群面了。

#### 1.课堂活动:模拟集体面试

请分组讨论下面的题目,各小组形成统一的观点,之后将内容写在白板上。请小组安排一人进行宣讲,小组成员可以补充,时长20分钟。

### 案例 4-11

### 群面试题

某快消公司欲设立一个产品事业部,负责产品的全部业务,需要战略研发、销售、管理等方面的人才,从如下12名候选人中选出6名,说明理由。

备选项有:唐僧、孙悟空、猪八戒、沙和尚、巴顿将军、演员、幼儿园老师、艺术家、交通警察、技术高超的电脑黑客、寡言少语的数学家、大学生的你。

(资料来源:根据网络信息整理)

#### 2.群面参考考核点(表 4-1)

表 4-1                       群面参考考核点

| 考核项 | 考核重点 |
|---|---|
| 参与程度 | ➢发言多少?<br>➢讨论过程中有没有变化?一个人发言的参与量有无变化?转折点在哪里?为什么?(例如开始时发言较多,之后发言较少)<br>➢对于发言较少者,其他成员的表现如何?其不说话的原因是什么?<br>➢为什么讨论会被两三个人主导?<br>➢出现困难时,小组成员态度如何?有没人"踢皮球"? |
| 影响力 | ➢某个成员在小组中的作用如何?他的发言对其他成员是否有影响力(其他人的倾听情况)?<br>➢影响力是否变化?(刚开始由某人主导讨论,但渐渐地,被另外一个人抢走了主导权) |
| 人际影响力 | ➢一个领导者对于被领导者的习惯性影响方式,称为领导风格。<br>➢小组讨论主导者影响他人的方式是专制的强硬方式、温和的民主方式,还是其他间接方式? |
| 决策程序 | ➢一个完整的决策程序一般包括:确定决策目标、拟订备选方案、评价方案、选择方案。<br>➢观察小组讨论过程中是否可以看见较为清晰的决策过程。<br>➢观察最好的决策是谁做出的。<br>➢观察最好的决策的依据是否充分。 |
| 任务完成情况 | ➢主要观察是谁为最后的决策和讨论结果提出了关键意见。<br>➢是谁在控制整个讨论过程,避免了跑题或者纠缠于细节技术? |

(续表)

| 考核项 | 考核重点 |
|---|---|
| 团队氛围 | ➤开发和支持性的团队氛围是一个高效团队的基本特征之一。<br>➤团队成员之间是否感觉彼此平等？<br>➤讨论氛围是混乱、沉闷、松散的，还是明晰、活泼、凝聚的？<br>➤小组成员在形成团队氛围过程中起到了积极作用，还是消极的作用（关键在于他对小组其他成员的态度）。<br>➤是谁注意照顾到其他人的情绪？ |
| 成员共鸣感 | ➤是否有人总是游离于小组讨论之外，显得置身事外或者无动于衷？ |

可以说，群面考察的是大家的团队合作沟通能力，面试官想知道的是谁适合他的团队，所以面试的风格也跟企业文化，甚至 HR 自己的风格有很大关系。

面试官会观察应聘者的角色是什么，是否争做群面小组领导不是最重要的，重要的是每个应聘者对于团队的贡献有多大。

## 四、任务总结：面试最好的表现是顺其自然、不卑不亢

面试者必须保持良好的心理状态来面对招聘人员。关键要做到八个字：顺其自然、不卑不亢。

只有这样才能给招聘人员留下好印象，使其相信你有能力在将来的工作中与同事和睦相处。要做到面带微笑，平视面试官。避免情绪波动，走向两个极端：一是自卑感很重，觉得坐在对面的面试官博学多才，回答错了会被嘲笑，所以，畏首畏尾，不敢畅快地表达自己的观点；另一种情况则是，过于自信，压根不把面试官放在眼里，觉得对方还不如自己。这两种表现都要避免！

从面试官的角度，希望应聘者能不卑不亢，平等地面试沟通。太卑了，面试官会觉得候选人自信心不足，应聘者也很难表现真实的自己；太亢了，应聘者对什么问题都抵触，表现出很不耐烦的感觉，那基本上更没有任何机会，因为没有人愿意和控制不了自己情绪的人在一个团队工作。

面试最好的表现应该是，彬彬有礼，不卑不亢。

# 第三节　面试结束后，总结和选择

## 📖任务：拿到多个 Offer，该如何选择？

### 1.任务名称

拿到多个 Offer，该如何选择？

### 2.任务分享

面试总结是提升自己面试价值的机会，而想清楚需要什么，是做好 Offer 选择的基础，当然，每一次选择，都是综合考虑与妥协的结果，因为世上基本没有十全十美的事。

| 实现准备 | 课堂活动 | 活动一："码农"的面试总结 |
|---|---|---|
| | 课堂讲解 | 总结提升，充分利用每一次面试的价值 |
| 实现参考 | 课堂活动 | 活动二：给出选择 Offer 的建议 |
| | 课堂讲解 | 面对就业机会该如何把握 |
| 任务实现 | 课堂实训 | 拿到多个 Offer 该如何选择 |
| 任务总结 | 课后思考 | 可以开始做入职准备了 |

## 一、实现准备：总结提升，充分利用每一次面试的价值

### (一)活动一："码农"的面试总结

### 1.活动目的

体会能从面试心得中收获什么及总结的重要程度。

### 2.活动流程

(1)阅读下面这篇面试总结

写这篇总结是希望能给未来找工作的人一点指引，也希望能使大家少走点弯路，如果能耐心读完，相信会找到你需要的东西。

我大学阶段也就学了 C 语言，根本没想过最后要成为码农，最后一年才开始学 Java、Android。所以，我觉得自己就是从一个小白慢慢成长起来的。

•心态

心态很重要！心态很重要！心态很重要！

重要的事情说三遍，这一点我觉得是必须放到前面来讲的。

找工作之前，有一点必须清楚，就是找工作是一件看缘分的事情，不是你很厉害，就一定能进你想进的公司，因为有一个概率的问题。如果你基础好，项目经验足，同时准备充分，那么拿到 Offer 的概率就会比较高；相反，如果你准备不充分，基础也不好，那么拿到 Offer 的概率就会比较低，但是你如果多投几家公司，这样拿到 Offer 的概率就要大一点。所以，不要惧怕面试，刚开始失败了没什么，多投、多尝试，面多了就自然能成"面霸"了。得失心也不要太重，相信最后每个人都会有 Offer 的。

还有一个是对待工作的心态。有些人可能觉得自己没有动力去找一个好工作，其实，

需要明白一件事情，你读了十几二十年的书，为的是什么？最后不就是为了找到一个好工作吗？现在到了关键时刻，你为何不继续努力呢？为什么不为自己的好未来搏一搏呢？去一个自己不满意的公司工作，你甘心吗？

想清楚这一点，我相信大多数人都会有一股干劲了。我刚刚准备开始找实习的时候，BAT这种公司想都不敢想，觉得能进个二线公司就很不错了，后来发现自己不逼自己一把，真不知道自己有多大能耐。因此，请对找工作保持积极与十二分的热情，也请认真对待每一次笔试、面试。

• 基础

基础这东西，各个公司都很看重，尤其是大公司。它们看中人的潜力，舍得花精力去培养，所以基础是重中之重。之前很多人问我，项目经历少怎么办，那就去打牢基础，当基础好得"发指"的时候，其他东西都不重要了。

基础无外乎几部分：语言(C/C++或Java)、操作系统、TCP/IP、数据结构与算法，再加上自己所熟悉的领域。

• 项目

关于项目，项目不在于好与不好，在于你会不会总结。有时候一个很一般的项目也能提炼成比较高大上的项目，多用一些专业名词，突出关键字，能使面试官比较容易抓住重点。在聊项目的过程中，其实整个介绍应该是有一个大体的逻辑的，这个时候是在考验面试者的表达与叙述能力，所以好好准备很重要。

其实，你应该能够预料到面试官要问的问题，请提前准备好。如果被问到没有准备的问题，也不要紧张，一定要说出自己的想法，对不对都不是关键，主要是有自己的看法。另外，你应该对项目整体框架和你做的部分足够熟悉。

• 其他

➢你应该问的问题

面试里，最后面试官都会问你，你有没有什么要问他的。其实这个问题是有考究的，问好了其实是有加分的，一般不要问薪资，主要应该是：关于公司、技术和自身成长的。

比如可以参考：

(1)贵公司一向以重视员工发展著称，能不能说明一下公司这方面的特点？

(2)贵公司手游业务发展很好，这是公司发展的重点吗？

(3)对技术和业务怎么看？

(4)贵公司一般的团队是多大？几个人负责一个产品或者业务？

(5)贵公司的开发中是否会使用到一些最新技术？

(6)对新人有没有什么培训，会不会安排导师？

(7)你觉得我有哪些需要提高的地方？

➢知识面

除了基础外，还应该对其他领域的知识多少有所涉猎。对于自己所熟悉的领域，需要多了解一点新技术与科技前沿，才能和面试官谈笑风生。

➢软实力

什么是软实力？就是人际交往、灵活应变能力。在面试过程中，良好的礼节、流畅的表达、积极的交流都是非常重要的。很多公司可能不光看应聘者的技术水平怎么样,而更看重应聘者这个人怎么样。所以在面试过程中,请保持诚信、积极、乐观、幽默,这样更容易得到公司的青睐。

很多时候我们都会遇到一个情况,就是面试官的问题我不会,这时候大多数情况下不要直接说我不会,要懂得牵引。例如,面试官问C++的多态原理,如果不懂,但知道Java的,那可以向面试官解释说自己知道Java的。类似的这种可以往相关的地方迁移(但是需要注意的是一定不要不懂装懂,被拆穿了是很尴尬的),总之,就是要尽可能地展示自己,表现出自己的主动性,向面试官推销自己。

还有,就是遇到智力题的时候,不要什么都不说,面试官其实不是在看应聘者的答案,而是在考察应聘者的逻辑思维,只要说出自己的见解,有一定的思考过程就行。

　　• 关于选择

实习的时候,有杭州阿里和广州腾讯可选,我选择去了阿里,但是最后却因为想拥抱变化没有在阿里留下来。相反,这边在腾讯实习的同学却很顺利。因为没有去广州腾讯实习,我只能去成都腾讯工作。因此,选择是一件非常重要的事情,它决定着自己的未来。

　　• 心怀感恩

其实,面试这一路走来,我也在成长,从最初的不自信到比较冷静与沉着。我一直相信,机会是留给有准备的人的,所以,请提早准备,越早越好。我很感激有那么多人帮助我和肯定我,没有最初阿里实习主管的肯定,我肯定不会走得这么顺利,所以我很感恩那些让我通过的人,也感谢我们实验室的兄弟姐妹,给了我良好的学习成长环境。心怀感恩才能好运常在。

找工作其实就像是一场战役,前面我们经历了高考,现在是找工作,不在这个时候搏一搏,怎么对得起自己之前的努力?不要担心找不到好工作,要相信天道酬勤!

(2)快速思考

　　• 从这篇面试总结中,你学到了哪几点?

　　• 面试总结的重要性体会到了吗?表现在哪些方面?

### (二) 总结提升,充分利用每一次面试的价值

#### 1. 做好下一次面试的准备

每一环节面试的价值绝不止在面试的那30分钟到60分钟。面试之后的及时复盘、审视,能够帮助自己更好沉淀自己所得的信息和经验教训,提升下一次的面试表现。

应聘中不可能个个都是成功者,万一在竞争中失败了,也不要气馁。这是一种很正常的现象,能得到面试机会,说明自己的求职信、简历起了作用,这是好的兆头和开端。

这一次失败了,还有下一次,就业机会不止一个,"胜不骄、败不馁"。关键是"吃一堑,长一智",坐下来查找并反思为什么会失败,怎样修正应聘中的错误和失误,并针对这些不足重新做准备,为下次成功打好基础,准备迎接新一轮的考验,谋求"东山再起"。

　　• 得到比较积极的回答(积极反馈可能是面试官的不时点头、微笑或者明确表示的好评),我当时是怎么做的?

　　• 回答得不太好的问题,下一次如果再被问到,我会如何作答?

　　• 比较新颖的问题,有没有更好的回答?

• 列出在下一次面试前的行动计划,比如,着手学习某个新技能、修改某条简历内容、准备某些证明材料等。

对于性格不开朗的同学,面试后如果长时间不能走出角色,那就试试情绪转移的方法,做一些自己平时喜欢做的事情。或者找朋友、家人倾诉一下自己的担忧也是个好方法。

### 2.礼貌地查询结果

面试所有环节结束,并不代表整个面试的结束。结束以后的感谢信(2～3天内写信)、必要的电话询问(5～7天)都是面试的后续动作。

同时,也不要患得患失,而要立即重新投入新的战斗,准备、准备、再准备! 只有做了充分的准备,了解了公司需求和自身发展的契合度,并使自己成为它们不可或缺的人,才是职业成功的关键。

## 二、实现参考:面对就业机会该如何把握?

### (一)活动二:给出选择 Offer 的建议

#### 1.活动目的

思考如何选择 Offer、应该考虑哪些因素。

#### 2.活动流程

(1)阅读下面的求助:面试找工作如何选择 Offer?

现在有三个 Offer,推掉了一个"996"的,还有两个都不是特别满意,不知道该何去何从。

一个是薪资还可以,但是距离特别远,大概一个半小时,另外,从面试的时候了解的情况来看,会经常加班,有两千的绩效工资是看加班情况和完成情况来决定的,工作也就一个人自己做,等到得心应手后,可能会安排做其他方面的工作。

另一个是公司规模很可以,福利也不错,团队人数等各方面都很满意,但是薪资没有达到预期,其他方面都比较满意。

请帮忙分析该如何选择。

(2)同学们分组,快速讨论

• 对于上面求助的问题,你的建议是什么? 原因是什么?

• 为了做出更理性和正确的选择,你觉得需要了解哪些信息?

(3)课堂分享

各小组安排 1 人分享小组讨论结论;其他成员可以补充,也可以分享不同观点。

### (二)面对就业机会该如何把握

智联招聘《应届毕业生就业力调研报告》显示,在有求职计划的应届毕业生中,62.8%已收获 Offer,其中,获得 1 个到 3 个 Offer 的占比近半,如图 4-3 所示。还有不少同学获得了更多的 Offer,最多的拿到了 7 个以上 Offer,那么,此时又该怎样选择 Offer 呢?

#### 1.把握时机,确定 Offer

很多在校的大学生可能都有这样的困惑:快毕业了,面试很多,录用通知(Offer)也有了几个,想早点定下来又怕后面还有好机会,不定下来吧,又怕错过眼前的机会,怎么办呢?

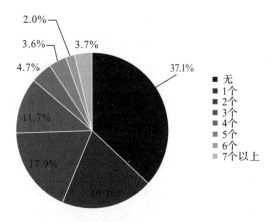

图 4-3 应届生获得 Offer 的情况

**案例 4-12**

## 如何摘出一颗最大最好的麦穗？

苏格拉底给学生布置一个任务："看到那片麦田了吗？从里面摘出一颗最大最好的麦穗。但只能摘一次，而且不能回头。"

学生第一次走进麦田，他发现很多很好的麦穗，他摘下了他看到的第一个比较大的麦穗，然后继续往前走，却沮丧地发现自己越走越失望，前面还有不少更好的，但是，他却不能再摘了。走出麦田，苏格拉底告诉他，这种选择叫作"后悔"。

学生第二次走进麦田，他依然发现很多很好的麦穗，但是这一次他吸取了教训——前面一定有更好的。他一直向前走，直到发现自己差不多走出了麦田。按照规则，他回不去了，而他刚刚错过了最好的麦穗，现在只能就近随便摘下一个麦穗。

学生走出麦田，看到苏格拉底对他笑。苏格拉底早就知道学生会这么干，他对随便摘下一个麦穗的学生说，这种选择叫"错过"。

接下来学生第三次走入麦田，这一次他该如何做选择呢？

（资料来源：搜狐网《苏格拉底：寻找一颗最大的麦穗》2021 年 6 月 24 日）

其实，我们每一个人都会面临选择的问题。面对职业、机会的诱惑，往往选择太早会"后悔"，选择太晚就会"错过"，那该怎么办？

这是一个数学问题，数学家给出的最佳答案是：37％规则。就是要把麦田分成两段，前 37％ 和后 63％。

第一：在走前 37％ 的麦田时，不要做选择，只需要观察前 37％ 里面最大的麦穗的大小，来确定后面选择的标准。

第二：在走后 63％ 的麦田时，只要发现和前 37％ 麦田里面见过的最大的麦穗一样大麦穗就立刻拿下，毫不犹豫。

分两阶段这个策略和 37％ 这个数字，都是数学家们算出来的。实际上这是一个随机选择优化问题，现在人们就把这个办法叫作"37％规则"。

37％规则并不能保证一定能摘到最大的麦穗,但是在假定麦田里的麦穗是随机出现的情况下,它是能摘到"一个足够大的麦穗"的足够好的办法。从概率角度上,如果看了不到37％的麦田就开始摘,将来更可能后悔摘早了;如果看了超过37％的麦田还不考虑开始摘,将来更可能后悔摘晚了。

找工作和摘麦穗的情况是类似的,选择太早会"后悔",选择太晚就会"错过",所以作为理性人,最佳策略是使用"37％规则",具体地说,就是如果打算利用一年的时间来找工作,那么你可以:

第一:在校招6个月当中的前37％的时间里,也就是差不多前2个多月的时间里面不停地面试、找工作,但是此期间内不要做决定,前2个多月的时候只需要确定在自己接触过的工作机会里面,最想要的工作是什么样子的。

第二:在剩下的63％的时间(4个月)里面,只要发现和前面确定的最想要的工作类似的工作机会就立刻拿下,毫不犹豫。

当然找工作和摘麦穗不一样的地方在于摘麦穗的故事里面不能回头,但是在现实中找工作可能还有机会回头,所以实际操作中在过了前37％的时间后,可以把之前发现的最好的工作机会再翻出来,回头联系看看机会还在不在,如果还有机会,立刻拿下,不再犹豫;如果机会已经没了,就接着按照第二步骤执行63％策略。

### 2.自己的就业岗位,自己做主

(1)大学生选择就业岗位的常见心理现象

• 失落心理

现实就业岗位大多不像大学生所想象得那么美好,因此当发现现实与理想的差异较大时,总会诱发挫败感、失落感。

### 案例 4-13

## 对就业岗位期望太美好

2019届毕业生会计学院小王直到2019年3月还未落实工作单位。刚好浏阳有一家制药厂聘用他,专业对口,又是在长沙地区,然而他本人的择业意向却是:单位地点必须在长沙市,至于到长沙市的什么单位、具体做什么工作都无关紧要,除此以外,什么单位都不考虑。在这种心态下,结果自然难以如愿。

(资料来源:根据网络信息整理)

不少毕业生过于向往经济发达地区,尤其是沿海地区的中心城市,最低的期望也是在省会城市。他们只注重经济文化发达、工作环境优越的一面,而忽视了人才济济、相对过剩的一面,择业期望值居高不下,甚至还有逐年上升的趋势,从而导致主观愿望与现实需求之间的巨大落差。

• 嫉妒心理

择业中的嫉妒心理使得自己与他人关系疏远,人际关系逐渐冷漠,从而处于孤立无援的境地,因此,择业中的嫉妒心理有很大的危害性。

• 攀比心理

在就业工作中,由于每个人的能力、性格、生活背景、所遇到的机遇不同,因而在职业选择上不具有可比性。但有的同学争强好胜,虚荣心强,容易引发攀比心理,以至于形成较高的就业期望值,缺乏对自我的客观认识,不考虑实际情况,盲目攀比。这种攀比心理使得不少毕业生在择业过程中碰壁。

• 从众心理

将多数人的意见当成评价自己的依据是从众心理的一个特征。当一个人在从众心理的驱使下,做出与周围的人相一致的行为时,他就会觉得自己容易为这个群体所接受,也就自然而然地融入了这个群体,因而便获得了一种安全感。

其实,这种从众行为忽略了人与人之间的差异以及自己的兴趣与特长,缺乏积极进取的精神和独立意识。

(2)选择工作岗位之前,应明白一些事情

• 工作之前先搞明白"什么是工作"

按目前的国家法定退休年龄来讲,一个人可能要工作30年。也就是说,在毕业之后的30年时间里,每个人的大多数时间和精力都要交给工作。换个角度说,在近30年的时间里,工作可能成为人生的重要组成部分。

因此,首先要搞明白"什么是工作"。工作不仅是获得一份收入的有效途径,更决定了你的生活方式、朋友圈和社会价值观。

## 案例 4-14

### 你希望是 A 还是 B?

小 A 和小 B,同样的学校背景和家庭出身,三观也基本一致,是好朋友。A 毕业做了行政工作,B 毕业去了互联网公司。三年以后,小 A 和小 B 变成了完全不同的人。

A:办公室里摸爬滚打,从做一些基础工作到成为专门写材料的,收入没怎么变,只是学会了不少小套路,见谁都是"您给指导指导"。

B:成为创业公司的小项目负责人,具备较强的工作能力,沟通以简单直接为主,相信人之间的基本真诚,收入翻了好几倍。

A 和 B 某天相约聚会,A 好心地提醒 B,一定要维护好与领导的关系,埋头干活太傻,得把活儿干到领导眼皮子底下。B 觉得 A 怎么变得如此圆滑了,工作还是要以认真负责为主,和领导就是上下级关系,不必如此。

于是,俩人吃完饭兴致都不高,就散了,后来联系也少了,两个人都觉得,对方已经不再是自己一个圈子里的人了……

A 和 B 是谁不重要,谁对谁错也不重要,重要的是这才是"工作的影响和意义"。

(资料来源:根据某校毕业生就业案例整理)

每个人身处什么环境、什么行业,这里面有什么样的文化、习惯,都会逐渐被"同化"成某一类人。因为人是群居动物,当身处一个组织的时候,会自然地调整自己适应组织。所以，工作不仅是提供收入来源的途径，更是构建人生的重要组成部分。你会成为什么样的人，怎么看待一件事，怎么对待工作等，甚至你的基本价值观，都会受其影响。

如果某人进到一个组织中以"迎合领导来衡量工作价值"，那么结果只有两种，一种是最终他也变成了那样的人，一种是他自己十分不舒服、不断对抗着工作。无论哪种情况，改变与否，都对他日常生活的情绪、观点等产生潜移默化的影响。

因此，要明白"什么是工作"，知道工作可能给自己带来的影响和变化，不要为了"有一份工作"而工作，最终把自己陷入一种不满意的情景中。而是要认真想一想，自己需要一份什么样的工作，成为一个什么样的人，去到一个怎样的组织中去。

• 接受自己要成长为一名大人了

据调查，毕业时80%同学还都处在"学生思维"阶段。学生思维是什么呢？就是只站在自己的角度想问题。"大人思维"其实是换位思考，不再只是以"我"的视角去看事情，而是能够不断切换角色，以不同的角度去思考。

未来步入社会和职场，可能会发现社会、职场都是复杂的组织结构，人也是非常复杂多变的。如果自己还处在"学生思维"，可能会遇到不少工作沟通、人际交往等问题。

所以，从毕业开始，可能要试着转变自己的角色，从象牙塔中走出来，成为一名大人了。

• 适合自己永远是最重要的选择标准

既然已经知道了工作可能对自己人生的影响，那么就要尽量前置性地想清楚，自己想要成为什么样的人，然后选择最适合自己的工作。

想清楚要成为什么样的人可能很难，并且随着年岁的增长，阅历的增加，这个问题的答案也可能是动态变化的。可能现阶段的想法还是不够具体，比如，不要成为什么样的人，或者希望自己以后是个有钱人等。

但我们建议尽可能去想自己想要成为什么样的人，过什么样的生活，不具体、不确定都没有关系，但一定要想。想完之后，再去想什么工作、什么行业适合自己。

比如，如果想不要太辛苦且有份稳定的收入，那么可能工作偏稳定、压力小的国企就很适合你，而工作强度大、快速成长的互联网企业就不适合你。但是，如果很希望自己成为一个小专家，或者具备话语权的人，那么快速成长、机会更多的互联网行业就比较适合你。

最后，再结合自己的喜好、专业等选择自己的职业。正如前面所讲，选择工作可能会影响自己后续30年的生活，最终选择权还是在自己手中。

（3）选择自己的工作岗位

正确评价自我，克服盲从心理、失落心理、从众和攀比心理，增强自信心，志存高远，脚踏实地选择自己的就业岗位。

如果第一份工作就是自己喜欢的、性格匹配的、能力胜任的岗位，从开始工作第一天开始，就开始积累这个领域的人脉、资源、能力、见识等，那将来的成就必然是非凡的。其实，对于我们每一个人来说，在每一份工作上，每一个岗位上，做的每一件事情，如果都能为自己在某一个领域的积累添砖加瓦，随着时间的累积，一定会成为这个领域内的专家。

如果毕业后七八年，不断地跳槽，从事的行业都不固定，不知道自己到底适合什么、胜任什么,每一个行业、领域、职位上的积累都很浅薄,就很难谈得上成就了。

既然第一份工作如此重要,或者说每一次工作都很重要,那么,面对 Offer,如何做出选择呢?这必须要依靠自己解决以下几个问题:

• 你想要什么?你希望从这份工作中获得什么?

如果具备比较高的格局和职业视野,我们会希望这份工作为自己今后的事业奠定基础。但是要具备这种视野,很难,现在就要预判自己未来十年后要干什么,这几乎是不可能的。

所以,大多数时候,我们第一份工作,是一种尝试,是一种试探。很多人往往会在短短的三五年内,频繁地跳槽、尝试、感受,从而才能确定自己未来的事业方向。

第一份工作,我们大多数希望的是,能够全面提升自己的综合能力。此外,很多人还很在乎自己的薪资待遇,虽然从长远来看,其实这一点没有那么重要,因为初入职场的人第一年拿的钱,可能只是后来的零头。但极少有人能够不在意自己未来两三年内的生活状态。

除了能够更好地锻炼综合能力、积累更好的资源、获得更多薪酬之外,选择一份工作,我们还会考虑工作强度、工作地点等多方面的因素。

但请记住,没有一份完美的工作,我们必须对自己所期望得到的东西进行轻重排序,从而选择一份能够给我们最重要东西的工作。

很多人之所以对第一份工作犹豫,总是有一种这个挺好,那个也不错的纠结,关键还是对什么是最重要的、什么是次要的,想不清楚。

但到底什么是最重要的呢?这又涉及我们对未来职业的规划,以及生活的价值观了。无论如何,明确自己到底要什么,需要从高度理性的角度,站在更大的格局视野上,去思考和规划今后的事业发展。

但毫无疑问,人是感性的,自然是要选择那些符合自己生活理念和价值理念的工作。

• 你对第一份工作的期望是什么?这份工作够能够满足你的哪些需求呢?

很多人经常问老前辈关于 Offer 的选择问题,他们往往非常希望"老司机"给出一个倾向性的答案,是 A 还是 B?但是,这种希望别人给出明确性答案的心理,还是属于从众心理。

看,老前辈这么有经验的人,这么熟悉情况的人,都选择 A,我也选择 A,肯定没错。但老前辈选择 A,是根据老前辈的生活理念和价值观做出的选择,这也许并不符合你个人的期望。

因此,问前辈、问师兄师姐,其实主要是问信息,不要问别人的选择。如果我们在乎这个工作的待遇,那就具体问问待遇怎么样;如果我们在乎的是这个工作的发展空间,就请前辈给自己介绍一下这个企业或者单位,大家晋升的路径一般是怎样的。

关于信息,其实大多数都会为固有观念所误导,大众认知所迷惑。很多网络上的信息其实是在传说中不断地变质,人们按照自己片面的理解,管中窥豹,不断创造出的一些错误信息。所以,要了解一些比较真实的信息,还是得找行业内真正的老前辈问一手真实的信息。

很多人认为第一份工作重要,因为即便今后我们要不断地跳槽,但第一份工作,基本决定了我们跳槽的基础。

但其实第一份工作重要，但也没有那么重要。第一份工作对我们有比较大的影响，却还远远不足以影响我们的一生。

最终，选择的理性与否，却总是能够决定我们未来的发展。自己的地盘，还是自己做主吧！

### 3. 保障我们的权益

(1)手中利剑——劳动合同或三方协议

• 劳动合同的签订原则

劳动合同是劳动者与用人单位确认劳动关系、明确双方权利和义务的协议，是今后用以处理用人纠纷的重要依据。

➢应以书面形式订立劳动合同。

➢应注意审查合同的内容。

➢谨防劳动合同无效。

➢劳动合同的变更、解除和终止应依法进行。

• 劳动合同的基本内容

➢用人单位的名称、住所和法定代表人或者主要负责人。

➢劳动者的姓名、住址和居民身份证号码或者其他有效身份证件号码。

➢劳动合同期限。

➢工作内容和工作地点。

➢工作时间和休息休假。

➢劳动报酬。

➢社会保险：养老保险、医疗保险、工伤保险、失业保险、生育保险。

➢一"金"：住房公积金。

➢法律、法规规定应当纳入劳动合同的其他事项：试用期、保密与竞业限制条款、服务期。

• 认真签订就业协议书，发挥协议书的作用

就业协议书是明确毕业生、用人单位、学校在毕业生就业工作权利义务的书面文本（俗称"三方协议"），一般是由教育部制定统一格式。毕业生应该认真签订好就业协议。签好就业协议书注意事项：

➢查明用人单位主体资格是否合格。

➢有关协议条款明确合法。

➢签订就业协议要合乎程序。

➢写明违约责任。

➢了解就业协议书的法律责任。

(2)遵循市场规则，防止侵害自身合法权益行为现象的出现

毕业生在就业求职过程中，无论是自荐、应聘、接受面试、笔试，都应该遵循"真诚、信实、平等"的原则，以自身实力参与竞争。要有风险意识，对于有些用人单位招聘人员，明显夸大优厚条件，以高薪和高福利吸引人才的做法要有警戒心，预防侵害自身合法权益行

为的发生。

（3）善于用法律手段维护自身合法权益

由于就业市场还不够成熟和完善，法律、法规和制度尚在健全中，毕业生在就业过程中难免会出现权益受到侵害的情况。如果有侵犯就业权益的行为发生，毕业生应向用人单位上级主管部门、学校进行申诉，并听取它们的处理意见，同时，也可提交给当地的劳动争议仲裁机构进行调解和仲裁，或直接向人民法院提起诉讼。

（4）学习必备的劳动争议处理知识

• 协商

这是劳动争议最经济、快速的解决途径。发生劳动争议，劳动者可以与用人单位协商，也可以请工会或者第三方共同与用人单位协商，达成和解协议。

• 调解

这是专门调解组织居中斡旋解决劳动争议的途径。发生劳动争议，当事人可以到下列调解组织申请调解。

➤企业劳动争议调解委员会。

➤依法设立的基层调解组织。

➤在乡镇、街道设立的具有劳动争议调解职能的组织。

• 仲裁

仲裁是法律解决劳动争议的必经途径，是诉讼的前置程序，未经仲裁的劳动争议不得向人民法院提起诉讼。

• 诉讼

诉讼是劳动争议解决的最终途径。除用人单位依法不能提起诉讼的以外，当事人对仲裁裁决不服的，可自收到仲裁裁决之日起15日内向人民法院起诉。

（5）大学生就业权益自我保护的"五意识"

• 法律意识

市场经济是法制经济，毕业生就业必须走法制化之路。大学毕业生就业相关的主要法律、法规有：《中华人民共和国劳动法》《中华人民共和国劳动合同法》《中华人民共和国就业促进法》等。

《中华人民共和国劳动法》：毕业生着重了解平等就业和选择职业的权利、取得劳动报酬的权利、休息休假的权利、获得劳动安全卫生保护的权利、接受职业技能培训的权利、享受社会保险和福利的权利、提请劳动争议处理的权利，以及法律规定的其他权利。

《中华人民共和国劳动合同法》：《中华人民共和国劳动合同法》是《中华人民共和国劳动法》的特别法。

《中华人民共和国就业促进法》：营造公平就业的环境，消除就业歧视，制定政策并采取措施对就业困难人员给予扶持和援助。

• 契约意识

一是重视和深刻理解就业协议的重要性，有通过就业协议来保护自己合法权益的意识；二是严格遵守、履行就业协议内容的意识。

- 维权意识

权益受到侵犯时不要惊慌,可依靠学校、国家行政机关、新闻媒体、法律援助、司法机关等维权。

- 证据意识

一是收集证据的意识,要求对方出示或者提供相关资料;二是保存证据的意识,以便将来在仲裁或诉讼时支持自己的观点;三是运用证据的意识,毕业生要有用证据证明案件事实的意识。

- 诚信意识

毕业生自己在求职过程中必须如实向用人单位介绍自己的情况,识别和规避企业的费用陷阱、高薪陷阱、试用期陷阱、合同陷进。

## 三、任务实现:如果拿到多个 Offer 该如何选择?

### 1. 任务描述

手里有几个 Offer,很纠结要哪个比较好。

Offer 选择无非这几种情况:企业比较、薪酬比较、地点比较、发展比较。尤其遇见鱼与熊掌,舍弃哪个都让人觉得好可惜,但一个萝卜不能去两个坑,到底怎么选呢?

同学们分组,快速讨论:请列出选择 Offer 的思考逻辑和选择因素排序,均不少于三点。

### 2. 课堂分享

这样选择Offer

各小组安排 1 人分享小组讨论结论,其他成员可以补充,也可以分享不同观点。

### 3. 观点分享:这样选择 Offer

请扫面二维码,阅读 Offer 选择的参考观点。

## 四、任务总结:可以开始做入职准备了

上班第一天是每个人的人生关键时刻,肯定既兴奋又紧张,既想大展身手又怕表现不好。从来没有上过班做过事,上班的第一天到底该如何准备呢?该以什么面貌出现在陌生的领导、前辈面前?穿什么样的衣服才算合适?毕业生们一定会有很多的疑问,很多的不清楚。

有句话说,没有准备就是准备失败。毫无疑问,上班是人生大事,是真正走向社会的第一步,对于这样重要的事情,当然需要认真一点。那就从如何做好上班的准备说起。

### 1. 请给 HR 打个感谢电话

当拿到了录用通知书,或者接到了录用电话通知,记得跟为此操劳了好几个月的 HR 或有关人员打个电话,道个谢。如果当时有业务(技术)主管参加面试,并且又恰好拿到了人家的联系方式,顺便也打个电话,表示一下感谢,并问一问应该为正式走上工作岗位做些什么准备。

这样做,一方面显示我们的礼貌与善解人意,体现对这份工作的重视,另一方面也能

顺便了解一下有关入职要求等的细节。不知不觉中,已经走在了别人的前面,为自己建立起了一个良好的第一印象。

此外,如果接到了正式的录用通知函的话,需要仔细阅读,并再次了解岗位职责、薪酬福利,包含试用期和转正后的薪资标准,看看与面试时约定的是不是一样,如有疑惑要在报到前或报到后及时澄清,不要不好意思,避免以后留下不必要的麻烦。

### 2. 可以抽时间处理一些私事

如果离正式入职还有一段时间,可以适当放松一下,把近期需要办理的急事抓紧办一下,比如,陪伴一下父母、约会一下同学、考一下驾照等,这段时间可能是最后一段比较没有压力和比较从容的时间了,也可以旅游或休闲一下,养精蓄锐、备足马力,准备奋斗。

### 3. 做一下入职功课

进一步了解公司和岗位的信息,包括入职的岗位可能涉及的职责,需要用到的知识、技能、工具、方法等。可以询问前辈一些职业领域方面有关的技术或业务问题。与已经参加工作的学长联系一下,如果有学长或者熟人就在自己将要入职的单位工作,那就更好了,约他们出来吃个饭、喝个咖啡,详细了解一下入职单位的有关情况,并询问入职建议。对于一些有针对性的重要建议,要记得做好笔记,并按照这些建议去准备、去行动。

在入职第一天的前一周,给 HR 再打个电话,再次表示感谢,此时的感谢和请教无异于一支强心剂,他们其实很担心被"放鸽子"。同时,和 HR 确认:

(1)报到时间、地点。

(2)需要携带的资料文件。

(3)恰当的着装风格。

(4)其他需要询问的问题。

不要问怎么坐车、怎么租房、怎么用餐这类会显得自理能力不足的问题,这些事与自己的小伙伴一起搞定。按照要求提前准备好报到资料,提前买好需要添置的工作衣服,并试穿一下,万事俱备,只等上班了。

### 4. 更主要是要慢慢转变自己的心态和角色

心态和角色的转变,非一日之功。我们在大学期间,就要逐渐尝试改变自己的心态,逐渐向职场人转变角色。

# 第五章　初入职场

## 学习目标

➤了解大学生与职业人的根本区别，理解角色转变，并使得自己更快、更彻底实现角色转变。

➤了解职业生活并不完全像在校时想得那么美好，并培养职场人应有的心理素质和抗压能力。

➤学习试用期相关规定，保护合法权益，掌握试用期指南，帮助大学生度过职场新人的关键时期。

## 任务安排

➤怎样实现大学生到职场人的角色转换？

➤寻找职场新人提升自己的心理素质和抗压能力的妙招。

➤试用期有哪些常见坑绝对不能踩？

## 学习指南

➤通过"实现准备"中的活动和讲解学习相关知识点，通过扫描二维码增加知识面和加深理解知识点，如提升心理素质和抗压能力的方法、试用期是否可以随便被辞退、凭什么在单位立足等。

➤从"实现参考"学到如何完成本节任务，并通过班级活动，收集整理、分享"提升自己的心理素质和抗压能力的妙招""试用期有哪些常见坑绝对不能踩"，实现大学生到职场人的角色转换。

# 第一节  角色转变

## 任务：怎样实现大学生到职场人的角色转变？

### 1.任务名称

请你帮他，怎样实现大学生到职场人的角色转变？

### 2.任务分析

要回答"怎样实现大学生到职场的角色转变"就需要拥有相关知识和技能储备，并设身处地分析原因，才能给出切实可行的措施帮助别人。

| 实现准备 | 课堂活动 | 活动一：《我为什么不要应届毕业生》 |
| --- | --- | --- |
| | 课堂讲解 | 大学生与职业人的根本区别 |
| | 课堂讲解 | 深入理解角色转变 |
| 实现参考 | 课堂活动 | 活动二：那你希望怎么样？ |
| | 课堂讲解 | 角色转变的准备过程 |
| | 课堂讲解 | 如何进行角色转变 |
| 任务实现 | 课堂实训 | 请你开导他，怎样实现大学生到职场人的角色转变？ |
| 任务总结 | 课后思考 | 角色转变越快、越彻底，谋求发展的机会就越多 |

### 一、实现准备：了解大学生与职场人的根本区别，理解角色转变

#### (一)活动一：《我为什么不要应届毕业生》

#### 1.活动目的

了解用人单位对应届大学生的"误解"，思考毕业时如何成为用人单位需要的职业人。

#### 2.活动流程

(1)了解或阅读这本书

《我为什么不要应届毕业生》是宋三弦等著，由重庆出版社 2005 年出版的一本图书。其主要内容是，中国就业形势面临一个最严峻的危机，大学生就业市场寒流暗涌。在各类人才招聘会上以及各网站上挂着的招聘通告栏里，近 80% 的职位只针对有工作经验者，而求职者却有 60% 是应届大学毕业生。有的用人单位旗帜鲜明——"应届毕业生免谈！"应届毕业生到底怎么了？用人单位选不到优秀学生可以选择不招，可大学生不能不就业。大学生到底被谁抛弃了？本书为大学生一线招聘人员的口述实录，点评大学生就业失败个案，力图揭示"我为什么不要应届毕业生"这一社会现象的因由。

归纳书中不要应届毕业生的原因，大致如下：

• 对工作有不少不切实际的期望：主要表现在薪酬、地域、个人发展机会、职位要求、行业要求、假期要求和专业对口要求等方面期望过高，且不肯改变自己的要求与想法。

• 就业心态浮躁，喜欢相互攀比，不能吃苦。

• 动手能力差，眼高手低，大事做不了，小事不愿做。

• 频繁跳槽……

(2)快速思考

• 该书的作者分析得是否正确？你觉得还有哪些原因使得应届毕业生不那么受欢迎？

• 对你有什么启发？该怎样改变自己使自己毕业时成为用人单位需要的职业人？

**(二)大学生与职业人的根本区别**

**1.学生与职业角色认知**

人的一生有多种角色的转变。角色转变就是个体从一个角色进入另一个角色的过程，比如，婴儿→幼儿园小朋友→学生→职业人；又比如，儿子(女儿)→父(母)。而从学生角色到职业人角色的转变是我们每个人必须经历的过程，也是我们人生中重要的一次转折。

(1)学生角色的内涵

大学生大多处在18岁到24岁这一年龄阶段，是人生中增长知识、发展智力、求学成才的关键阶段。大学生的中心任务是努力学习以专业知识为主的多方面知识，培养以专业能力为主的各种能力。因此，这是一个接受教育、储备知识、培养能力的重要阶段。

学生角色就是在社会教育环境的保证下和家庭经济的资助下，学习知识，培养能力，全面提高自身素质，努力使自己成长为社会的合格人才。

(2)职业角色的内涵

职业角色是在某一职位上，以特定的身份，依靠自身知识和能力并按照一定的规范具体地开展工作，在行使职权、履行义务为社会做出贡献的同时取得相应的报酬。

职业角色的个性表现得非常具体，但是千差万别的职业角色却有其共性的特征：

• 职业角色扮演者具有自己的社会职位和一定职权。

• 有相应的职业规范。

• 有一定的基础知识和业务能力。

• 履行一定的义务。

• 经济独立。

**2.大学生与职业人的根本区别**

学生角色与职业角色的不同在于：一个是受教育，掌握本领，接受经济供给和资助，逐步完善自己；一个是用自己掌握的本领，通过具体的工作为社会付出，以自己的行为承担责任，并取得相应的报酬。

(1)承担的责任不同

➤大学生可以犯错、更多依靠他人，因为你还是学生

大学生以学习、探索为主要任务，在校园里很多事情都可以去尝试，为了学习的尝试，哪怕是错了，也有时间来改正。所以，要是给大学生一个简单的角色定位，那就是可以做错，因为还没有承担过多的社会责任，显然，大学生有部分"天然的豁免权"。

大学生的一大好处就是有依靠，在学习方面可以依靠导师，有什么问题都可以向他请教；在生活上有什么困难可以依靠父母。总之，大学生在校期间基本没有太大或太多的负担。

➤职业人服从管理、承担责任，尽量不犯错

成为一个职业人以后，应尽快地适应社会。首先，必须学会服从领导和管理，迅速适应上级的管理风格。职业人如果在工作中犯了错误，是要承担成本和风险的责任，承担相应的社会责任的。

实践表明，凡由大学生到职业人的社会角色转变比较快的人，则容易更早地获得单位的认可，能更快地寻找到新的起点，也就更容易享受到事业成功和生活幸福的喜悦。

因此，大学毕业生应正确面对社会，正确处理工作与人际关系上的诸多矛盾，克服各种心理障碍，培养良好的适应能力，尽快适应工作环境，迈出成功的第一步。

(2)面对的社会环境不同

大学生在校园里是寝室—教室—图书馆—食堂四点一线的简单而安静的生活方式，处于相对单纯而简单的校园文化气氛中。

但成为职业人在紧张的职场上，面临的社会环境是快速的生活节奏、紧张的工作和加班。没有了寒暑假，自由支配的时间少，还要承受不同地域的生活环境和习惯。由于缺乏实际工作经验，开始工作时往往不能得心应手，感觉工作压力显著增加，给心理造成很大的负担。事实上，不同的环境对人的影响和要求也不同。

(3)适应复杂的人际关系

处理好人际关系是每一个大学毕业生走上社会后必须要学会的课题。初出茅庐人际交往比较单纯，但社会上的人际关系相对于校园中的同学关系要复杂得多，一时感觉不适应也很正常。

(4)面对的文化环境不同

作为学生，在大学里，学习时间可弹性安排，有较长的节假休息日，教学大纲提供清晰的学习任务，学术上多鼓励师生讨论甚至争论，布置作业或工作规定完成时间，老师公平对待学生，以知识为导向，学习的过程以抽象性与理论性为主要原则等。

但作为职业人，在单位里，规定上下班时间，不能迟到早退，经常加班加点，节假日很少，工作任务急又重。老板通常对讨论不感兴趣，对待职工一般是相对公平，以经济利益为导向，要完成上司或老板交给的一件件具体的、实实在在的工作任务等。

(5)社会规范不同

社会规范是指人们社会行为的规矩，社会活动的准则。它是人类为了社会共同生活的需要，社会互动过程中衍生出来的，相习成风，约定俗成，或者由人们共同制定并明确施行，其本质是对社会关系的反映，也是社会关系的具体化。在这一点上，二者有差别。

总之，大学生找工作难，找到工作后做好工作不容易，工作成果能让老板满意更不容易。因此，要充分认识大学生与职业人的根本区别，重视进入职场后的角色转变。

**(三)深入理解角色转变**

1.角色转变的内容

(1)从"要"到"给"的转变

大学时代因为父母的付出，可以从家里"要"到宠爱与照顾；因为老师的付出，可以在学校里"要"到知识与技能；因为社会、国家的付出，可在社会中"要"到社会的资助与培养。但工作以后，则截然相反。

（2）从"索取"到"贡献"的转变

大学生在学校时大部分是"索取"。大学生要转换成职业人，必须先"给"，否则你什么也"要"不到。将"索取"的心态变成"贡献"的心态，是成为职业人的关键。从企业的角度来说，企业对人的判断有两个要求，一个叫作潜力，看新员工未来成长的空间；一个叫作贡献，看新员工的加入对这个团队能够产生什么样的价值。

作为职业人，应考虑我能为单位带来什么、我能为单位创造什么，而不应首先去想单位、企业或老板应该给我什么样的回报。只有既能为企业带来实际的贡献，又有可持续发展潜力的员工才会受欢迎。

（3）树立承担责任、不再可以随便犯错的理念

大学生在学校里考试成绩不好，不会给班级和学校造成经济损失，会有补考的机会；如果和同学不能相处融洽，仍然可以保持自己的个性；如果不喜欢哪个老师，可以选其他老师的课；迟到、旷课耽误的是自己的学习，与其他同学没有多大的关系。

然而，大学毕业生从校园走上社会成为职业人，如果工作失误，可能会造成重大的经济损失，没有挽回的机会；如果与同事关系不好，会被组织认为没有团队合作精神，将成为出局的人；如果迟到、旷工，耽误的是整个团队的业绩，随时有被开除的可能。作为职业人，在单位里必须成为社会、企业财富的创造者。

### 2.角色转变的原则

（1）热爱本职工作，培养职业兴趣

热爱本职工作，培养职业兴趣是学生角色向职业角色转变的基础。

如果"身在曹营心在汉"，经过几个月甚至一年的适应，还静不下心来，那么，不仅对角色转变不利，而且会影响职业兴趣的培养和工作成绩的取得。

甘于吃苦是角色转变的重要条件。只有愿意吃苦，才能实事求是地分析和对待角色转变中遇到的种种困难，并自觉地加以克服。

（2）虚心学习知识，提高工作能力

虚心学习知识，提高工作能力是角色转变的重要手段。

一个人在校期间学习到的东西毕竟是有限的，尤其是随着科学的发展和技术的进步，新的知识和技能不断地出现，很多知识和能力需要在工作实践中去学习、锻炼和提高。

大学毕业生在学校期间虽然学到了不少知识和技能，但面对全新的职业，还需要像小学生那样从头学起，虚心向有经验的技术人员、领导、师傅和同事学习，学习他们观察问题、分析问题和解决问题的方法，不断丰富自己的专业知识，提高自己的专业技能，最终达到自我完善。

（3）勤于观察思考，善于发现问题

勤于观察思考，善于发现问题是角色转变的有力保障。

大学毕业生进入职业角色，只有发现问题，运用自身掌握的知识去努力解决问题，才能掌握大量的一手资料；只有分析研究职业对象的内部规律，也才能培养自己的独立见解。

（4）勇挑工作重担，乐于无私奉献

勇挑工作重担、乐于无私奉献是完成角色转变的重要标志。

大学毕业生走上工作岗位以后，应当从一开始就严格要求自己，树立主人翁意识，增强社会责任感，培养无私奉献的精神，任劳任怨，不计较个人的得失，努力承担岗位责任，主动适应工作环境，促使自己更好、更快地完成角色转变。

3.角色转变过程中的问题

（1）对学生角色的依恋

一些毕业生在角色转变过程中容易依恋学生角色，出现怀旧心理。经过十多年的读书生涯，对学生角色的体验可以说是非常深刻了，学生生活使得每一位学生在学习、生活和思维方式上都养成了一种相对固定的习惯。

在职业生涯开始之初，许多人常常会自觉或者不自觉地把自己置身于学生角色之中，以学生角色的社会义务和社会规范来要求自己、对待工作，以学生角色的习惯方式来待人接物，来观察和分析事物。

（2）对职业角色的畏惧

面对新环境，一些大学生在刚走进新的工作环境时，不知道工作应该从何入手，如何应对工作，怕担责任，怕出事故，怕闹笑话，怕造成不良影响，工作上就放不开手脚，前怕狼后怕虎，缺乏年轻人的朝气和锐气。

（3）主观思想上的自傲

有一些毕业生对人才的理解不够全面和准确，认为自己接受了比较系统且正规的高等教育，拿到了学历，学到了知识，已经是比较高层次的人才了。因而，往往看不起基层工作和基层工作人员，甚至认为一个堂堂的大学毕业生干一些琐碎的、不起眼的工作是大材小用，有失身份，于是就轻视实践，眼高手低。

（4）客观作风上的浮躁

一些人在角色转换的过程中受社会环境的影响，表现出不踏实的浮躁作风和不稳定的情绪情感。一阵子想干这项工作，一阵子又想干那项工作，不能深入工作内部了解工作性质、工作职责以及工作技巧。

近年来，毕业生在单位内要求调整部门的人数增多，就是因为一些学生就职后很长时间还不能稳定情绪，进入不了职业角色，反而认为单位有问题，没有适合自己的职位，没有遇到"伯乐"。

事实上，如果不能静下心来踏踏实实地学习，适应工作，不管什么样的单位部不会适合。

## 二、实现参考：如何做好准备并进行角色转变？

（一）活动二：那你希望怎么样？

1.活动目的

通过案例了解到职业人所面临的环境，做好角色转变的准备。

2.活动流程

（1）阅读案例

丽萨是刚从大学毕业参加工作的职场新人，由于经验不足、能力欠缺，在工作中出现了失误，受到了领导的严厉批评。她很不开心，没心思工作。

有人问她："你为什么不开心？"

她说："领导骂我了。"

又问："你是不是工作没做好？"

答："即便工作没做好，他也不应该对我这样态度恶劣。我长这么大，我爸妈都没对我大声吼过！"

问："那你希望怎么样？"

（2）同学们分组，快速讨论

- 丽萨工作做不好，受到领导批评，她接受不了，你觉得是什么问题？
- 怎么看待工作中主管的批评？我们该怎样让自己的心态尽快适应工作的需要？

（3）课堂分享

各小组安排1人分享小组讨论结论，其他成员可以补充，也可以分享不同观点。

### （二）角色转变的准备过程

#### 1．毕业实习期进行角色转变的准备

毕业前夕进行"半职业化"的角色转变，即完成毕业实习期的角色转变。一方面，为完成毕业论文做准备；另一方面，在实习单位积累工作经验。

如何做到毕业前夕的"半职业化"角色转变、在实习单位积累工作经验呢？

- 努力向单位同事学习，争取尽快工作上手。
- 力争把所学专业知识应用到实际工作中去。
- 从实际工作中积累经验，提高工作能力，为今后就业做好准备。
- 将实际工作中提炼的经验上升到理论，为完成毕业论文打好基础。

#### 2．入职前在心理上做好角色转变的准备

尽管在人生的旅途中世事无常，生活起伏，充满了许多不如意的地方，但依然还是有不少东西是完全可以把握的，那就是我们对工作和生活的态度。有人说，每个人身上都有一种看不见的法宝，它的一面写着"积极心态"，另一面写着"消极心态"。积极的心态可以使人达到人生的顶峰，而消极的心态会使人贫苦和不幸。

心态不只是影响工作，有时还决定了一个人的命运。如果一个人的心态很好，即使目前的工作不是很理想，也能够心满意足、心平气和。而这种积极的心态，就会带来好的工作态度。工作效果好，就能引导我们逐步走上成功的道路。如果对工作心不在焉，或者心烦意乱，这种消极的心态就会带来不愉快甚至是恶劣的工作态度，其工作效果就必然很差。

能够做好自己不愿意做的事情，是人生的智慧，更是生存的策略。这个世界，这个工作，这个岗位不是为了某一个人而存在的。既然自己已经从事了这个工作，就要努力把自己的事情做好，这也是一种人生的责任。

（1）要有良好的心态和心理承受能力

职场、社会与大学相比，生活环境、工作条件、人际关系都有着很大的变化，难免使那些心存幻想、踌躇满志的毕业生造成心理反差和强烈的冲突。大学生血气方刚，热情奔放，希望自己处处显色，却总是引不起周围的共鸣，不受重用，甚至遭排斥，倍感失落、郁

闷。这时,具备良好心态和心理承受能力是第一位的,要抱着谦虚好学的态度,从基础做起,逐步争取领导和同事的认可,这才是成功的开始。

(2)不要停留在心灵的舒适区域

每个人都有一个舒适区域,在这个区域内是很自我的,不愿意被打扰,不愿意和陌生的面孔交谈,不愿意被人指责,不愿意按照规定的时限做事,不愿意主动地去关心别人,不愿意去思考别人还有什么没有想到。这在学生时代是很容易被理解的,有时候这样的同学还跟"冷酷""个性"这些字眼沾边,算作是褒义。

然而相反,在工作之后,却要极力改变这一现状。否则,可能会很快变成"酒会上唯一没有人理睬的对象"。如果自己能很快打破之前学生期所处的舒适区域,比别人更快地处理好业务、人际以及舆论之间的关系,那就能很快地脱颖而出。

在会议上,一个停留在心灵舒适区域的人会消极地听取领导的话语,消极地待命,生搬硬套地完成上级交给的事情,从来不关心此事以外的任何事情,更不会想到多做一步而让接下来别人的工作更加容易上手,这样的人是不受欢迎的;而敢于打破这个舒适区域的人,敢于在适当的时候提出自己的看法,并在得到上级认可和指点之后把手头的工作尽快地完成,随时愿意接受别人的批评和调整的人才能够快速融入组织。

在工作上,当前者遇到一名新的同事,他会装作没有看见,继续自己的工作。而后者则大方客气地自我介绍,并了解对方和自己的关系。

在聚会上,前者总是等待别人发言,并喜欢私下里评论对方的言语,如果在这个桌子上没有人发言,那直到用餐结束,也没有人认识你。而后者是勇敢地和一同吃饭的人开始介绍和闲谈,这看起来很困难,有时候会有失面子,但往往你会发现,对方也是多么希望能和你说几句话。

在走出校园的同时,就要在工作上把校园中的"随意性"从身边赶走,尽早地冲出自己的舒适区域,开始做好和这个社会交流的准备。

(3)从散漫的校园生活向紧张的工作模式转换

悠闲的校园生活方式被紧张的职场打拼所代替,使这些在家里备受呵护的毕业生受到纪律、时间的约束,感到浑身不自在,迟到、请假成家常便饭,总想找个借口,编个理由请上一次假去外面玩一玩。

## 案例 5-1

### 入职第一天的培训——开始告别懒散!

• 入职第一天的培训内容

➤报到、体检——合格?

➤竞选班长——竞争开始了:主动性、语言表达、影响力、才艺、领导力……

➤团队建设——小组团队目标、小组团队口号。

➤培训制度——培训内容?如何考核?组织纪律(迟到、手机响铃……)?

• 入职培训的时间安排

➤6:30——晨跑,你习惯早起了没?

> 8:00 培训开始——晨练迟到的要表演了；手机铃声一响，准备好节目吧；积极发言。
> 14:00 下午上课——拉歌10分钟，下午迟到的表演开始。
> 16:30 军训、活动——纪律是关键！
> 19:30 培训或主题电影。
> 22:30 该回去写心得体会了。

这样的安排，还有时间"懒"吗？身体不提前锻炼，培训第二天就开始真正体验全身酸痛、力不从心了。

（资料来源：根据作者亲历整理）

每当新生力量进入单位，都会带来新的气息，同时也会带来一些新的问题。对于大多数刚刚走上工作岗位的大中专毕业生来说，除了工作能力之外，还要有实干精神，懂得人际沟通。不但要完成好属于自己的每一项工作，还要做自己不愿做的事情。能否做好那些自己不愿意做的事情是一个人是否成熟的标志，也是一个人能否取得人生成功的主要因素。做好自己不愿做的事，学会妥协，向职场妥协、向现实妥协。

（4）从宏大的"人生理想"向现实的"职业理想"转换

第一份工作对大学生的冲击是巨大的，从高高的象牙塔走下来的他们怀抱的是理想化的思维方式，是指点江山的做事方法。然而就业压力大，选择余地小，能够专业对口就已经很不容易了，这让他们感到理想与现实之间的落差太大，一时难以接受。先前宏大的理想难以实现，在现实面前已经失去目标，失去动力，只感到实现是遥遥无期的事情，因此，情绪低落。

当务之急需要的是把理想转化为职业目标，并制定出切实可行的方式方法，去实现职业目标，搭起一座桥梁让自己从理想走入现实。实现职业目标有很多途径，要结合自己的综合因素去选择一条最适合自己的途径，更快地实现职业目标，从而最终实现职业理想。

从实现职业理想的角度看，我们所做的工作一定要与职业目标有密切的相关性，否则，所做的工作将不会对职业理想产生支持，那实现职业理想就会再次成为空想。

积极的心态能够调动一个人的心灵力量，而且可以不断挖掘潜在的心灵力量，使其工作水平的发挥达到最好的状态，甚至是完美的境界。相反，消极的心态往往阻挡心灵力量的发挥，更不用说挖掘内在的心灵力量了。消极的心态容易使一个人陷入悲观失望、得过且过、烦恼痛苦以及忧虑无奈的泥潭。其实，同样的工作环境，如果心态不同，其对工作环境的态度也是不一样的：积极的心态面对再不好的工作环境，也能气定神闲，没有过多悲观、忧郁、烦躁和自卑的情绪；消极的心态面对再好的工作环境，也是悲哀叹息，感觉处处不尽如人意。

思想决定行为，正确的思想是积极的心态引导的，所以，心态左右个人的行为。境随心转，乐观的时候，我们看到的是美好景色；悲观的时候，则是满眼的萧条。生活就是一面镜子，你笑它也笑，你哭它也哭。因此，让我们用积极的心态去快乐地工作，收获美好的人生。

### （三）如何进行角色转变

1. 树立良好的第一印象

职业形象是社会和他人对一个人从事某项职业的总体印象和态度。良好的职业形象既是职业的体现,又是从业人员素质和水平的体现。尤其是良好的第一印象是职业形象的成功开端,在职业生涯中的作用是至关重要的。

职业从业者的外在美。在没有详细了解的前提下,从业者的外在表现如服饰、发型、言语、举止等,往往给人一种很深的印象。外在美是树立良好职业形象的先决条件。

职业从业者的内在美。与外在美相比,内在美的境界更高,更能够持久地树立良好职业形象。和顺的态度、谦逊的作风和诚实守信的为人,是内在美的主要表现。

良好的职业形象是职业成功的重要条件,对处于社会特殊层次,特定地位的大学毕业生来讲,尤其具有不可低估的作用和意义。

### 2.积极适应职业角色

(1)心理适应

一般新人刚跨入职场总是从基层做起,俗话说,"良好的开端是成功的一半",因此,先要学会心理适应,学会适应艰苦、紧张而又有节奏的基层生活。关键是要发挥自身健康的心理机能,培养整体协作意识、独立工作意识、创造意识。同时,要克服以下五个"心理":

- 对学生角色的依恋心理;
- 观望等待的依赖心理;
- 消极退缩的自卑心理;
- 苦闷压抑的孤独心理;
- 见异思迁的浮躁心理。

社会好比一个大舞台,每个人都有自己的角色位置。毕业生进入新单位后,应先认清自己在工作环境中所承担的工作角色以及这个角色的性质、职责范围,弄清楚工作关系中上级赋予自己的职权和自己承担的义务。如果角色意识淡漠,一意孤行,我行我素,该请示的擅作主张,该自己处理的事情不敢做主或推给上司、同事,势必与新环境格格不入。

(2)生理适应

既然步入了职场,就已经从一个学生转换成了一个职业人。原来的许多生活习惯就都得改变。

请为了自己的职业前途调整生活规律,当然,调整规律并非要把自己变成一个机器人,有些事可以自己灵活决定是否调整,这主要得看你的工作环境与公司文化。

(3)生活能力适应

过去经济上靠父母资助,生活上有学校管理,学业上有老师指教。参加工作后,往往要自己处理衣食住行等全部事务,一切靠自理、自立,这是毕业生无法回避的一种能力训练。要学会主动调节生活节奏,养成良好的生活习惯,合理安排自己的业余生活,才能适应新环境。

(4)岗位适应

新人们可以根据自己的职业规划目标,在职场中明确自己该扮演什么角色,该怎样强化自己的职业技能,并且在这个行当上钻研下去,自然就能得到较好的发展。

(5)知识技能适应

到了职场上,更注重的是动手能力和累积的经验。因此,新人们要投入到再学习中。这个学习是一种见机行事,是让自己适应工作中的知识技能,正所谓,干到老,学到老。竞争在加剧，学习不但是一种心态，更应该是我们的一种生活方式。

• 收起毕业证，保持"空杯"，从零开始学习如何工作

在迈入工作岗位时，应该保持着一切从零开始的态度，牢记"三人行，必有我师焉"，虚心向自己的同事学习工作经验，尽快熟悉自己工作岗位的种种业务知识，结合实际工作将自己所学知识灵活运用，这样才会发现工作的真实乐趣。这个过程是个充满挑战的过程，也是毕业生角色转变必须经历的重要一步。

这期间毕业生要坚定自己的信心，从无忧无虑的自由角色中走出来。

• 学会适应新的工作环境，妥善处理工作中的人际关系

本着实事求是、诚心待人的态度与人沟通、交往，缩短与周围同事之间的距离。在自己受到委屈或误解时，胸怀大度，克制感情，冷静处理，工作中出现失误时，应主动承担责任。

这样，人际关系搞好了，在工作生活各方面，同事和领导都会给以积极帮助，对自身的成长大有裨益。

• 要不断学习、锐意进取，高标准要求自己，用工作实绩赢得同事的认可

大学生只是人才的坯子，要锻炼成才，还需要在社会这个大熔炉里锻造，只有不断探索新的方法，才能保证自己适应瞬息万变的社会。

通过学习让自己掌握更多的知识，以优秀的表现赢得同事和领导的认可和信任，这对于从大学生到职业人的转变也是至关重要的。

• 有意识地对自己进行职前培训

现在的大学教育内容和实际的岗位需求或多或少存在着差距，因此，走上工作岗位前，大学生应根据要求在短时间内进行知识补充和业务能力的锻炼，并且在心理上做好准备。通常，用人单位会在业务能力上对刚踏入社会的毕业生进行培训，以使其尽快适应工作。

总之，初涉职场的大学生，只有充分认识自己，知道自己的优点与缺点、优势与劣势、所适与所不适，在这样一段特殊的转换时期内，保持一颗学习上进的心，才能顺利完成角色的转变。在转型的过程中，敬业、心态、诚信、礼仪是职场新人成功的四大法宝。

### 3. 全面完成角色转变

(1) 从思维模式上完成转变

大学生一定要清醒地认识到进入职场后，自己的社会责任、社会角色、社会义务、社会权利以及所处的环境都不同，应该按照新的环境和角色来约束自己，并承担自己该承担的责任。要把"以学为主"的思维模式转变成"以用为主"的思维模式。

• 不要把主管当老师

在学校里老师教授知识，可以容忍我们的小聪明甚至过失，而在职场上主管们担负的责任大不相同。在学校，考试不及格还会有重新学习的机会。而工作中，交代给你的重大任务不能按时、保质地完成，则可能造成重大影响。考试不及格，也许只是你一个人遭受损失，而任务没完成，受损失的可能就是整个部门或整个公司。所以，对主管，你负有一个员工的责任，如果主管要求严格，你需要服从、理解和宽容，而不是挑剔他/她的不是。

千万记住，在主管面前我们是员工，而不是学生。

• 不要把公司当学校

也许你在学校里成绩很优秀,组织能力很强,参加过很多活动,但你步入了社会,环境将比校园要复杂许多。

在职场上,首先,成功不是孤立的,你周围的环境、机遇与你的处事态度及经验一样,都是影响你成功的重要因素;其次,在工作中更强调团队精神和严谨的程序和规则,很多工作需要集体默契配合,集合大家的智慧和力量才能完成;再次,你必须面对人们相互之间在思维习惯、做事方式上的差异。因此,对于初入职场的新人来讲,你会发现由于工作环境的复杂,在工作上做出成绩远比在学校里取得理想的考试分数要艰难,远大理想可能与现实差得很远。

所以,对于新的职业环境,最重要的是以积极的心态去经历、去学习、去积累、去适应。读懂职业的规则,才能发挥自己的出色才能。

• 不要把职场当商场

职场中的出入绝不可能像商场中的出入那样随意,进入一个企业前要慎重,走出一个企业前更要慎重。

凡事应多分析利弊,尽早、尽快地确立自己的职业目标,职业生涯的变更应围绕着职业目标进行,同时要培养职业忠诚度,因为这种职业责任感会直接影响工作成绩。

(2)从心理上完成转变

学生心理是学习的心理,一切都向学,一切都感到新鲜,依赖老师,总觉得别人会原谅你、会帮你;在工作中,遇到不会做或者做不好时往往以自己是新学者为借口,总给自己留后路。

而职业人的心理是,为什么做不好? 我哪里做错了? 应该怎么改正? 自己会主动找原因和解决的办法,这是新入职的大学生要尽快改变的心理。

(3)在行动上实现转变

大学生的行动力,或者说执行力相对较弱,这是入职后要重点解决的问题之一。大多数情况下,企业需的不是思想家,而是实干家。所以,大学生要改变在校时高谈阔论、喜欢争辩的行为模式,而应把自己培养成一个行动高手。

不要总说自己是职场新人,刚入职场的时候,可能业务能力不熟,慢点没关系。但是,不要总是用自己是新人当作借口:我是新人,所以不会做。

职场生存的资本是业绩。所以,作为职场新人,必须快速提升业务能力,做出业绩才是我们的生存之本。

(4)在能力上实现转变

大学生入职后,经常会面对自己的工作和大学所学的不一致,即入职后,自己往往要"找时间"学习很多的东西,这一点是非常关键的。要成为一个令人佩服的职场高手,只有通过学习来提高。

但,单位招员工来职场不是来学习的,这是非常重要的一点,很多大学生或者职场新人忽视了这一点。

所以,职场上千万不要说自己是来学习的,老板和领导可能并不高兴,同事也担心你业务能力不熟,拖他们后腿。要提高能力,一定要充分利用下班后的时间学习。

（5）培养应对挫折的能力

受挫折者胜,逆境成才者大有人在,不要怕受挫折甚至工作上受到批评。很多时候都是自己同自己过不去,也许上级领导并非自己所想象的那样难相处,不要偏激地把别人的"严厉""难处"当成一种刁难;要当成前进的催化剂,或许领导和同事都默默地关注着你,期待着你的成功。

## 案例 5-2

### 不要像鳄鱼一样

心理学家做过这样一个试验:将一只饥饿的鳄鱼和一些小鱼放在水族箱的两端,中间用透明的玻璃隔开。刚开始,鳄鱼毫不犹豫地向小鱼发动进攻,一次、两次、三次、四次,多次进攻无望后,它不再进攻。

这时,拿开挡板,鳄鱼依然不动。它只是无望地看着那些小鱼在它的眼皮底下游来游去,放弃了所有的努力,活活饿死。

（资料来源:根据网络信息整理）

受了挫折怎么办?怨天尤人没有用,自暴自弃只会雪上加霜。最好的办法莫过于静下心来反思,从挫折中吸取经验和教训,使自己今后少走弯路。所谓"吃一堑,长一智",改换视角,收到触类旁通之效,对付挫折的高招往往来源于不断的应对和总结。

## 三、任务实现:请你开导他,怎样实现大学生到职场人的角色转变?

### 1.任务描述

现在虽然每天上班,接触同事,但是感觉有点迷茫和空虚,没有了大学时候的生机,甚至一个人坐在那里,连看书的欲望也没有。感觉过完今天,明天依旧这样,没有了盼头,很不开心。

请你开导他,怎样才能实现大学生到职业人的角色转变。

### 2.同学们分组,快速讨论

请结合本节所学内容,帮上面这位职场新人出出主意,看看大学生完成职场角色转变有哪些妙招,达到开导他的目的。

### 3.课堂分享

各小组安排1人分享小组讨论结论,其他成员可以补充,也可以分享不同观点。

## 四、任务总结:角色转变越快、越彻底,谋求发展的机会就越多

对于初入职场的大学生来说,从学校到社会,后者的环境更多样,人际交流更多元,竞争压力更大,因角色转换而产生的各种不适,都极容易成为压在大学生内心防线的最后一根稻草。

　　很多大学生职场新人在职场上感到挫败的关键原因之一，就是不能很好地完成角色转换。然而，要想做好角色转换也并不是那么容易的，要想成为一名合格的职业人，我们必须尽快做好角色的转变，将自己的"学生气"意识转换为职业人的意识，让自己尽快摆脱学生时代固化的一些思维，去更好地适应职场生活。

　　要完成从学生到职业人的转变，需要一个过程，积极的态度与良好的习惯仅仅是一个开始。这种角色转变越快、越彻底，做好工作、谋求发展的机会也就越多。

# 第二节 职场新人需要的心理素质

## 📖任务：职场新人如何提升自己的心理素质和抗压能力？

### 1.任务名称

职场新人如何提升自己的心理素质和抗压能力？

### 2.任务分析

职场新人需要练就强大的心理素质，也许每个人都有自己的妙招，我们共享一下吧！

| 实现准备 | 课堂活动 | 活动一：独立做项目的小东能挺住吗？ |
| --- | --- | --- |
| | 课堂讲解 | 职业生活并不完全像在校时想的那么美好 |
| | 课堂讲解 | 职场新人有哪些不良心理？ |
| 实现参考 | 课堂活动 | 活动二：你知道职场"草莓族"吗？ |
| | 课堂讲解 | 如何舒缓职场新人的不良心理 |
| | 课堂讲解 | 培养职场新人应有的心理素质 |
| 任务实现 | 课堂实训 | 职场新人提升自己心理素质和抗压能力的妙招 |
| 任务总结 | 课后思考 | 良好的心理素质在很大程度上会影响你的事业发展 |

## 一、实现准备：职业生活并不完全像在校时想的那么美好

### (一)活动一：独立做项目的小东能挺住吗？

#### 1.活动目的

了解职场新人需要什么心理素质。

#### 2.活动流程

(1)阅读材料

小东升职之后，开始可以独立接一些项目。以前都是作为项目的一员加入，所以尽管辛苦，但也还可以应对，现在要独立运作整个项目，他才意识到辛苦所在。从前期市场调查研究到最后PPT呈现，这其中环节众多而且十分复杂。小东第一次深刻地意识到了一个问题：世上没有免费的午餐，升职带来了加薪，同样也带来了加压。

虽然看似工作内容和以前没有明显的变化，但是现在事无巨细，都要自己考虑清楚。自己不再作为一个新人被经理指导了，只要自己犯了错，就需要独立承担责任。想到这里，小东就十分紧张，每天他都要喝上几杯咖啡帮助自己提神，即便如此，他还是感觉到自己的精神压力越来越大。

一天，出乎自己意料，小东的经理把一个新开发的大客户的资料给了他。同事们纷纷露出诧异的表情，对于这种客户，公司一向都是十分稳妥地处理的，这个新人虽然表现不错，但将这个级别的客户贸然交给一个新人，大家不禁都捏了一把汗。而作为当事人的小东，心里的压力更是十倍于周围人。

开始的一周，一切进展顺利，毕竟只是一些前期的基础性工作，但是小东每天仍感觉自己如同紧绷的弓弦般，精神丝毫不敢放松。第二个周末，小东终于做好了PPT文件，为

了稳妥起见,经理破例进行了一次预演,让小东先在公司内部给大家讲解一下方案。从没做过这项工作的小东从午饭之后就在反复看 PPT,紧张得连厕所都没有去过。虽然面对的只是公司同事,但这毕竟是他的第一次公开亮相。

下午 4 点半,大家准时到会议室集合,小东打开投影仪开始演示 PPT。虽然事先准备得比较充分,但是小东一开口还是声音有些不连贯。讲到一半的时候,一个同事忽然提问,这大出小东的意料,他愣住了足足有 30 秒,这让整个会场气氛陷入尴尬。小东过了半晌才就提问做出解释。剩下的部分,小东几乎都是磕磕绊绊,之前的提问无疑将他的紧张放大了数倍。

演示结束之后,小东被单独叫到了办公室,出乎意料,经理没有训斥他,而是微笑着说:"我知道你很紧张,但是我也知道为了这个项目你准备了很多,尽管刚才被提问的时候你愣住了,但是你的回答还是无懈可击。我想你还是过于紧张了,其实以你的实力,做这个事情不算什么。"

"我……"小东一时语塞不知道如何说才好。

经理接过话茬:"是你自己包袱太大了,虽然这个客户是新客户,而且是大客户,但是并不等于他有什么可怕的,只要我们做的东西足够好,跟他讲的时候就可以信心满满,毕竟我们拿出了他们需要的东西,他们应该感谢我们才对。"

"可是我怕到时候会搞砸!"小东踌躇道。

"这样吧,给你 3 天的考虑时间,如果你觉得自己不可以胜任,我就换人去讲解,不过项目都是你做的,没有人比你更了解,我希望你能做出正确的选择!"经理说完,小东走出了经理办公室。

是进还是退?小东被困住了,自己从头到尾做的东西,如果 PPT 交给别人演示,势必会丧失一个展示自己的好机会,但万一在讲解的时候出现重大失误,那么公司会遭受巨大的损失,自己也就会成为公司的罪人。到底该怎么办呢?小东正在烦闷的时候,一个电话响了,来电的是上次沙龙上认识的某公司的媒介经理陈升,这个人如今已经和小东十分熟悉了,时不时会约他一起去看展览和发布会。

"小东,听说这次我们公司的项目是你负责?"

"你说的是××那个项目吗?"小东有些愕然,想不到这个陈升居然跳槽去了这家公司做媒介经理。也就是说 3 天后,自己要给陈升演示。这个消息让小东松了口气,因为陈升这个人性格很随和。既然是熟人,那就没啥好担心的了。这个"意外"反倒帮了小东,他很快找到经理告诉他,自己去向客户介绍方案。

3 天后,小东信心满满地出现在某酒店的商务会议室。客户方的代表正是陈升。小东顿时彻底放松了,为时半个小时的讲解可以说很完美,讲解结束后,陈升提出了几个疑问,小东都一一解释清楚。会议结束,他们还在酒店的咖啡厅聊了半个小时,一切顺利,后来,陈升代表的客户公司与小东的公司签订了一份 500 万元的合同。

(2)快速思考

• 小东的心理过程,你能够理解吗?

• 如果不是遇到了之前认识的"陈升",你觉得小东能自己去完成整个项目吗?

### （二）职业生活并不完全像在校时想的那么美好

职业是指个体在社会中所从事的作为主要生活来源的工作。一个人从事某种职业，意味着其参与社会分工，利用专门的知识和技能为社会创造价值，以此获取合理报酬。

不过，职业仅仅只能满足物质生活需求吗？心理学家马斯洛在 1943 年提出的"需求层次理论"认为，人的需求从低到高依次分为生理需求、安全需求、社交需求、尊重需求和自我实现需求五种。该理论成为人们理解人类动机、需要的重要方向。

人的需求不仅是多样的，而且是逐级升高的。当低层次的需求被满足后，人们并没有就此停止，而是不断发展出了更高级的需求。通过职业，个体不仅可以获得物质报酬，还可以满足多种需求：

- 收入满足了一个人生存的需求；
- 理想的工作场所满足了其安全的需求；
- 融洽的组织氛围和同事关系满足了其归属的需求；
- 职业本身的晋升、工作成果得到评价满足了其尊重的需求；
- 能够从事自己真正具备天赋的职业，则可以发挥出自我价值，满足其自我实现的需求。

可以说，职场是实现个人价值、满足自我需求的奋斗场所。

那么，你是否一直以为，工作后就像电视剧里的某些精英一样，住大房子，开私家车上班，穿着光鲜亮丽，朝九晚五，一份工作认真干到底？

有这样的想法并不奇怪，因为大学阶段过的是一种单纯而有保障的生活，学习、生活、交际、娱乐都较有规律，在这样的环境里，容易萌发浪漫的情调和美好的理想，但这样的生活与现实社会自然存在一定的距离。

比如，普遍的办公室岗位都需要加班，有些公司的员工甚至在 22 点后下班。一些看似能准时下班的岗位，待久了又感觉要被社会抛弃了。自己的综合实力不强的话，工作中不敢轻易说不，工作的压力加上家庭压力，压得人喘不过气来！

另外，工作需要克服的是懒散，这是一些大学生比较普遍需要解决的问题，因为项目计划、工作安排都是有严格时间安排的，不能自由散漫，不能延期交付。

求职时，大学生雄心勃勃，说要为企业奉献才华，与企业共同成长；入职后大学生热情不再，说职场太复杂，实情跟原先想的根本不同。

中国职业规划师协会，针对工作年限在 3 年以内的 325 名大学生，开展了一项名为"快乐工作指数大调查"的调研活动，发现有 73% 的大学生不满意当前的工作，更有 81% 的大学生表示自己当前工作并不快乐，通过市场调查并结合采访情况，从中归纳出大学生初入职场最头疼的十大问题，这也是导致他们无法扎根于企业的原因所在。

#### 1. 工作压力太大

在学校过惯了悠闲读书时光转而进入职场，工作压力大是很多职场新人的共同感受。小张好不容易进了某 500 强企业，3 个月不到就离职了，问及原因，表示："工作压力太大，每天早上醒来，睁开眼睛，想起做也做不完的工作，觉得痛苦至极。打从上班开始我和男朋友总共才见了两次面，这哪是人干的工作啊！"

**2.缺乏工作兴趣**

每天的例行工作既烦琐又呆板,毫无成就和乐趣可言,无法快乐工作。财务专业的小刘刚过试用期就耐不住性子准备离职:"每天的工作除了登录财务系统进行填报,就是去银行存款、取钱,工作十分枯燥。我发现一点也不喜欢做财务工作的感觉,实在是受不了!"

**3.无法胜任工作要求**

"大学的知识掌握得挺好,但在实际工作当中却发现远远不够用,感觉达不到企业的高要求,这让我很忧心。"文秘专业的小美如是说。她去年一毕业就应聘到了某上市集团公司做总经理秘书,前几个月似乎干得还不错,但年末接二连三的总结和工作计划让她这个新人一时间倍感重负,根本喘不了气。

**4.薪资太低**

"一年来我任劳任怨,从早忙到晚,可每个月 2 800 元,交完房租除去吃喝,我连同学聚会都不敢参加。我有个同学一年跳了三次槽,每跳一回工资都往高了要,现在快多出我一倍了! 大家都很是羡慕。"学机械设计的阿勇向我们倾诉着他的苦恼。

**5.个人发展空间有限**

学习商务英语的梅子告诉我们:"老师常说,要降低就业期望值,到基层去,到民企去,到中小型公司去,可是我去的这家外贸公司也忒小了点,算上我一共也就 3 个人,一个项目做完后至少得闲上半个月才有新活,我觉得在这里几乎没有发展空间可言。"

**6.找不到发展方向**

学人力资源的马丽在校园招聘会上拿到了知名金融公司的人力资源助理一职,入司后才知道虽身处 HR 岗,但干的工作却与 HR 没有太大关系,主管安排她管理公司档案和印章,收发报纸和文件,有时还要兼顾会务协调,概括起来就是在"打杂",半年多过去了,她对自己的职业发展感到十分迷茫。

**7.职场人际关系复杂**

在广告公司工作近一年的李丽说,自己从入司到现在,每天在职场都小心谨慎,几乎很少跟同事说话。因为在她刚进公司时,同事简妮因为私下议论主管,第二天便被"炒了鱿鱼",从那以后她觉得办公室总有主管的耳目,人际关系骤然复杂。

**8.企业文化无法融合**

"我最受不了的是公司太拘于形式化。每天开晨会,周一开例会,周二学企业文化,周三内部培训,周四头脑风暴,周五项目讨论,动不动要交学习心得和体会,又是司庆又是纪念活动,还得应付领导来视察工作,务实的事干得太少,让人很难干下去!"证券公司职员小王这样感慨。

**9.知识有限,进步较小**

从事幼儿教育培训的李凤霞表示:"我在这家公司一年半了,原本是想通过这份工作来积累一定经验,为今后自己开亲子教育工作室做准备,但是来了一段时间后发现,学到的知识十分有限,没有达到我先前的规划预期。"

**10.经常加班,健康透支**

戴维在担任课程顾问的 2 年中从最初的喜欢到现在的放弃:"我最初是很喜欢这份工

作的，因为可以将适合的课程推荐给有需要的客户，感觉是在帮助他人，也十分有成就感，但是因为每月有业绩压力，导致经常加班，一天工作 14 个小时，根本没有时间休息，严重影响了我的身体健康，坚持不下去了！"

职场之路坎坷曲折，作为新人更要能经得起考验，受得了委屈，扛得住辛苦。大学生入职后遇到各种各样的问题是难免的，为自己做好职业定位，很多职场问题便会迎刃而解了。

### （三）职场新人有哪些不良心理？

从校园到社会是人生的一个重大转折，在这一过程中，面对新的环境、新的角色，以及单位激烈的竞争、复杂的人际关系等，许多刚刚走向工作岗位的年轻人难以适应，因而出现一些不良心理。不良心理不仅压抑了职场新人的潜能，还影响了他们的身心健康，因此克服不良心理对职场新人尤为重要。有哪些不良心理呢？

**1. 自卑心理**

职场新人容易产生自卑感，只看到自己的短处，缺乏应有的自信心，畏首畏尾。有自卑感的人，在社会交往中缺乏胆量，习惯于随声附和，无法发挥自己的优势和特长，没有自己的主见。这种心态如不改变，久而久之，有可能逐渐磨损人的胆识、魄力和独特个性。社会上，职业偏见是客观存在的，当职场新人遭受冷遇和歧视后，他们不论是对自己的职业还是对自己，都会产生一种误解和轻视，在与其他同学比较时，便不由自主地背上了自卑的心理负担。

**2. 焦虑心理**

高度的紧张焦虑，使得一些职场新人精力不能集中，甚至常常失眠和头痛。随着工作强度、难度和紧张度的加大，生活节奏也必须加快，一些独立生活能力不强的职场新人，在新的环境下不善于安排自己的生活，再加上工作任务繁重，常常陷入一种忙乱无序的状态。

上级交代的任务，没有完成或不顺利，心理便压上了沉重的负担，使得职场新人常常惴惴不安。工作中的问题已经让人紧张不堪了，复杂的人际关系和激烈的竞争又使得他们丝毫不能放松，时时处于紧张、焦虑之中。

**3. 浮躁心理**

刚踏入社会且喜好攀比的职场新人，看到与自己年纪相仿的同事加薪晋职，或者是身旁不少人挣了大钱，住上了新房，开起了汽车，就开始心浮气躁。工作安不下心，甚至盲目地跳槽。但受个人能力或外界条件所限，很多职场新人不能如愿，于是又陷入无尽的烦恼之中。长期在这种状态下生活，内心的和谐和宁静就会被打破，导致情绪紊乱。

**4. 抑郁心理**

习惯了校园集体生活的职场新人，工作后往往难以适应一个人的独立空间，生活单调而枯燥，没有了朝夕相处的朋友，让职场新人感到孤独。在新的环境中，他们因畏惧复杂的人际关系，或因缺乏人际交往的技巧，容易与周围的人发生争论、冲突，导致人际关系紧张，出现抑郁心理。

**5. 失落心理**

职场新人在工作初期带有很强的理想主义色彩，过于美化现实、美化职业，对工作生活的期望值较高,然而,这种一厢情愿的想法常常落空。当发现工作环境或工作条件比想象的差,自己得不到想要的待遇时,或者发现在单位没有被领导重视,自己的工作成果经常遭到同事或领导的否定时,失落和沮丧便会在内心油然而生,他们的情绪会一落千丈,影响继续努力的心。

**6.退缩心理**

由于走向社会前的自我评价较高,但社会评价却要低得多,这常常引起职场新人产生自我否定的心理。假如在工作中遭到几次挫败,就会自愧无能,失去勇气和信心,对自己是否有能力表现或做某些事情表示怀疑,结果可能会由于心理紧张、拘谨使原来可以做好的事情也做不好。

有的人认同外界对自己的低评价,甚至在以后的工作中胆怯畏惧,退缩不前,垂头丧气,耿耿于怀,以此避免自己的自尊受到伤害,缺乏视困难挫折为成功之母的信念。

**7.抱怨心理**

由于工作环境、条件、待遇等达不到自己的期望,或者是对工作或领导本身有不同意见但未被重视或采纳,因而表现出对现实的不满,要么在工作中牢骚满腹,要么以消极工作表示反抗。时间一长,工作满意度下降,内心就很烦躁,结果留给领导不好的印象,从而影响了升职和加薪,最后导致自己陷入抱怨的恶性循环中。

## 二、实现参考:如何树立职场新人应有的心理素质?

**(一)活动二:你知道职场"草莓族"吗?**

**1.活动目的**

了解职场"草莓族",职场新人莫当"草莓族",认识到抗压心理素质的重要性。

**2.活动流程**

(1)阅读材料

一个半月前,办公室新来了一名女员工。"她名牌大学金融专业毕业,又乖巧又文静,就是对她一句重话都说不得。"一次,她和同事一起处理数据时,多次把表格填错,主管指出她的错误后,她在电脑前先是流眼泪,接着竟号啕大哭起来,主管劝了半个多小时也没用。最后,大家只得加班帮她完成工作。

研究生小张的第一份工作是在一家IT企业当技术人员。上班第一天,部门主管招呼几名新人帮忙搬东西。小张立刻撒手不干:"我是来搞技术的,不是做力气活的。"第二天开始,他索性窝在家里不上班,并扬言"这种分工不清的公司不适合我"。一周后,公司人事部结束了小张的试用期,请他走人。

(2)了解职场"草莓族"

"草莓族"一词最先流行于我国台湾。一些职场新人外表光鲜亮丽,"质地"却绵软无力,遇压就抵抗不住变成"一团稀泥"。比如,一些职场新人上班迟到,理由是每天要睡到自然醒。他们工作要钱多、事少、离家近;自尊心又特别强,话稍微说重了就辞职不干。因此,用人单位常用"草莓族"形容这样的职场新人。

**3.建议:职场新人莫当"草莓族",抗压心理素质很重要**

"草莓族"大多家庭物质条件较为富足,许多人从小被父母呵护备至,因此很少有真正不顺心的事。在成长过程中,他们又多把精力集中在学习上,以致他们应试能力强,社会适应能力弱;业务水平出色,心理素质较差,碰到压力甚至是很小的挫折就会像草莓一样一压就扁。

当一些年轻人从摩擦较少的校园走上压力重重的社会,性格中"草莓"的一面就凸显出来。社会应给他们一份理解和宽容,给他们从"草莓"成长为"荔枝"甚至是"榴莲"的时间。此外,许多过来人也建议职场新人要及时调整心态,笑对压力和挫折。在某世界500强公司工作了一年多时间的小环告诉记者,自己活儿没干好被主管批评后,心情会很低落。但她会找个合理的方式,让自己发泄一下情绪,随后重新投入工作。

**(二)如何舒缓职场新人的不良心理**

其实,诱发职场新人压抑情绪的也许只是平常人眼中极小的事情,但对于他们却是"过不去的坎儿",但也有一些办法可以舒缓职场新人的不良心理。

**1.当遭遇这些暂时无法逾越的牵绊时,不妨给自己"放假"**

设法挤出时间,主动休息,放松心情。只有善于休息的人,才能生活愉快,提高工作效率。所谓文武之道,一张一弛,后退是为了更好地向前。

**2.寻找倾诉的对象**

将心中的郁积一吐为快也能达到心理释放的效果。与朋友聚餐、品茗、喝咖啡,彼此倾诉,获得对方的指点、宽慰;与父母、家人相聚,也有助于忘却心中烦恼。

**3.保持良好的心态**

要明白不管在学业、职场还是在生活中,遭遇挫折在所难免,生活不可能是一帆风顺的,重要的是我们应及时调整好心态,寻找问题根源,探求解决方案。同时,还应学会控制自己的情绪,以平常心去面对一切艰难险阻,并懂得在必要的时候给自己减压。

- 想想其他新人也都是这样过来的。
- 相同工作岗位,很多跨专业的人都会,自己只是缺乏经验。
- 放下自尊,多问问老师傅,虚心学习,掌握基本技能后很快就会适应。

**4.多做户外运动**

可以选择一些经济又环保的方式进行运动,例如,去爬山、观景,或者周末带上家人或朋友去附近郊区野餐,都会使巨大压力所产生的憋闷心情得到释放,继而增加自己的生活乐趣和对美好生活的热爱之情。

**5.用自己的爱好来填补自己的空余时间,忙碌时就会忘了焦虑**

第一份工作,可能只是让自己能养活自己的第一步,借这个机会,锻炼自己的学习能力、适应能力和与人交往能力,有了这些,加上自己专业技能的提升,以后的路就会越来越宽。

**(三)培养职场新人应有的心理素质**

**1.克服自卑,远离害羞**

很多有自卑心理的人,甘居人后,缺乏自信,无从发挥自己的优势和特长。自卑心理如果不克服,久而久之,就会逐渐磨损一个人的胆识、魄力和特征。所以,有自卑心理的人应该勇敢走出第一步,远离害羞心态,才能让自己的心理素质有所提高。

### 2.坚定的自信心

自信心就是对自己行为的正确性坚信不够,抱有必胜的充分信念。职场新人应相信自己能够胜任工作,相信自己能够战胜各种困难。

无论身处顺境还是逆境,始终保持必胜的信心,职场新人只有对自己充满信心,才能感染周围的人。而缺乏自信,就会在工作中缩手缩脚,遇难而退,坐失良机。因此,自信心是一名合格职场新人应当具备的基本条件之一。

自信不是盲目的,不是超越现实的无根据的自信,而是在自我认识和自我评价基础上建立起来的自信。职场新人要全面深入地了解自己的各个方面,并对各方面进行分析、比较、判断,弄清自己的长处和短处。

哲学家卢梭说:"自信对于事业简直是奇迹,有了它,你的才智可以取之不竭。一个没有自信心的人,无论他有多大才能,也不会有成功的机会。"自信心是职场新人的精神支柱,它能使职场新人激发出极大的勇气和毅力,敢于面对挑战,在困难面前临危不乱,处变不惊。职场新人要用自己的自信和积极进取的精神,展开我们的各项工作。

### 3.理性看待学历的光环

(1)学历就像敲门砖,不代表智商而代表态度

经常有朋友吐槽,自己能力明明不差,但是找工作的时候却会被一些硬杠阻拦。比如工作年限,比如北上广户口,再比如性别……当然最常遇到的还是学历要求。要求本科以上学历、研究生以上学历,双一流院校或专业院校毕业。学历就像一块敲门砖,将我们阻挡在自己理想的职业面前,望之兴叹。

学历为什么会成为企业筛选人才的硬性指标?研究生、本科、大专,不同学历难道工作能力就天差地别吗?非也。企业以学历为区分,看重的不是其背后的智商差别,恰恰相反,低学历者在很多智力比拼上可以碾压名校出身的人。企业看重的是学历背后,人才体现出的自律能力和为了目标愿意付出的努力。

不可否认,在我们现行的教育体制下,考上大学,进入名校,一定程度上代表了这个人十年寒窗的努力程度,而这样勤勉的态度,也是工作中必不可缺的。所以,学历至少可以说明一个问题,就是是否足够努力,是否有足够强的学习能力及态度。

而我们所应看开的是,这个世界上无论任何事情,都会有准入机制和门槛,我们可以选择改变自己,迈过那一道门槛;如果这道门槛迈不过去,或者无心参与千军万马过独木桥之战,就只有选择绕路而行,用自己的能力证明自己的价值,这就是"方向对了,不怕路远"。

(2)学习是终身的修行,改变的是自己看待世界的方式

学历不能决定未来,但在获得这一学历的过程中所学到的东西真的会决定我们的思考深度。如果不深入学习,别人能看见我们看不见的东西,可悲的是我们却并不知道。

在不断深造的过程中,人的世界观和价值观会随之变化,考虑问题的方式也在潜移默化发生着改变。先人一步找到解决办法,快人一步抓住商机,这样的优势不仅来源于我们的经验,也来源于我们读过的书、走过的路、结交的朋友圈子,而这些都是不断学习带来的。

换句话说,我们可以不去考研、考博,但是我们一定要学习,一定要成长。知识可以让

我们学会换个角度看问题,这样的效果往往是惊人的。

(3)学历不是一生的依傍,能力才是硬道理

学历很重要吗? 的确重要。学历是万能的吗? 万万不能。

在我们仍处于基础岗位的时候,一纸文凭会为我们求职保驾护航。但是五年后呢? 是否还以出身论英雄? 归根结底,人在职场行走,能力才是最重要的。

人可以靠学历锦上添花,但是却必须靠业绩站稳脚跟。日益市场化的现代大都市早已经没了"铁饭碗"之说,将自己的学识转化成实力,善于推销自己,才能遇见伯乐,驰骋职场,让事业蒸蒸日上。

(4)入职后不再关注学历,聚焦工作成功

一旦进了公司,就鲜有人再关注学历的事情了! 学历的高光,仅限于入公司作为通行证的那一刻,而在入职以后,不管你是双一流还是普通高校,哪怕来自清华、北大,统统看业绩说话,业绩不好,那就末位淘汰。

入职后,每个人都奔赴在完成个人目标的路上,不会再比拼学历。

如果周围的人学历差,自己的学历好,要好好利用自己可能的优势,抓住未来的好机会。比如,可以利用大学的人脉资源增强工作成果,让最终的工作成果为自己的升职加薪提供支撑。

如果周围都是名牌大学毕业的,学历上优于自己,这时,就更应该把压力当作督促自己前进的鞭子,不要放弃任何学习提升自己的机会,用工作上更好的成功证明自己。

所以,入职后无论学历高低,要不自卑也不自负,不得意忘形也不嫉妒仇恨,聚焦工作成果,努力让自己变成更好的人。

(5)钻研感兴趣的领域,做真心热爱的事业

我们不得不承认,很多时候行走职场,学历确实不可或缺。但我们读书是为了明事理,考试是为了证明自己,深造则是为了更快地实现自己的人生理想。

说到底,学历是一种手段和工具,最终的目的,是钻研自己感兴趣的领域,做我们真心热爱的事业。只有自己真心向往,才能无怨无悔,而只有持续不断地提升自己,梦想才能真正开出花来。

4. 带着激情去工作,有成功的欲望

热情是一种强烈的情感,是一种对人、对工作、对信仰的强烈情感。一个对工作不热情的员工不能以高质量完成工作,更不能创造成就。只有真正对自己的愿望充满热情的人才能把自己的愿望变成美好的现实。

职场新人的工作肩负着公司或组织的伟大使命,要面对的将是一个个陌生的面孔,要开拓自己的一片片领地,克服各种困难和挫折。我们为什么能坚持下来? 因为有了成功的欲望!

只要这种欲望之火还在胸中燃烧,不管学历如何,年龄大小,性情怎样,我们就都有了成功的基础。应该说,优秀的职场新人,都是在这种欲望的驱动下走向了成功。

5. 适应,适应,再适应

进入职场,尤其是进入企业职场,就得想办法在职场上立足。

职场是一个环境。比如企业职场环境,包含着各种复杂的要素,有企业的运行规则,

也就是规章制度,这是每个人必须遵守的行为规矩;有工作团队,如岗位、班组、部门,工作团队有企业规定的工作职责,这是团队和岗位必须承担和完成的工作任务及考核指标;有劳动的专业分工,包括各种技术专业、各种业务专业和行政事务专业等,每一个岗位都是劳动专业分工的一个环节,每一个工作团队都是劳动专业分工的一个模块,这些要素的有机组合构成了企业职场环境。

这个环境对每个人提出了最基本也是最重要的要求,就是每个人必须要与其他人发生工作联系,也就是必须与他人在工作中进行协作,共同完成某项工作任务。也就是人们常说的,人和人之间是上一道工序与下一道工序的关系,相互支撑,相互服务,谁也离不了谁。

在这种环境下,有两种规则必须遵守:一个是企业的规章制度,具有强制性,这是明规则,对每个人产生强制约束,每个人必须遵守,如果违反就会受到惩罚,包括被处罚乃至被解聘;再一个是人与人之间的关系,包括与上司的关系、与同事的关系、与下属的关系,具有隐形性,对每个人产生无形约束,每个人必须遵从,如果违背就会碰到挫折,包括被边缘化。因此,在如此环境下每个人都必须抛却"自我",也就是把"本色的我"转换成"职场的我"。

也就是说,职场人要主动地遵守职场的规则,不管自己觉得高兴还是不高兴,不管自己觉得清爽还是"太累",都要主动地融入环境,也就是两个字"适应",只有适应环境才能实现谋生的目的和目标。反之,如果不去主动适应环境,而是抱怨环境、抵触环境,就会失去立足之地。

所以,适者生存,这是大科学家达尔文揭示的生物学规律,同样适合当下人类社会的职场,所以,要"适应,适应,再适应"。做到了"适应,适应,再适应",那不仅会实现生存,还更能够实现"做自己"的梦想。

6. 敢于竞争,善于竞争

当今的时代,竞争机制已经渗入社会的各个领域和人生的整个过程,因此,要敢于竞争。

善于竞争就是想在工作中取得成功,仅仅敢于竞争还不够,还必须善于竞争。善于竞争体现为具备良好的心理素质、实力和良好的竞技状态。

7. 以良好心态正面看待挫折

挫折是人生的必修课,是人生必经之路,是人生的财富。经过挫折的磨炼,人就拥有坚强有力的翅膀,拥有灿烂辉煌的未来。

面对挫折,人们先想到这挫折带来的是不便和困难,当认识到让人愤怒和沮丧的挫折带来的不过是一种不便,我们就会更容易采取积极的态度去面对它。

人在职场,随时要面对很多突发状况,如果没有良好的心理状态,那么在事业上永远都只能是平凡微小的那一个。很多的成功人士,都拥有良好的心理素质,在遇到挫折和困难的时候不气馁,紧张和害怕的时候不退缩,这才是他们成功的秘诀。

### 三、任务实现:职场新人提升自己心理素质和抗压能力的妙招

1. 任务描述

我们在生活、工作等某些场合难免紧张不安,脑中空白,做事畏首畏尾,或者把事情做得一团糟,让人头痛不已,这该怎么办呢?

其实,这就是没有足够好的心理素质造成的。同样,进入职场,才发现学校的单纯,才发现只有老师和父母会无条件地原谅自己的错误;一旦进入职场,所有的错误都必须承担责任,都必须付出代价。除了慢慢适应,通过不断的改正错误来磨砺自己的内心,有没有快速提升自己内心承受压力的方法?

同学们分组,快速讨论,收集提升自己的心理素质和抗压能力的妙招,并总结出来。

### 2.课堂分享

各小组安排1人分享小组讨论结论,其他成员可以补充,也可以分享不同观点。

### 3.方法分享

提升心理素质和抗压能力的方法

提升职场心理素质和自己抗压能力的方法很多,扫描二维码,了解一些方法,希望可以帮助到你。

## 四、任务总结:良好的心理素质在很大程度上会影响你的事业发展

心理素质是综合素质的一个重要组成方面,对于职场人来说,良好的心理素质在很大程度上会影响你的事业发展。作为一个职场新人,在培养能力和处理人际关系的同时,培养自己的心理素质也十分关键,因为每个人要取得成功都必须学会面对压力和承受压力。良好的心理素质是人生的一笔重要财富。

### 1.要不断丰富自身阅历

心理素质差的本质原因就是阅历不够,为什么一些成功人士的心理素质极佳,就是因为他们的阅历是丰富的,而且非常全面。

因此,年轻人要提高心理素质,最关键的就在于要不断丰富自己的阅历,不断接触新的事物和人。

### 2.要正视失败

不断地遭受失败,不断从失败中找到原因,那么,下次就可以尽量避免失败,也就说明自己的心理素质在慢慢提高了。

培养心理素质的关键就是要解决怕失败的心理,因为一直担心自己会失败,那自己就不敢去尝试,那么,等来的结果很可能就是失败的结局了。反过来说,都已经知道自己是肯定失败的,那又怕什么呢?既然已经是失败的了,那就把这次当作练习,经过几次练习过后,自己的心理素质应该会有质的飞跃。

### 3.要不断总结失败经验

只有通过不断总结,才能看清自己到底哪方面不足,进而去改善它。习惯总结失败的教训可以让我们在下次尝试的时候充满信心,而信心充足将在很大程度上促使我们走向成功。

作为年轻人,阅历少并不可怕,经历得多了,心理就会慢慢成熟。挫折和失败其实是人生最大的一笔财富。

# 第三节　职场适应

## 任务：试用期有哪些常见"坑"绝对不能踩？

### 1.任务名称

思考并收集试用期有哪些常见"坑"绝对不能踩。

### 2.任务分析

了解试用期的相关规定，保护合法权益。学习职场新人怎样度过试用期，再利用所学或网络收集相关资料，完成本节任务。

| 实现准备 | 课堂活动 | 活动一：试用期，可以随便被辞退吗？ |
|---|---|---|
| | 课堂讲解 | 了解试用期相关规定，保护合法权益 |
| 实现参考 | 课堂活动 | 活动二："我"还没过试用期就被"炒"了 |
| | 课堂讲解 | 上班第一天需要做什么准备？ |
| | 课堂讲解 | 适应职场角色——试用期员工 |
| | 课堂讲解 | 职场新人的注意事项 |
| | 课堂讲解 | 你靠什么在单位立足？ |
| 任务实现 | 课堂实训 | 请收集试用期有哪些常见坑绝对不能踩 |
| 任务总结 | 课后思考 | 试用期是检验新员工是否符合岗位要求的试金石 |

### 一、实现准备：了解试用期相关规定，保护合法权益

#### （一）活动一：试用期，可以随便被辞退吗？

#### 1.活动目的

了解试用期的相关规定，懂得利用法律保护自己的合法权益。

#### 2.活动流程

（1）阅读材料

新入职公司，基本都要经历试用期。试用期不合适，被辞退很正常的，但是有些公司却因为这个动起了小心眼，比如先招一、两个人来干事，然后试用期快到时直接辞退。或者有的公司可能会多招聘两个人，然后进行竞争上岗，谁好留谁。那么，试用期真的那么容易被辞退吗？

（2）同学们分组，快速讨论

• 试用期真的那么容易被辞退吗？

• 请给出试用期能否容易被辞退的原因。

（3）课堂分享

各小组安排1人分享小组讨论结论，其他成员可以补充，也可以分享不同观点。

#### 3.参考观点

对于正规的大公司，可能基本上都是"请神容易送神难"，如果辞退某个人，在试用期都会特别注重规避法律风险。然而有很多中小型企业就不一样了，甚至有些企业，签订试

试用期，可以随便被辞退吗？

用期劳动合同，或者直接说一句"你试用期不合格"就完事儿了。这个肯定是不合法的。具体法律条款怎么规定，请扫描二维码了解。

### （二）了解试用期相关规定，保护合法权益

#### 1. 试用期应该多长？

有关试用期的问题，前面我们已经讲过，这里再强调一次，很多企业都普遍将试用期设置为3个月，但是，前提是企业和劳动者需签3年以上合同才会有这个时长的试用期。试用期的长短也在劳动合同法里有严格的要求，最长不得超过6个月。

- 合同期3个月以上不满1年的，试用期最多1个月。
- 合同期1年以上不满3年的，试用期最多2个月。
- 合同期3年以上或无固定期合同，试用期最多6个月。

并且，同一用人单位与同一劳动者只能约定一次试用期。

#### 2. 试用期的工资应该拿多少？

很多人都不知道，试用期间的工资是有下限的。很多人都觉得转正之后工资是很满意的，即使企业开出了一个低于法定标准之外的工资，也欣然接受，殊不知自己的利益已经被侵犯了。

➤试用期的工资不得低于本单位相同岗位最低档工资的80%，或者不低于劳动合同约定工资的80%。

➤且试用期工资不得低于用人单位所在地的最低工资标准。

而劳动合同约定的工资，是指该劳动者与用人单位订立的劳动合同中约定的劳动者在试用期满后的工资。

#### 3. 试用期间缴纳社保和公积金吗？

按照法律规定，这应该在员工入职后30日内办理。也就是试用期间，企业是应该为新员工购买社保和公积金的。

按照实际工资水平核定社保缴费基数，即职工缴费基数按本人上年度月平均工资核定，用人单位新增职工按本人起薪当月工资核定，少缴、漏缴均属于违法行为。

"我们单位人事说社保费基数少一点，我实际工资可以多拿点，我想想觉得好像挺划算！"

可不要这么想！你工作时缴纳社保费基数的高低会直接影响各项社保待遇，特别是养老金。而且不按实际工资收入缴纳社保费也是违法行为，损失的可都是自己的权益！

另外，签合同员工自愿放弃缴纳社保属违法行为。"单位说我要是自愿选择不缴纳社保，省下来的钱可以直接发给我呢，听起来很吸引人！"

不能信！这可是违法行为。按规定为员工缴纳社保费是单位的责任，更是义务。虽然现在看起来拿到手里多点钱，但以后万一生病了、工伤了、失业了、老了干不动了，没有社保的保障可是损失大了。而且，今后后悔了想再补缴也难，国家多次强调不得以事后补缴的方式增加缴费年限，这是自身的权益，从长远来看是得不偿失，千万不要听信这种话！

#### 4. 一定要签订劳动合同

办理入职之后，一定要签订劳动合同。按照劳动合同法规定，企业应该在员工入职30日内与其签订劳动合同。这是对双方的一种保障，万一在工作上产生纠纷，就是"口说

无凭",自己的利益得不到保障。

劳动合同的约定期限应包括试用期在内,而不是从试用期结束后开始算。

签订合同时,要看清楚相关条款,如工作地点、工作调动的条件、薪资支付形式,比如,只能接受货币现金,不能以其他物品抵扣,双方的责任和义务等,请确认相关条款符合劳动法的规定。

一定要了解自己的工资构成都包含哪些,如基本工资、补贴、绩效工资等,缴费的有哪些,社保和公积金个人的缴费比例是怎样的,如果有疑问,一定要认真提出,警惕被企业恶意扣钱。

### 5.人事档案保存

与国家机关、事业单位、社会团队签订劳动合同或者聘用制的员工,转换工作单位的时候,不要忘记开调档函把档案调走。非公有制企业的员工,在人力资源与社会保障局存放好。以目前的退休制度,提取档案是前置条件,否则,无法启动退休程序。

## 二、实现参考:试用期指南——职场新人的关键90天

### (一)活动二:"我"还没过试用期就被"炒"了

**1.活动目的**

了解"我"被"炒"的原因,吸取职场新人试用期的工作教训。

**2.活动流程**

(1)阅读案例

去年4月,我找到一份工作,试用期2个月,那时还没毕业,想着过完试用期转正,刚好参加6月的毕业典礼,然而,我计划得太美好。就在6月,我毕业的时候,我失业了,还没过试用期就被"炒"了。现在想想,为什么会被"炒"?有那么几个原因吧。

• 不主动

刚来实习,都很闲,一般没什么事可做,所以,我就在电脑旁边点点新闻,上上网。没事干时,应该看看相关的资料,研究人家是怎么做事的,所以有几次就听到领导跟我说:"你是不是没事干呀?那你要说话呀,不然,我不知道你没事干。"

• 不会做人

我们部门有那么几次聚餐,"餐桌礼仪"就是新来的要主动地斟茶倒水,主动帮人添饭勺汤,但我没有,就坐在那。

后来想想,为什么部门的姐姐叫我们带回点东西给她?我心想:"自己过去吃不是更好?想吃多少吃多少。而且为什么找我帮忙?"平时,我在办公室也闷不吭声,不参与话题讨论。尽管想着不管怎么也得搞好关系、活络人脉,但我不是那种人。

怎么说呢?我当时还没毕业,是一张白纸,有些问题难免不清楚。比如,主管给我任务,叫我查往来账,我实在不懂,就问了句,她大声说:"往来就是账!"我在她的帮助下完成了任务。所以,能不能留下来,会做事是铁律,如果还没有做事能力的话,至少要让领导看到你想要做事的态度,肯学踏实。

(2)快速思考

• "我"总结了被"炒"的主要原因,你觉得"我"还有哪些不足?

• 对你有什么启发？还有哪些经验教训可以被吸取？

（二）上班第一天需要做什么准备？

**1. 提前准备好简短的自我介绍**

因为加入公司的某个部门，需要快速介绍自己，并且让同事有兴趣来跟自己交流。注意要格式清晰，语言简练，不要像写作文似的发一大段正式书面讲话，这样可能还会带来减分。

**2. 出行准备**

上班第一天最重要的就是要确定好上班路线和出发的时间，第一天绝对不可以迟到，最好提前半小时抵达公司。这半小时里，可以了解下公司附近的环境，看看便利店、餐饮店、咖啡店在哪，查看公交路线等。做好今后上班时间的规划，预留出时间，宁可提前到公司等待也比迟到要好。

**3. 资料准备**

第一天，需要办理入职手续，可能会需要用到身份证和一英寸照片，以及 HR 通知要带的相关证件。办理入职手续，尽可能把需要的东西都带上，比如突发状况，需要用到的本子和笔。

新人入职被领导接见，都会有或长或短的面对面交流。这时候打开随身携带的笔记本，认真记录下领导的讲话，不仅会给领导留下认真、专业的印象，更重要的是，在入职第一天结束回到家时，可以再翻开看看记录下的讲话，仔细回想一遍领导当时说了什么。

办理好入职手续，一般公司会先带新员工了解下公司的环境和整体大概的业务流程，很可能需要记录相关的一些内容和注意事项，主管可能还会告诉工作职责、工作清单和考核标准等，都应该记录下来。当然还包括自己的一些疑问，这些疑问可以向今后经常工作往来的同事慢慢了解，求得解答。

需要注意的是，第一天就是要使自己尽快融入这个环境，利用最短的时间收集自己工作需要做的所有的事情，以便让自己立刻融入这个工作环境中。

**4. 形象准备**

上班第一天穿着打扮是很重要的，要干净整洁，衣服不能有很多褶皱。最好随身携带一瓶口腔喷雾保持口气清新，如果是女性可以化淡妆，但不要化浓妆，最好不要用香水。具体怎么穿还要结合自己的工作环境，比如，金融行业会要求西装革履，而互联网行业则较为舒适休闲。

**5. 工具准备**

上班第一天要给人留下专业、靠谱的好印象，并且提高自己的工作效率，那有些工作软件就必不可少。

• Office：Microsoft Office，当然 WPS 也不错。

• 邮件：Outlook，显得专业。

• 思维导图：X-mind，里面有很多模板可以用，界面也很清新。

还有一点很重要，要跟同事主动交流，快速熟悉起来。简短地介绍自己，并与对方互动："初次见面，请多关照。"

在上班的第一天，尽快搞清楚自己的岗位职责和考核标准，即需要做什么、达到什么程度,这才是上班第一天应该搞定的任务!

### (三)适应职场角色——试用期员工

试用期是用人单位和劳动者之间相互了解的过程,用来确定对方是否符合自己的招聘条件或者求职意愿而定的一个考察期。

用人单位维护自己利益的同时,考察劳动者是否符合录用要求,是不是适合当前的工作岗位,避免给用人单位造成不必要的损失。同样,对于新招收的员工,在考察期内,可以通过具体工作来考察和感受用人单位的工作内容、劳动条件、劳动报酬等是否符合劳动合同的规定以及自己个人的心理预期。

为了更真实地表现自己,职场新人的最佳形象就是勤快、踏实、好学。勤快就是行动及时:先完成领导交办的,再完成同事交办的。

90天里学什么、干什么、交什么作业、得到什么,是需要好好规划一下的。

#### 1. 解决目标定位问题:试用期的目标是生存

根据职场目标的生存、积累、发展实现三个职业阶段的划分,90天的目标就是生存,更高的目标预期是危险的,有人想要一鸣惊人、有人想要被刮目相看,还有人急于一显身手。但任何与新人身份不符的愿望、举动都是愚蠢的。

同时,也可以思考自己的职业生涯路线,如图5-1所示。

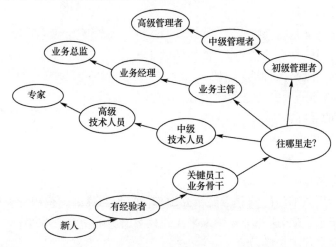

图 5-1　职业生涯路线

#### 2. 解决立足的问题:认真了解企业文化,遵守公司章程

每家公司都有林林总总的成文或不成文的制度和规则,它们融洽在一起,就构成了公司的精髓——企业文化。想迅速融入环境,在公司里如鱼得水,就要对这些制度、规则烂熟于心,严格遵守。初来乍到,切莫逞英雄,天真地想去改变公司现有的文化,这样只会给自己惹来麻烦。

每家公司都有自己的规章制度,有些是无论在哪里都必须遵守的,比如不迟到、不早退、办公时间不打私人电话等。也许没有人因早下班10分钟而指责你,但领导的眼睛是雪亮的,如果在这种小事上栽跟头,可真是得不偿失!

### 3.解决心态问题：低姿态、主动的生存心态

低姿态、主动才是生存心态。企业，特别是中小企业，未必会提供员工培训流程，也未必会像对待客户那样准备好学习所需的资料和文件，更未必会像对待专家那样安排一个理想的工作环境。面对这样的现实，职场新人不应挑剔、评价、质疑或解释规则，而应主动适应。

下面这些心态，千万不要带到公司。

（1）把公司当跳板

- 对工作不利——难出成绩。
- 对自己不利——拔苗助长。
- 对单位不利——半途而废。

（2）感叹怀才不遇

这个时候停下来，做这样几件事：

- 重新评估自己。
- 检讨自己的能力。
- 拿出其他专长。
- 营造更和谐的人际关系。
- 强化自己的才干。

（3）无休止无意义地抱怨

控制自己的情绪，做生活的主人，做情绪的主人。

（4）做一天和尚撞一天钟

有做一天和尚撞一天钟心态的原因：

- 缺乏明确的目标。
- 没有职业危机感。

### 4.解决执行力问题：尽快行动

（1）尽快熟悉岗位职责和KPI要求

一般情况下，用人部门的领导会简单介绍部门工作和你的岗位职责。这时候，就拿出准备的笔记本，记录下来，这些都是跟未来工作内容息息相关的。如果部门有现成的岗位职责文档，可以要来仔细地学习。

主动问一下，自己岗位以及部门的考核标准，也就是KPI要求。既显得上进，也能让自己提前对工作方向有大概的了解，快速找到自己的定位。

（2）建立人和，熟悉环境

在10天内认识同部门的所有人，在30天内认识与工作有关的绝大多数人，以20人为底线。不仅仅是自己认识他们，更重要的是也让他们认识自己，这个并不容易。在这个过程中观察工作流程、组织环境，找出自己的"职场贵人"。

交际上，礼貌、微笑，多称赞别人，真诚地赞美，真心地关心他人，学会并认真倾听。千万不和别人狡辩，面对别人说自己的不是，记得先说谢谢，不要直面指责别人的错误。不要以命令的口吻说话，更不要命令别人，给别人要留面子……只有做到这些，才能为自己快速融入这个部门环境打好坚实基础。

到了一个新的单位,在对老员工们之间千丝万缕的复杂关系没有一点认知的情况下,建议找到一个有一定影响力的同级员工多交流。同时,处事低调,积极主动一些,不怕脏累。但切记不要刻意表现,尤其是不要在刚入职就表现给老板看一些其他员工都没做到的事。

(3)进入工作

工作环境内的任务、挑战、意外、新客户、加班、会议,甚至是别人推过来的杂事等,都是有益的机会,能为自己带来操作经验和小小的成功体验,甚至会带来表现的机会。

别去思考哪些是分内,哪些是分外,力求干好每一件小事,哪怕是收寄快递。因为任何一件事都有人在冷眼旁观,暗自评价。因此,这个要点贯穿整个 90 天。

- 每天多做一点点。
- 主动找事做,而非等事做。
- 做问题的解决者,而非问题的挑剔者。
- 拿出自己的执行力。

(4)恰当表现

恰当表现不是前面说的刻意表现。职场新人的最佳形象就是勤快、踏实、好学。勤快就是行动及时;踏实则表现在不挑拣、干活有始有终,圆满完成。

好学很重要,与新人的身份最相称。一个就是问,问专业、问要求、问不足,记住要过了脑子再问,重复请教简单常识问题会让人质疑你的努力。另一个就是对公司资料的研究学习,还有外语学习。

(5)远离人际是非

进公司不出 10 天,很快会听到和感受到一些事非。多看、多想、多做、少说是对新员工的忠告。首先,在缺少完整的信息来源之前,哪怕逻辑周密的天才,都无从做出正确判断。其次,组织环境的任何变化,都与自己的生存目标暂时无关。最后,卷入是非的新人是最容易受伤的。

不要套近乎,新人切忌用力过猛!套近乎、问隐私都是大忌。刚进入团队,正确的做法还是多观察、多学习,少说多做。职场之路,走得稳比走得快更重要,来日方长。

(6)不要玩手机

再无所事事,也不要玩手机。可以的话,手机尽量调静音,有些办公环境极其安静,尤其上级在布置任务的时候,不要让手机铃声成为"主角"。

(7)每天下班总结

写一份工作日志,自己今天都做了什么,最好也写上自己的收获。把自己今日份的成长记录下来,不断给自己正向反馈,强化自己的信心。

将工作日志写清楚,也能够在开周会的时候展示自己的努力和成果。

5. 解决去与留的问题:双向选择

一个 30 天,企业发放了承诺工资,就踏踏实实地工作下去。如果企业不能按规则行事,就要警惕,最多再看 30 天,再不行,就果断下决心离开。一个缺少信用的组织绝非职业成长的健康环境,对新人来说也不例外。

试用期的设置,让求职者进入了一个实战的环境中,如果细心观察,就能进一步了解自己与企业或岗位的匹配性。如果此时发现不合适，提出来，对双方都有好处。

### （四）职场新人的注意事项

#### 1.克服自我否定

假如你是职场新人，看看下面这几条，有没有符合你想法的：

- 想和领导汇报工作时，跟自己说：领导太忙了。
- 要找领导问问题时，担心被认为悟性太差。
- 自己有个新点子或想法时，觉得"领导肯定不同意这么做"。

这些都是自我否定在职场中的典型表现，这种自我否定在在职场中非常常见，而且很误事。因为如果只是认为自己实力不够而拒绝任务，也只是失去了一个锻炼自己的机会，但是，因为沟通不及时而导致工作延误，会影响整个团队。

由于工作经验不足，再加上现在的人越来越不愿意麻烦他人，所以职场新人很容易就封闭自己，陷入自我否定，严重者还会产生焦虑。但实际上，这些完全都是个人的主观想法，领导真正怎么想，你完全不知道！

所以，当自己要和领导沟通时，与其跟自己说："领导太忙了"不如直接跟领导请示一下：领导，能不能占用您3分钟时间，我很快跟您同步一下工作进度？主要是让您知道一下我具体在做什么，我也能确认一下我的工作方向没有错，以免延误公司业务。或者要问问题时，带上自己的调查与思考：领导，有个问题我想向您请教一下。我在某某专业论坛、社区与专家交流过，对方给出的建议是……所以，我是这么思考的……我的预期是……但是我担心是否符合我们的具体情况，能给我一些建议吗？

注意，自己能找到答案的问题，就自己查找；不得不问领导问题时，问题一定要具体，最好要有场景。"如何快速提高逻辑思维能力、工作效率"这种又大又宽的问题，就没必要去问了。

对于领导来说，在不影响工作进度的情况下，有个经常来问问题的手下并不是坏事：他会了解这个员工在做什么，做得对不对，这对领导自己也很重要，因为手下的工作也会影响他的业绩；他也会更了解每份工作中的困难，因为很多任务在布置的时候，领导并不很清楚其中的成本和难易度。

对职场新人来说，克服自我否定好处更多：让领导记得自己；展现自己的上进、思考、沟通能力等。

#### 2.学会和领导沟通

职场中，和领导沟通是一门学问。2016年的盖洛普《全球职场环境调查报告》显示：一半的美国职场人士曾为了离开领导而离职，在欧洲、亚洲、中东和非洲职场人士中，这一比例与美国的情况相近，甚至更高。

想要和老板高效沟通，首先要知道领导的思考方式。

- 领导是结果导向的

领导关注能影响利润的东西，也就是工作结果。所以，他关心的是员工能否解决问题和交付需要的结果，至于工作过程中的艰辛，为团队做了多少贡献，也许能感动他，但未必是关注的重点。

**• 领导信任已经证明自己的员工**

领导会把更多工作交给能胜任当前这份工作的人，无论你觉得自己多厉害，只要你还没有通过手头工作成果证明自己，老板都难以信任你。

信任与权限永远是一个逐步递增的过程，所以，在这个过程中，有件事必须向领导证明：自己是值得信任和托付的人。因此，必须做好自己当前的工作，比如，公司已经安排了一个营销方案给你，那你就做好它，拿出好的交付结果，这是能证明自己值得信任的机会。

新人在职场中还会遇到一种常见情况，就是领导会突然给新人排任务，如有问题，一定要向领导问清楚。如果领导认真地回复，并且能感觉到清晰的做事规划和业务逻辑，这个领导就值得向他学习，而且他也比较重视你。

**3.学会和同事沟通**

和同事沟通，注意下面几点：

（1）就算是新人，和同事也是平等的

这意味着不用对前辈们唯唯诺诺，做事低他们一等。同时，也不能把自己当孩子，放纵自己，该遵守的规矩和礼仪一个都不能少。

（2）虚心请教，不耻下问，但要适时，尽量做到自己多分析思考

在新的工作中，自己刚来回面对很多的未知，如果什么事情都去问就会影响到他人。

如果问了同事 A，同时一会儿又问同事 B，有时会使人不快。所以，有问题尽量去问给自己指定的引导培训人，或者适时地找自己一直想多接近的、有影响力的优秀员工。并且要多总结，切忌一个问题问多遍。

请记住，要感谢老员工所授予的点滴，帮解答的任意一点问题都要致以感谢。

（3）聚焦自己的工作，按时交付，必要时为别人提供帮助

聚焦自己的工作、按时交付是必须的事情，这里不再赘述。

在不影响自己的工作和指标的前提下，多多帮助同事解决问题，一是横向扩展一下自己的知识，二是建立友好的同事关系。而且作为一个新人，同事找自己帮忙不会是什么很难的任务，一般不过就是找找资料、整理资料之类的，不用太担心。

（4）发散正能量，积极学习，乐于沟通

经常分享，对别人的帮助表示感谢。不要背后说人坏话，别搞阴谋论，"站队"等。

在职场中，不要天天想着什么人脉、认识朋友，把自己能力增强，多帮助他人，人脉自然就来了。

**4.转变工作思维**

职场和学生时代一个最大的不同就是，学生时代知识是被动获取，根据专业，自己知道要学什么，可以通过考试来衡量自己的学习效果，有丰富的资源（老师/同学）可以帮助自己。

但是在职场，我们只能主动学习，某些技术类职位还好，至少清楚应该学什么，但对于很多岗位，比如产品、运营、销售等，都不知道应该学什么。更重要的是，很难衡量自己学习的效果，加上如果公司没有人带，我们很容易就陷入迷茫。所以，对于职场新人，有两个思维方式要尽早养成：结果导向法和无禁止即可为。

（1）养成结果导向思维

前面已经讲了，领导是结果导向的，要快速获得领导认可，成为核心人员，结果导向的思维方式必不可少。

但是，结果导向是职场中普遍缺乏的，特别是刚入职场的新人。建议完成工作，提交给领导的是要可量化的结果，因为这样交付的结果才是领导想要的。还有一点是，交付结果需要我们不断地迭代优化，这就好像是走楼梯，踏上的每一个台阶都是更高台阶的指引和路标。

（2）无禁止即可为

无禁止即可为是一种主动获取的思维方式：只要公司规定没有禁止做，都可以在不影响手头工作和指标的情况下去尝试。

因为新人刚入职，领导暂时不清楚其能力，很多时候不会安排很重的活，但是，千万别表现出：我今天活干完了，没事儿干了。这种状态下，可以给自己找点事儿做，既能展现自己能快速掌握业务的能力，也可以养成一些好习惯。

5.关注并调动身边的资源

我们要团结一切可以团结的力量，并首先从团结我们身边的人做起。很多新员工在工作出现问题之后，往往会抱怨工作难度大，抱怨自己得到的支持不够，可从工作过程来说，真正的问题在于，他们并没有认真观察自己的身边有什么样的资源，也没有有效地挖掘和利用好身边的资源。

换言之，如果员工善于规划和管理，那么就可以轻松地分配资源和调动资源，真正地把工作做到位。因此，如何有效地调动和利用资源是员工个人必须做到的事情之一。比如，在华为公司，任何一个员工都能够积极调动身边的资源，而其他人也会尽量想办法予以满足。

6.执行力很重要

说起来很简单，但很多人却做不好，甚至做不到。执行力能反映出一个人是否自律、是否拖延，很多时候我们完不成一件工作很大原因是我们的执行力不够，有些人是太容易被外界干扰，刷会儿手机，时间就溜走了。还有些人是拖延症，三天时间做一件事总要拖到最后一天，关于如何解决拖延问题，我们之前已经讲了。

总之，一件事只有去做了，才会发现问题，发现问题解决问题，然后才能持续进步。有一句话说得好："道阻且长，行则将至。"

7.完成比完美更重要

很多时候，职场新人想把一件事情做好，这无可厚非，但是领导是站在全局思考的，做完一件事情更重要！因为做得虽然不够好，但是完成了，不影响后面的工作，可以接受，下次改进就行。

**案例 5-3**

**功劳比苦劳重要！**

小玫刚毕业，进入一家著名外企工作。外企薪酬高，但是压力很大，工作很辛苦，在刚开始的几个月中,她一直无法适应外企的工作方式。

一次,在辛苦了一天,将要下班的时候,老板突然交代了一项文字任务,要求小玫必须在第二天下午3点前将任务完成,把结果交给他。

在这之前,小玫已经连续加班了三个晚上,而且其中有两个晚上都是熬了通宵。但是,她不能拒绝执行任务,只好硬着头皮答应下来。当天晚上,小玫继续熬夜,但是由于太累,不小心睡着了,工作基本没怎么做。

第二天,公司又有其他事情,她一忙就忘记了老板交代的任务。结果,在下午3点老板过来拿结果的时候,她才想起来,只好忙不迭地道歉,但是老板什么都不听,而是强调:"不用道歉,我要的是结果,不管什么原因,你没有完成任务,就是你的问题!"小玫非常窘迫,只好保证在3个小时内一定将工作完成。

(资料来源:根据网络信息整理)

有困难要提前说,否则,领导会觉得没完成是你业务能力不行。

### 8.我们是为自己工作的

不要总是觉得自己为别人打工,所以就消极怠慢。这不仅会让自己的职业发展变慢,还显得没有敬业精神,其他公司也不想要这样的员工。

我们要不断提高自己的能力,创造更多的价值,给自己争取更多的发展机会和谈判筹码。其实,工作对于领导和员工是正和博弈、双赢的过程,但是很多人非要说成零和博弈,结果双方互相伤害。

### 9.正确面对工作中的挫折

面对职场的压力,毫无经验的我们总会遇到许多困难和挫折。但在面对困难与挫折时,有些人选择了放弃,半途而废;有些人选择了坚持,勇敢面对。如何正确面对工作中的挫折?

首先,当遇到挫折时,要用冷静的态度客观地分析失败的原因,进行正确的受挫归因。困难和挫折并不可怕,可怕的是不能理性勇敢面对,就此放弃,往往失败离成功只有一步之遥,很多时候成功就是再坚持一下。

其次,乐观面对。挫折虽然能够给人带来心情的不愉快,但同时也可以锻炼人的意志。我们往往只想到成功,没有想到失败,一旦遭受挫折就会一蹶不振,陷入苦闷、焦虑情绪之中不能自拔。

再次,调整好目标,脚踏实地前进,争取新的机会,争取获得下一次的成功。一个真正的强者面对失败时,通常能够认真反思,吸取经验教训,努力去争取新的机会。

### 10.守护好自己,接受自己,慢慢成长

在这个世界上,每个人都是独一无二的个体。有些人聪明,他们可能一直都是No.1,被老师、家长喜爱着,接受着荣誉与赞美长大;有些人善良,他们对小动物充满爱心,愿意去救助它们,尽自己最大的努力给予保护;有些人活泼,他们天生擅长社交,总是和很多人打成一片,轻松做到活跃气氛……同时,善良的人可能不聪明,聪明的人可能不够活泼……但这就是人,每个人都不同,每个人都可贵。

有人说,社会是个大染缸,但可能最后吸引我们的都是那些闪着自己亮光的人:真心为朋友着想,给予无条件的信任,发自内心的热爱,有目标的坚持……因此,我们要找到自

你靠什么在单位立足？

己最宝贵的东西,守护好它,接受自己可以不那么"世俗成功",但慢慢成长。

（五）你靠什么在单位立足？

2019年年初,一篇《你靠什么在单位立足?》的文章在《人民日报》、新华网等刊发,一时间引起大量转载和热议。如果想阅读这篇文章,请扫描二维码。

## 三、任务实现:请收集试用期有哪些常见"坑"绝对不能踩

### 1.任务描述

对未来满怀憧憬的职场新人,期望自己可以在职场有所作为。但往往职场新人缺乏社会经验,不懂职场工作处事的规则,于是,试用期内屡屡碰壁。试用期既是学习也是工作的机会,每个人都希望闯出一片新天地。那么作为即将进入职场的新人,试用期间有哪些坑一定不要踩呢?请同学们收集整理。

### 2.同学们分组,快速讨论

形成小组基本统一的观点,比如:

- 遇到问题找借口,犯错后不虚心接受批评,失误后将责任推给别人。
- 抱怨挂嘴边,甚至传播负面情绪。
- 没有时间观念。
- 对新工作没有热情。
- 工作时间处理私事。
- 打探同事薪资。
- 只想做自己的事情,不愿与他人交流。
- 有事不能来上班,不提前请假,下班期间完全失联。
- 生怕领导抢了自己的功劳,不断强调和暗示,发现被抢了以后,特别愤怒。

### 3.课堂分享

各小组安排1人分享小组讨论结论,其他成员可以补充,也可以分享不同观点。形成班级统一的输出版本,作为指导未来工作的"负面清单"。

## 四、任务总结:试用期是检验新员工是否符合岗位要求的试金石

每一个参加工作的员工通过面试,进入一家新的公司时,都会经过工作试用期这一阶段。试用期期限一般为3个月到6个月不等。不同企业的试用期时间各有不同,转正的要求也不同。

一般通过面试的层层筛选入职后,只要没有太大的错误,都会给予转正的资格,毕竟企业培养员工是有时间成本的。试用期也是员工与企业文化、工作性质的一个磨合期,我们除了要胜任本岗工作以外,还需要快速融入这家公司的文化氛围、团队。而试用期就是

检验新入职员工是否真的能够符合岗位要求、是否能够适应公司文化的试金石。工作试用期对于刚刚从校园来到职场的新人来说,更为重要,因为这一期限代表的是从一名学生到一位职场人身份的转变。

　　试用期其实就是一个考验,不仅是公司对员工的考验,也是员工对公司的考验。只有两者处于和谐的关系中,才能为双方带来更大的利益。所以,其实想要找到一份自己满意又能顺利通过公司试用期的工作并非易事。只要对每件事情、每个项目都尽到百分之百的努力,尽心做好每件事情和每个项目,相信一定可以顺利地通过工作试用期。

# 参考文献

［1］ 许慧清.培养医科女大学生职业素养的探索和思考.温州医科大学学报,2005年03期.

［2］ 谭燕.订单式高职院校学生职业素养训练探讨.合作经济与科技,2017年06期.

［3］ 吴献文.基于PDCA模式的高职生职业素养训练探索与实践.中国多媒体与网络教学学报,2019年10期.

［4］ 邵政.高职院校学生职业素养培养途径研究.职教通讯,2018年23期.

［5］ 你靠什么在单位立足?人民日报,2019-11-19.

［6］ 陈重.企业优秀员工综合素质能力培养.知乎,2021-06.